KB051679

마음을 이어주는 **참대화**

마음을 이어주는 **참대화**

발 행 일 | 2013년 3월 15일

지 은 이 | 김해곤
펴 낸 이 | 배수현
디 자 인 | 박수정
제 작 | 송재호

펴 낸 곳 | 가나북스 www.gnbooks.co.kr
출판등록 | 제393-2009-000012호
전 화 | 031) 408-8811(代)
팩 스 | 031) 501-8811

ISBN 978-89-94664-27-9(03300)
가격 15,000원

참/ 대/ 화/ 프/ 로/ 젝/ 트

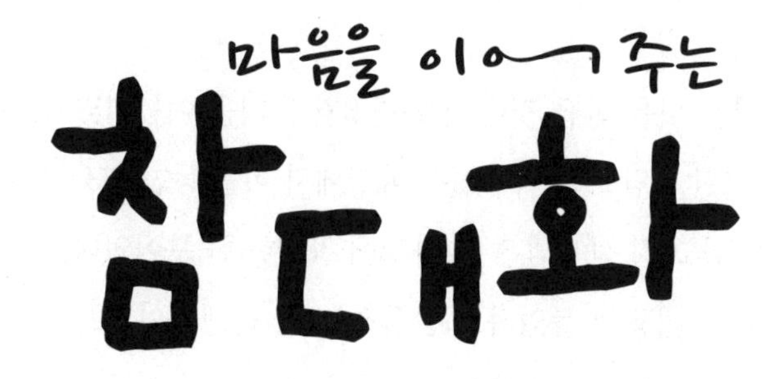

김해곤 지음

부모와 교사를 위하여

가나북스

| 추천의 글 |

김해곤 선생님을 처음 만난 것은 2005년 8월 무더운 여름이었다. 나는 수원시 초중등 교원 상담교육 직무연수 과정에서 이틀 동안 CHANGE 프로그램을 진행하였고 김 선생님은 그 과정에 참여한 한 분이었다. 이틀의 교육동안 워크숍의 내용에 몰입하고 감동하는 김 선생님의 모습은 매우 인상적이었다. 개인적으로도 점심식사 때마다 나와 같이 길을 걷거나 같은 테이블에서 식사를 하며 여러 가지 이야기를 나누게 되었다.

수많은 교육을 해 봤지만 내가 교육한 내용의 핵심을 받아들이려고 그처럼 열의를 보이는 경우는 흔하지 않다. 게다가 선생님은 이 내용을 더 잘 익혀서 다른 선생님들이나 학생들에게 나누는 일을 평생의 과업으로 해보고 싶다는 결심을 얘기하셨다.

한 사람이 자신의 인생에서 무엇을 결심하고 실현하기 위해 지속적으로 노력하고 실천한다는 건 어려운 일이다. 그런 점에서 김해곤 선생님을 알게 되고 그 분의 노력과 실천을 볼 수 있게 되었다는 것은 행운이고 감동이다.

이 책에 소개된 많은 내용들은 저자가 다른 여러 가지 프로그램들을 통해 배운 것들에 기반을 두고 있다. 하지만, 내가 이 책에 큰 의미를 두고 싶은 점은 그렇게 배우고 익힌 내용을 저자 자신의 경험과 관점으로 잘 소화해서 더 새롭게 구성하였다는 것이다. 그런 점에서 저자의 통찰과 노력에 대해 박수를 보내고 싶다.

세상이 좀 더 평화롭고 서로의 가치와 의미가 존중되고 함께 행복을 나누고자 하는 모습이 되기를 우리 모두 희망하리라고 믿는다. 이 책은 그런 희망이 우리의 다음 세대들에게 실현되고 누려질 수 있기를 바라는 비전을 담고 있다. 부모와 교사라는 역할은 세대와 세대를 이어주는 다리와 같다. 그 다리를 무엇으로 구성하고 어떻게 만들 것인지는 항상 커다란 고민이다. 이 책은 그런 고민을 덜어주는 지침이 될 것이다. 부모와 교사들에게 자신의 역할을 잘 하기 위해 지닐 기본적인 태도와 방법을 제시하고 있으며 꾸준히 실천할 때 분명히 효과를 볼 수 있는 내용들로 구성되어 있다.

이 책의 출간을 축하하며 독자들에게 일독을 권하고 싶다. 아울러 이 책이 나오기까지 열정을 갖고 참된 교육에 기여하고자 노력한 저자에게 격려와 찬사를 보내고 싶다. 이를 계기로 교육현장에 참대화의 의미와 방법이 더 널리 소개될 수 있기를 희망한다.

심리학 박사 이민식

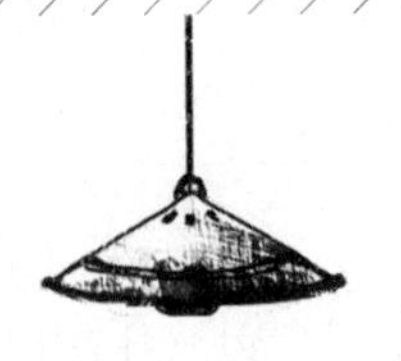

| 감사의 글 |

처음으로 비폭력대화를 경험한 날의 감동을 지금도 생생하게 기억한다. S시 청소년상담실에서 이민식 박사가 진행하는 CHANGE 프로그램에 참여하면서 나는 그동안 공부해오던 이론들이 한 줄로 꿰어지는 것처럼 통합되는 경험을 하였다. 이어서 과거 속에 있던 아픔들이 떠올랐고 그 원인과 뿌리들이 마치 파노라마처럼 뇌리를 스치고 지나갔다. 그 감동을 나누고 싶어서 집에 오는 길에 오랫동안 함께 공부하는 미술치료 전문가 이경희 선생님에게 전화를 했다. 내가 경험한 연민과 연결, 소통, 진솔성과 심정들에 대해 무려 4시간 동안이나 통화를 했다. 이야기가 끝날 즈음 그는 필자에게 말했다.

"꽤 오랫동안 선생님을 보아왔지만 지금처럼 이렇게 흥분한 모습은 처음 봐요. 내가 그 내용을 다 이해하지는 못하지만 선생님 태도로 보아 참 좋았을 거라고 짐작이 되네요. 축하해요."

쉽게 흥분이 가라앉지 않아서 집에 와서도 기뻐하는 것을 보고 아내는 궁금한 얼굴로 "당신이 새롭게 안 것이 뭐예요? 당신이 그동안 하던 의사소통훈련과 다른 건가요?"라고 물었다. 나는 되도록 정확하게 전달하고 싶어서 천천히 설명했다. "진솔한 대화는 자신의 생각을 바꾸어 말하거나 숨기지 않는 것만이 아니에요. 자기가 원하는 것을 명확하게 바라보고 그것에 대해 용기 있게 말하는 것이죠. 진솔하게 자신의 욕구와 느낌을 말하면 서로 마음을 연결할 수 있어요. 내가 화가 나거나 우울했던 것들은 내 깊은 곳에서 원하고 있는 것들이 충족되지 못했기 때문이죠."

대답을 듣고 아내는 미소를 지으며 말했다.

"뭔가 행복에 이르는 특별한 실마리를 찾은 것 같아요."

그날 시간 가는 줄 모르고 밤늦도록 아내와 이야기를 나누는데 1층 식당에서 퉁탕거리는 소리가 들렸다. 무슨 일인가 내려다보니 횟집주인이 식당비품들을 트럭에 싣고 있었다. 그 즈음 민물고기 양식장의 위생문제가 언론에 보도되면서 횟집들이 경영난을 겪고 있었다. 세를 내준 1층 횟집 역시 매출 급감으로 보증금마저 소진하고 수개월째 임대료가 밀려 있었다. 그래서 식당주인은 경영난을 이기지 못하고 밤에 몰래 떠날 심산이었던 것이다. 그런 상황에서 나는 평소 같으면 아마도 몹시 분개해서 곧바로 법적 조치를 취했을 것이다.

그러나 그날은 달랐다. 감동적인 대화법을 경험한 날이 아닌가. 처음에는 그동안 밀린 임대료를 주지 않고 달아나려는 횟집주인의 행동에 분노가 치밀었다. 잠시 동안 화를 멈추고 내가 원하는 것이 무엇이며, 그가 원하는 것은 무엇인지 생각했다. '내가 원하는 것은 밀린 돈을 받는 일(풍요)이고, 그도 마찬가지로 경제적 이익(풍요)을 위해서 그렇게 행동한 것이다' 란 생각이 들었다. 횟집 주인의 행위는 분명 야반도주가 목적이고, 그 행위는 법적인 처벌을 받아야 하지만 '경제적으로 얼마나 어렵고 난감하면 저럴까' 라는 것에 생각이 미치자 그에게 연민이 생겼다. 나는 비품들을 급하게 싣고 있는 횟집주인에게 다가가 낮에 배운 대화법을 기억하며 천천히 이야기를 시작했다.

"그동안 보증금이 모두 소진되고 여러 달치 임대료가 체납되어 있습니다. 나는 사장님이 나이도 같고 동향 사람이어서 친근감도 있습니다. 우리 집에서 돈을 많이 벌어 서로 기분 좋게 헤어지기를 바라는 마음에 여러 가지 편의를 봐 드렸다고 생각합니다. 그런데 이렇게 지금 사장님이 내게 이야기도 없이 비품들을 싣고 있는 걸 보니까 섭섭하고, 안타깝고, 화가 납니다. 사장님은 내 말에 대해서 어떻게 생각하는지 얘기해줄 수 있겠습니까?"

그러자 횟집주인은 트럭에 실으려던 가스통을 땅에 내려놓고 이야기를 좀 하자고 한다.

"선생님은 배운 사람이라 그런지 말씀을 참 잘하시네요. 내가 참 뵐 낯이 없는데 한 가지 부탁 좀 할게요. 임대계약서를 다시 써주면 그걸로 은행에서 대출을 받아 밀린 임대료를 갚고 보증금도 드릴게요. 그리고 은행이자 부분은 월 임대료에서 깎아줄 수 있는지요?"

필자의 입장에서 월 임대료가 조금 줄어들지만 일단 밀린 임대료와 보증금을 받을 수 있으니 안심이었다. 흔쾌히 승낙하였고 그 일이 있고난 후 3년 동안 식당은 번창해 얼마 전 훨씬 규모가 큰 상가를 빌려 확장 이전하였다.

만약 이 상황에서 평소대로 화를 내고, 법적 조치를 취했더라면 그와의 관계는 껄끄럽게 끝났을 것이고, 두고두고 마음이 편치 않았을 것이다. 그러나 분노를 내려놓고 연민으로 바라본 결과 그와 필자 모두 풍요를 누릴 수 있었던 것이다.

그 후 대학원 동문 십여 명의 교사들과 함께 참대화 공부모임을 만들고 정기적으로 워크숍을 진행하면서 틀을 갖춰나갔다. 처음 함께한 도반들의 도움이 참대화를 만드는 데 큰 힘이 되었다.

그 즈음 필자는 상담을 전공한 교사를 중심으로 '전국학교상담지원센터'를 결성하고 참대화에 관심 있는 교사와 학부모가 모여서 '참대화 연구팀' 활동을 시작하였다. 이 모임은 지금도 교사와 학부모가 서로 이해하고, 자녀와 학생들에게 참대화를 어떻게 적용할지에 대해 고민하면서 활발하게 활동 중이다. 연구팀 모임이 있을 때면 대 여섯 시간을 차를 타고 오는 열정과 헌신에 늘 감사할 따름이다. 그들과 나눈 생생한 사례는 이 책의 곳곳에 녹아 있으며 그들의 조언이 큰 힘이 되었다.

이제 감사할 일이 남았다.

비폭력대화를 알게 해주신 캐서린 한 선생님과 CHANGE 프로그램을 가르쳐주시고 자신이 개발한 다양한 자료를 나누시는 이민식 박사님께 깊이 감사를 드린다.

참대화가 펼쳐질 수 있도록 워크숍을 마련해주고 조언과 충고를 아끼지 않았던 대학원 동기들에게 고마움을 전한다. 필자가 상담 전문가로서 길을 갈 수 있도록 방향을 제시하고 가르침을 주신 아주대학교 이규미 교수님께 감사한다. 학교현장에서 함께하면서 더 나은 의사소통 방법을 구안하고 현장에 최적화할 수 있도록 머리를 맞대고 연구에 참여해주고 있는 참대화 연구팀원 여러분과 초등팀장 설현정, 중등팀장 이미진, 고등팀장 고영희 선생님이 큰 힘이 되어주었다. 아울러 거친 문장을 깔끔하게 다듬어주고 끝까지 편집과 수정을 도와준 김미화, 송재희, 윤숙향 선생님께 감사한다.

마지막으로 워크숍에 참가하고 난 뒤에도 관계를 유지하며 자신의 에피소드를 나눔으로써 참대화가 어떻게 현장에 적용되는지 확인할 수 있도록 도와주신 여러분께 진심으로 고마움을 전하고 싶다.

김해곤

들어가기 전에

부모 – 자녀, 교사 – 학생의 갈등

동양에서의 교육教育은 중국의 자전字典 '설문해자' 에 보면 '敎' 는 위에서 베푸는 바를 아래가 따르는 것이라고 하였다. 학생과 자녀를 교사나 부모가 모범이 되는 것을 전달하여 그것을 학습시키는 것이다. 고대 유학자인 순자荀子는 '순자 성악편' 에서 인간의 본성을 선천적으로 악하다고 보고 이런 성품을 교육을 통해 순화하는 것을 교육의 목표로 삼아야 한다는 화성기위化性起僞를 주장하였다. 그러므로 근본적으로 악한 심성을 가지고 있는 어린 아이를 끊임없이 가르치고 바로잡아서 올바른 길을 갈 수 있는 존재로 만드는 것이 부모나 교사의 역할이다. 이런 맥락에서 보면 부모와 자녀가 동등한 관계가 아니며, 교사와 학생이 평등한 관계가 아니다. 부모 - 교사는 '아는 사람 - 바로잡는 사람' 이며, 자녀 - 학생은 '모르는 사람-바로잡힘을 당하는 사람' 인 수직적 관계가 형성된다.

서양의 교육 목표는 자아실현이다. 영어로 교육education은 라틴어

'educatio' 에서 비롯되는데 '끌어낸다' 는 어원을 가지고 있다. 인간에게 태어나면서부터 내재해 있는 본연의 가능성을 밖으로 드러내어 자기를 실현해갈 수 있도록 도와주는 것이 부모-교사의 역할인 것이다. 따라서 부모-교사는 어린이가 가지고 있는 주체성과 고유성을 인정하고 스스로의 가능성을 발현할 수 있도록 돕는 조력자의 역할에 더욱 더 많은 비중을 둔다.

유교적 전통과 서구식 교육철학이 혼재된 상태에서 학습된 부모 - 교사 세대는 가정교육과 학교교육에 영향을 미치게 되어 요즘 청소년들을 혼란스럽게 만든다. 정서적으로는 순종과 섬김을 강조하고, 이성적으로는 주체성과 자율을 강조하는 분위기가 그것이다. 특히 급속하게 변화하는 사회구조에서 문화지체현상은 세대 간 갈등을 가중시키고 있다.

비폭력대화와 참대화 비교

여기에서는 필자가 비폭력대화를 한국인의 언어습관에 맞게 보완하여 적용하였으므로 그 차이를 간략하게 설명하고자 한다.

비폭력대화에 대해 자세한 것을 알기 원하는 이는 마셜.B.로젠버그의 저서 '비폭력대화' 를 참고하면 좋을 것이다. 비폭력대화는 기본적인 틀로 '대화모델 4단계' 인 관찰object, 느낌feeling, 욕구needs, 요청request을 제시한다. '관찰' 은 객관적인 사실을 평가나 판단을 내려놓고 있는 그대로 표현하는 것이다. 관찰을 말하고 나서 '느낌' 을 표현한다. 그다음 '욕구' 를 말하는 것을 권한다. 느낌과 욕구를 말할 때 반드시 모두 말해야 하는 것은 아니며, 순서가 바뀌는 것도 무방하다. 마지막 단계로 표현하는 '요청' 은 내 삶을 더 풍요롭게 하기 위해서 다른 사람에게 내가 원하는 것을 부탁한다. 요청은 서로 마음이 연결되었는지를 확인하는 연결요청과 자신이 원하는 것에 대한 해결책을 제시하는 해법요청으로 구별한다(로젠버그, 2004).

대화는 마음의 표현이며 문화적 맥락 속에서 이루어진다. 따라서 문화의 차이는 당연히 언어표현의 차이를 가져온다. 동양은 인간관계에서 상하간의 종적인 것과 혈연을 중시하고 집단주의적인데 비해 서양은 횡적이고 평등한 인간관계와 개인주의 그리고 인연을 강조한다(권일찬, 2009). 한국인은 자기를 독립적인 존재로 인식하기보다 '우리' 라는 가족의 한 부분으로 인식하는 경향이 짙다. 따라서 자아실현과 같은 개인적인 성취보다는 자가실현自家實現과 같은 공동체적인 성취를 더 추구하는 편이다(최봉영, 2007). 뿐만 아니라 집단의 가치기준을 자신의 가치기준보다 소중히 여기며 인간관계의 유지를 최우선으로 하는 관계주의의 문화를 발달시켰다(한석규, 2002). 이와 같은 우리의 언어습관이나 문화적 특성을 고려하여 자연스럽게 표현할 수 있는 방안을 제시하고, 한국인이 수월하게 받아들일 수 있는 익숙한 개념을 바탕으로 대화요소를 수정하여 '참대화' 라고 명명하였다.

참대화는 비폭력대화의 관찰, 느낌, 욕구, 요청 대신 한국인의 언어습관을 고려하여 '상황' '심정' '제안' 의 세 단계를 제시한다.

첫째, 한국인은 관계에서 개별적 객체가 아니라 정情을 기초로 하는 '우리성의 관계' (최상진 · 박수현, 1990)이어서, 당연히 정을 주고받는 가운데, 맥락 속에서 자기 의사를 표현하는 일에 익숙하다. 우리에게는 구체적 사실을 표현하기보다는 눈치에 의해 원하는 것과 필요한 것들을 전달할 때 더 정감 있는 것으로 간주된다. 상대를 대할 때 의도를 내려놓고 주어진 상황을 있는 그대로 바라보는 일이 중요하다. 하지만 그것을 표현할 때는 '이것' '저 상황' '그 말' 처럼 지시대명사를 사용하거나 표현하지 않는 것이 한국인의 언어습관에 더 자연스럽다. 따라서 비폭력대화에서 제시하는 '관찰' 이라는 동사적 의미가 강조되는 말 대신 참대화에서는 '이걸 보니까' '그 말을 들으니' '이 냄새를 맡으니' '이 상황에 대해서' 처럼 사실에 더 초점을 맞춘 명사적 의미를 강조하여 '상황' 이라고 표현한다.

둘째, 우리 문화에서 '느낌' 과 '욕구' 를 표현하는 일은 쉽지 않다. 느낌이라는 단어는 일상에서 흔히 사용하는 것이 아니다. '나는 불쾌하게 느껴' 라기보다는 '나는 불편해' 라고 표현한다. 상대에게 '당신의 욕구가 무엇인가?' 라고 물으면 선뜻 대답할 수 있는 사람은 극히 드물다. 그 이유는 한국인은 '심정' 이라는 독특한 마음을 가지고 있기 때문이다.

최상진은 한국인의 일상적인 의사소통 양상의 특징으로 심정(心情:shim-jeong based)적 대화의 양상을 들고 있다. 자신의 어렵고 딱한 형편을 상대가 이해하여 서로가 얼굴을 붉히지 않고 관계가 원만하게 유지되도록 갈등을 표출하고, 영위해가는 대화의 양상을 심정대화라고 말한다(최상진 · 한석규, 1998). 심정의 교류는 말을 매개로 하여 이루어지기보다는 비언어적 심정전달 단서를 통해 이루어진다. 심정의 교류에 언어가 들어갈 때 마음이 아닌 생각(thinking & cognition), '본마음' 이 아닌 '꾸민 마음' 이 들어갈 수 있는 소지가 있기 때문이다. 따라서 우리는 마음을 전달하는 방식으로 이심전심의 마음교류방식을 이상적인 것으로 받아들인다. 심정이 언어로 전달되는 경우에는 그 말의 사전적 의미보다는 그러한 언어의 발화를 유발하는 발화자의 동기가 더욱 중요한 심정전달의 기능을 담당하게 된다. 예를 들어 이웃집 사람을 만나서 '식사하셨어요?' 라고 인사할 때 우리는 밥을 먹었는지 확인해서 밥을 주겠다는 말이 아니라 단순히 인사를 나누고 관심, 배려, 연결하고자 하는 마음을 전한 것이다. 심정은 맥락적으로 전달되며 그 마음을 잘 알아차리는 것이 친밀감의 척도가 되는 것으로 인식하는 경향이 있다.

따라서 참대화는 대화중에 움직이는 마음을 쉽게 알아차릴 수 있도록 한국인에게 익숙한 '심정' 을 말하고 상대의 '심정' 을 바라볼 것을 권한다.

셋째, 한국인의 문화적 특성은 상대에게 어떤 것이든 요청하는 일을 부담스러워 한다. 심윤자와 김민선, 그리고 마틴(Shim, Kim, & Martin, 2008) 등이 그들의 저서 '변화하는 한국(Changing Korea)' 에서 한국의 소통 문화를 설명하면서, 한국은 집단주의와 개인주의라는 극명하게 대조적인 상이한 문화들이 공존하는 "대조의 땅(land of contrasts)" 이라 하였다. 한국사회가 개방화, 개인화되고 있지만 여전히 집단주의적이고 수직적 관계가 중심을 이루고 있다.

상대가 절친한 친구라 할지라도 부탁했을 때 거절하면 어색한 관계가 되거나 섭섭한 마음이 드는 등 부정적인 결과를 가져오기 십상이다. 서구에서처럼 상대에게 요청했다가 들어주지 않으면 그만이라고 넘기기엔 부담을 가질 수밖에 없다. 따라서 우리 문화에 적절한 것은 자신이 원하는 것을 요청하기보다는 내 심정을 말하고 나서 내 말을 어떻게 들었는지에 대해 확인하는 정도가 적절하다. 그래서 참대화에서는 요청이나 부탁이란 말보다는 제안하는 것으로 멈추기를 권한다.

기대

청소년과 기성세대의 갈등은 어제 오늘의 일이 아니다. 그럼에도 불구하고 부모와 교사는 자라나는 세대를 건강한 사회구성원으로 길러내야 하는 공동의 책임이 있다. 각자의 위치는 다르지만 추구하는 목표와 역할도 유사한 점이 많다. 부모는 자녀를 바르게 양육하고 교사는 학생을 잘 교육하는 일이 가장 중요한 책무일 것이다. 힘들고 지친 영혼에게 유교적 전통을 강요하거나 화려한 교육공학적 기법으로만 대한다면 그들의 아픈 마음을 보듬어주는 데 한계가 있다. 이제 새로운 자성적 관점이 필요하다. 청소년이 아름답게 성장하기 위해서 서로 소통하며 협력적인 세상을 경험하도록 도와주어야 한다.

필자는 지난 20년간의 교직생활과 그 동안 교사, 학부모, 상담교사, 교회, 사찰, 공무원, 기업체, 경찰관, 교도소 등에서 진행한 교육경험을 진솔하게 나누고 싶다. 다양한 현장에서 여러 사람들과 나눈 이야기가 풍요로운 관계를 만드는 데 안내서 역할을 할 수 있을 것이다. 이 책에 기록된 사례들은 부모와 교사에 대한 내용이다. 이를 통해 교사는 학부모의 마음을, 부모는 교사의 마음을 알아차림으로써 서로 협력하고 이해하고, 다가가는데 도움이 되기를 기대한다.

이 책 첫 장을 연 사람과 이 책 마지막 장을 덮는 사람이 같지 않기를 바란다.

차례

제 5 장 감사 · 칭찬

제 6 장 부탁 · 거절

제 7 장 자기위로

제 8 장 의사결정

제 9 장 갈등중재

01

연/민/으/로/연/결

연민은 대등한 위치에서의
동정심이다.

제1장 연민으로 연결

| 단절의 대화 |

일상의 대화

학부모를 대상으로 진행하는 워크숍에서 자녀와의 관계를 물으면 대체로 이렇게 말한다.

- 말하는 내가 겁나요.
- 정말 제 멋대로라니까요.
- 아기 때나 예뻤지, 조금만 커 봐요.
- 싸우기 싫으니까 차라리 내가 모르는 체 해버리죠.
- 무슨 말을 꺼내기도 전에 화부터 내고 자기 방으로 들어가요.
- 중학교 들어간 뒤부터는 아이가 도무지 대화를 하려하지 않아요.

그렇다면 자녀들은 부모와의 대화를 어떻게 생각할까?

- 부모님 말씀은 공부하라는 말뿐, 뻔해요.
- 엄마는 늘 잔소리만 하고, 아빠는 아예 제게는 관심도 없어요.
- 대화는 하고 싶지만 말이 안 통해요. 늘 엄마만 옳다고 해요.

- 저는 공부하는 기계지 사람취급도 안 해줘요. 제가 하는 말은 언제나 틀렸다는 거예요.

교사들도 학생들을 대할 때 역시 대화에서 어려움을 겪는다.

- 못해 먹겠어요.
- 아예 선생님을 가지고 논다니까요.
- 요즘 학생들이 엉망이에요. 예전처럼 체벌을 할 수도 없고 교사가 할 수 있는 게 없어요.
- 나는 그래도 나이가 있어서 다행이지만 어린 선생님은 정말 대책이 없는 경우가 많아요.

학생들도 부모-교사와의 관계에서 어려움을 호소하기는 마찬가지다.

- 무조건 지시만 하죠.
- 우리를 이해하려고 하지 않아요.
- 선생님들은 우리말을 아예 무시한다니까요.
- 공부 잘하는 애들 말만 들어주고 차별도 많이 해요.

대화를 통해 상대를 이해하고 공감대를 형성하는 협력적인 분위기가 아니라 이렇듯 단절되는 이유는 무엇 때문일까?

연결과 단절

무인도에서 혼자 사는 로빈슨 크루소처럼 어쩔 수 없는 상황이 아니라면 사람은 누구든지 어떤 형식으로든 관계를 형성하고 유지하며 살아간다. 서로의 마음이 연결되는 것이 중요하다는 사실은 모든 경전뿐만 아니라 성인들의 가르침에도 나와 있고 상담자들의 가장 중요한 화두이기도 하다. 관계 속에서 내가 원하는 것을 말했을 때 상대가 기꺼이 수용하여 기대한 대로 행동해준다면 얼마나 즐거운 일인가! 그러나 인간관계에서 항상 마음이 연결되는 아름다운 세상만이 있는 것은 아니다. 마음이 연결되는 대화가 있는가 하면 도무지 통하지 않는 단절된 대화도 있다. 단절된 대화란 상대의 말을 듣고 내 안에서 짜증, 반발심, 분노, 죄책감, 수치심 등이 일어나 긍정적이고 협력적인 관계를 방해하는 대화를 말한다.

아래에 예시된 상황에서 당신이라면 어떻게 반응할 것인가?

외출해서 돌아 왔을 때 거실에 들어선 순간 마음이 불편했다. 거실에는 옷가지가 널브러져있고 개수대에는 점심에 사용한 식기들이 설거지가 안 된 채 쌓여있다. 당신은 피곤한 몸으로 이 많은 일들을 혼자 해야 한다고 생각하니 화가 치밀어 올랐다.

반응 : ____________________

예시) 아니! 도대체 집이 무슨 꼴이야. 먹은 건 스스로 치워야하는 거 아냐?

그렇다면 이제는 입장을 바꾸어서 예시에 나와 있는 말을 듣는 입장이 되어보자. 그 말을 듣고 난 후 당신은 어떤 반응을 보이겠는가? 아래는 어느 워크숍 참가자들의 반응을 정리한 것이다.

- 무시당하는 말로 들려서 불쾌하다.
- 될 대로 되라는 마음으로 말하기 싫다.
- 내 사정을 모르고 하는 말이 섭섭하다.
- 너무 화가 나서 내 방으로 들어가 버릴 것 같다.
- 당신은 얼마나 잘하는데 그런 말을 하느냐고 따지고 싶다.
- 아, 또 시작이구나! 저 잔소리가 언제 끝날까? 짜증난다.
- 상대가 원하는 것이 별일이 아닌데도 그걸 다 하지 못하는 자신이 부끄럽다.

추측컨대 예시와 같은 말을 들었다면 상대는 분노, 반발, 죄책감, 수치심과 연관된 기분이 들 것이다. 그런 기분이 드는 데는 개인에 따라서 매우 다양한 이유들이 있을 것이다. 상대는 내가 변화해주기를 바라며 말을 하는데 과연, 그 말을 듣는 나는 상대에게 협력할 마음이 생길까? 상대의 기대에 협력하기는커녕 오기를 부려보고 싶지는 않을까? 그것은 곧 관계의 단절을 의미한다. 대화가 단절되는 주요 원인은 자신의 생각을 바탕으로 판단하기 때문이다.

생각의 오류

인간의 사고기능은 문명을 발전시키고 문화를 창조하여 삶을 풍요롭게 하는 중요한 능력이다. 복잡한 환경에서 살아가는 우리는 수 없이 많은 정보를 수집하고 처리하지만 모든 정보를 수집하는 일은 불가능하다. 그래서 사람들은 필요한 정보에만 선택적으로 주의를 기울일 수 있도록 도식이나 틀을 만들고, 그것은 필연적으로 선택의 오류를 만들게 된다.

생각의 오류들 중 몇 가지만 살펴보자.

첫째, 하나의 틀이나 형식으로 모든 상황을 이해하려는 과잉일반화 태도이다. 둥근 우물 안에서 태어나 그 안에서만 살고 있는 개구리에게 하늘은 둥근 원 모양일 뿐이다. 그 개구리에게 우물 밖의 열린 세상을 설명하는 일은 쉽지 않다. 그러나 인간에게는 상상력이 있어서 보지 않은 것을 그릴 수 있을 뿐 아니라 새로운 가능성을 바라볼 능력이 있다. 그럼에도 불구하고 우리가 경험한 것이 세상의 전부라고 믿고 자신의 생각만을 고집한다면 다른 관점이나 생각을 수용하기가 어렵다.

대안학교 학부모를 대상으로 워크숍을 진행할 때 만난 나우수 씨는 두 아이를 제도권학교에 보내지 않았던 이유를 다음과 같이 설명했다.

"제가 초등학교 시절 만난 담임선생님이 우리를 지도하실 때 지나치게 편견을 가지고 폭력적으로 대했는데 그 기억이 아직까지도 제 머리에서 떠나지 않아요. 그래서 우리 아이들을 대안학교에 보내는 겁니다."

그의 이런 선택은 특별한 경험을 근거로 모든 상황을 이해하려는 과잉일반화의 태도라 할 수 있다. 자신의 경험이 현재진행형으로 그의 자녀에게까지 영향을 미치고 있는 것이다.

우리가 현실을 정확하고 명확하게 파악하려면 어떻게 해야 하는가? 그것은 선입견이나 미리 그려진 도식 없이 있는 그대로 바라보아야 한다.

둘째는 자기가 가지고 있는 도식에 맞으면 옳은 것이고 그 틀에 맞지 않으면 그른 것이라고 생각하는 흑백 논리 태도이다. 학원버스를 타지 않겠다고 떼를 쓰는 아이에게 어머니가 큰 소리로 말한다.

엄마 : 너 공부하기 싫어?

아이 : 아니.

엄마 : 그런데 왜 학원을 안 가겠다는 거야? 공부하기 싫은 게 아니면서 학원을 안 가겠다는 게 말이 되니?

아이 : 오늘만, 오늘만 안 가겠다는 거잖아요.

엄마 : 아니, 도대체 이해가 안 되네. 공부하기 싫은 건 아닌데 학원은 가기 싫다?

이 어머니는 오직 이 두 가지 즉, 학원에 가고, 안 가는 이유를 '공부 하고 싶다' 와 '하기 싫다' 의 틀만으로 아이를 대하고 있다. 이 때는 자녀가 학원에 가고 싶지 않은 사정을 들을 여유가 없다. 사실 아이는 공부가 싫은 것이 아니라 오늘 특별히 친구생일 파티가 있어서 오늘만 학원에 빠지고 싶다는 말일 수도 있는데 말이다. 내 생각의 틀을 내려놓고 상대의 이야기를 듣는 태도가 필요하다.

셋째는 부정적인 생각을 크게 부각시켜서 바라보는 부정적사고 태도이다. 우리말에서 '죄' 는 '조이다' 라는 단어에서 비롯되었다고 한다. 주어진 상황을 그대로 보지 않고 자기 틀 안에서 스스로를 조이면 그에게 남는 것은 죄의식뿐이다. 상대를 조이면 '네가 잘못한 것이다' 라고 받아들이게 되고, 자신을 조이면 '내가 잘못한 일이다' 라고 규정짓게 된다.

지각이 잦았던 고1 정준수는 교무실로 불려가서 벌을 받았다. 상한 마음으로 교실을 향해 가고 있는데 마침 점심시간이어서 식사하기 위해 줄서 있는 학생들로 복도가 혼잡했다. 혼잡한 복도에서 마주친 하급생에게 두 번이나 비키라고 조용히 얘기를 했는데 그 말을 듣지 못하고 부딪치게 되었다. 화가 난 준수는 하급생의 빰을 때렸고 그 일로 징계처분을 받게 되었다. 그는 몇 번이나 이야기해도 후배가 비키지 않았다며 후배에게도 잘못이 있는데 자신만 처벌받는 것이 억울하다고 호소한다.

우리는 준수의 행동에서 '빰을 때렸다' 는 사실과 함께 '그가 조용한 말로 비키라고 두 차례 말한 것' 도 함께 주목해야 한다. 준수의 잦은 지각과 하급생을 때린 행동에만 주목하고 '준수는 못된 녀석이다' 라고만 평가한다면 그의 전체를 본 것이 아니라 처벌을 목적으로 일부분에만 주목한 것이다. 준수가 살아오는 동안 언제나 잘못만 했을 리는 없다. 우리는 잘 모르지만 틀림없이 칭찬받을 행동도 했을 것이다.

인간이 어찌 항상 잘못만 할 수 있을 것이며, 또한 항상 잘할 수만 있겠는가?

2009년 부녀자 납치살인으로 세상을 경악하게 했던 강호순의 경우 끔찍한 범죄자임에 틀림없고 법적으로 처벌받아 마땅하다. 그러나 한편으로는 자기 아들을 위해서 책을 내겠다는 생각이나 아들을 염려해 얼굴이 공개되는 것에 대해 불만을 나타내는 모습은 분명 자식을 사랑하는 인간적인 태도에서 기인한 것이다. 그의 범죄행위 뿐 아니라, 자식을 사랑하는 아버지로서의 모습에도 동시에 주목해야 그를 온전히 보는 것이라고 할 수 있다. 우리가 어떤 사람을 정확하게 판단할 만큼 완벽한 자료를 가지고 있다면 그를 판단할 수 있겠지만 그렇게 완벽한 자료를 확보하는 일은 사실상 불가능하다. 그래서 우리는 자신이 주목한 부분을 말하고자 할 때는 그것이 어떤 것인지에 대해서 명확하게 표현해야 한다. 그래야 불필요한 오해가 줄어들게 된다.

판단

우리는 스스로 만든 생각의 눈으로 세상을 본다.

사람들은 보통, 과거 경험을 기억하여 삶에 적용하며 살아간다. 인도 출신 사상가 크리슈나무르티에 의하면 기억은 두 가지 요소를 가지고 있다. 실제적인 것과 심리적인 것이 그것이다. 실제적인 기억은 사실에 입각한 것으로 생활에 필수적이다. 하지만 심리적 기억은 정확하지 않을 뿐 아니라 주관적이다. 이러한 기억을 기준으로 형성된 생각은 정확하지 않다.

- 식탁에 앉은 남편: 반찬이 이게 뭐야. 도무지 젓가락 갈 곳이 없네.
- 게임하는 딸을 본 어머니: 너는 생각이 있는 애니? 내일이 시험인데 그렇게 쓸데없는 짓만 할 거야?
- 지각한 학생을 본 선생님: 태도가 그런데 공부는 제대로 되겠니? 기본이 안 되어 있는 아이구나!

이런 말을 들었을 때 우리는 왜 마음이 불편한 것일까?

갓 태어난 아이들은 얼마 동안은 이성기능이 충분히 발달하지 못한다. 그렇기 때문에 그들은 생존에 필요한 것들의 충족-불충족 여부에 따라 반응하는 감정기능을 주로 사용한다. 그들은 배가 고플 때 그냥 '젖을 먹고 싶다' 고만 표현하고 필요가 충족되면 금방 흡족한 미소를 띤다. 배가 고픈데 먹을 것을 주지 않는다고, 몸이 불편한데 편안하게 해주지 않는다고 원망하거나 나쁜 양육자라고 거부하지 않는다는 것이다. 아이들이 예쁘고 사랑스러운 이유는 아무도 판단하지 않기 때문이다. 다만, 느끼는

대로 자신의 필요를 울음으로 표현할 뿐이다. 우리는 그들 앞에서 부끄러워하지 않아도 되고, 그들의 말이나 행동은 우리 마음에 거슬리지 않는다. 우리가 어린아이처럼 순수한 사람에게 마음이 가는 이유도 마찬가지이다.

딸아이가 초등학교 1학년 때 있었던 일이다. 컴퓨터를 하려는데 정해진 요일이 아니므로 사용할 수 없다는 엄마의 말을 듣고 내게 말을 걸어왔다.

"아빠! 나는 우리 반 홈페이지를 보고 싶은데 컴퓨터를 못해서 속상해요."

딸아이는 자기 심정을 말할 뿐 엄마를 비난하거나 나쁘다고 판단하지 않았다. 우리가 듣기에 부드럽고 따뜻한 말에는 판단이 섞여 있지 않은 경우가 대부분이다. 그러나 성장하면서 어느 때부터인가 자신의 주관적 판단을 근거로 상대방을 평가, 비교, 비난, 비판 하는 표현을 시작한다. 사고기능의 발달과 함께 판단요소가 개입되어 소외와 단절을 가져오는 표현을 하게 되고 이러한 언어습관은 성인이 되어서도 계속 유지된다.

유아 : 지금 배가 고픈데 먹을 것을 엄마가 주지 않는다.
학생 : 지금 놀고 싶은데 피아노를 치라고 명령하는 엄마는 나쁜 사람이다.

성경의 창세기에 아담의 범죄에 대한 이야기가 나온다. 하나님은 아담과 하와에게 선악을 알게 하는 나무 열매를 먹지 말라고 일렀다. 만약 먹으면 죽는다는 경고도 덧붙였다. 그것은 인간에게 판단이 생기면 하나님과 인간관계, 인간과 인간관계에서 단절을 가져오게 되어 고통이 따를 것이라는 경고였던 것이다. 그럼에도 불구하고 뱀의 유혹에 빠진 아담과 하와는 하나님의 명령을 거역하고 그 열매를 먹었다. 그 일이 있은 다음에 여러 가지 문제가 생겼다. 우선 그들의 눈이 밝아져서 벌거벗은 것을 알아차리게 되고 부끄러움을 감추기 위해서 나뭇잎으로 치마를 두르는 수고를 해야 했다. 아담은 원래 하나님과 서로 친밀하게 대화하는 사이였다. 그러나 아담의 마음속에 이성기능이 확장되어 판단기능이 생기면서부터 하나님 음성이 들릴 때 두려움 때문에 나무 그늘로 숨는 단절의 역사가 시작된 것이다. 이 이야기는 판단기능이 선악을 구별하도록 하여 단절을 가져온다는 가르침인 것이다.

불교에서는 인간의 고통은 집착에서 오는데 그러한 집착은 모든 것이 변화하고 무상하다는 사실을 깨달으면 해결된다고 가르친다. 인간의 생각이 우매하여 자신의 생각에 집착하는데 한 가지에 매달리는 생각이 고통의 원인이 된다는 말이다. 만법유식萬法唯識이라는 말은 모든 것이 마음속에 있으며 인간이 아는 것識 즉, 생각이 문제를 만든다는 것이다.

윤호균은 '온마음 상담' 에서 판단을 다음과 같이 설명한다. 사람들은 자신의 내면세계에서 만들어진 '공상' 으로 평가하고 판단하는 기준을 갖는데, 이것을 '변별평가체계' 라고 한다. 그리고 주어진 현상을 관찰할 때 어떤 강렬한 감정이나 생각이 일어나더라도 거기에 주의를 빼앗기거나 머물지 말고 체계적이고 조직적으로 관찰해야 한다고 하였다.

판단 기준은 우리 안에 있어서 정보를 쉽고 효율적으로 처리하여 안전을 보장해줄지 모르지만 대인관계에서 서로의 마음을 연결하며 연민으로 소통하는 것을 방해한다. '약속을 어기면 안 되는데……' 라는 생각은 '반드시 약속을 지키도록 통제해야 한다' 는 생각을 기반으로 하며 이런 생각은 강요나 처벌을 정당화시킨다. '인간의 존엄성은 존중되어야 한다' 라는 말이 보편적인 가치이지만 전쟁에서 적 앞에 선 군인에게는 통용되지 않는 말이 될 수 있다.

몇 해 전에 중국 연길지역에서 탈북자를 지원하는 사람들을 만난 적이 있다. 그때 한 탈북자의 가슴 아픈 이야기를 들었다. 어린 자녀가 굶주림에 죽어가는 상황에서 어머니가 빵을 훔쳤다는 것이다. 그 행위에 대해 사람은 정직해야 한다는 보편적인 생각으로 단죄하기는 어렵다고 그 지원자들은 말했다.

이렇듯 판단 기준은 절대적인 기준이 아니며 서로 연결하고 소통하는데 방해가 되는 요소가 되기도 한다. 판단 기준이 들어 있는 일반적인 도덕률과 법규도 그러한데 사사로운 자신의 생각으로 상대를 통제하려 한다면 아무리 아름다운 단어로 표현한다고 하더라도 더 이상 마음의 연결은 기대하기 어렵다.

"그러므로 남을 판단하는 사람이라 하더라도 자기는 죄가 없다고 말할 수는 없습니다. 남을 판단하면서 자기도 똑같은 짓을 하고 있으니 결국 남을 판단하는 것은 바로 자기 자신을 단죄하는 것입니다(로마서 2장)."

토마스 고든은 대화의 방해요소에 대하여 포괄적인 목록을 작성한 뒤 정리하여 아래의 12가지를 제시하였다.

① 명령, 지시	⑦ 욕설, 조롱
② 경고, 위협	⑧ 분석, 진단
③ 훈계, 설교	⑨ 칭찬, 동의
④ 충고, 해결책 제시	⑩ 동정, 위로
⑤ 논리적인 설득	⑪ 질문, 심문
⑥ 판단, 비난	⑫ 화제전환, 빈정거림

그 외에 또 다른 소통의 걸림돌을 몇 가지 더 제시해보았다. 이것은 학문적으로 구분한 것이 아니라 일반적인 대화에서 임의로 구분한 것이다.

① 불평, 유감	⑦ 핑계, 군말
② 비교	⑧ 농담, 수다
③ 거드름, 과시	⑨ 사기, 거짓, 이간질
④ 무조건적 긍정, 과장	⑩ 무시
⑤ 분노	⑪ 침묵, 비밀
⑥ 토라짐	⑫ 자책, 비관, 궁상

위에 제시된 걸림돌 중에서 당신이 주로 사용하는 것은 어떤 것인가? 자신의 언어패턴을 유심히 관찰하고 그 중에 많이 사용하는 방해요소를 찾아낸다면 그 말을 듣는 상대의 마음을 이해하는 데 크게 도움이 될 것이다. 의사소통에 방해가 되는 요소들은 이 외에도 여러 가지 관점에서 찾아낼 수 있으나 흔히 발생하는 걸림돌들 중에서 몇 가지를 살펴보기로 한다.

충고

아내 친구들이 모여서 차를 마시며 대화를 나누고 있었다.

A : 우리 아이 때문에 걱정되어 죽겠어요. 공부는 안 하고 이제 와서 음악을 한다며 기타만 치고 있어요. 기타 소리만 들어도 열이 올라요.

B : 아! 그런 경우에는 아이가 음악에 소질이 없는 것을 깨달아야 하는데 그러려면 좀 놔둬야 자기 자신을 알 수 있을 거예요. 그렇지 않으면 반발심만 생기고 억지로 말리면 나중에 엄마한테 원망만 하게 돼요.

A : 흠…….(테이블 아래에 눈을 고정하고 묵묵히 듣고만 있다.)

나는 그때 보게 된 A부인의 표정을 지금도 기억한다. 모인 사람들이 모두 떠난 뒤에 A부인과 대화할 시간을 가졌는데 그녀는 괜히 말했다는 후회와 무력감에 화가 났다고 말했다. 상대가 A부인이 원하지 않은 충고를 준 대가였다.

상대방이 무슨 말을 하기 시작하면 우리는 그 말을 들으면서 동시에 어떻게 대답할지에 대해서도 생각한다. 내가 할 말을 머릿속으로 정리해서 말할 기회를 엿보고 있는 동안에 상대의 말은 허공으로 날아가고 마음속에는 오직 내가 할 말만 도사리고 있는 것이다. 그리고 상대의 대화 중 잠깐 쉼표 사이에 곧바로 끼어들어 상대가 원치 않는 충고의 창을 던진다. 날아오는 창을 접하는 사람이 취할 행동은 당연히 방패를 꺼내는 일이다.

고2 딸을 둔 이최선 씨는 딸아이가 학교를 그만두고 음악을 하겠다며 등교거부를 하는 중이었다. 그 문제로 친한 친구에게 아이의 문제를 하소

연했다가 충고만 들었다며 불편한 마음을 털어놓았다.

"그가 나를 가르치려는 것 같아서 너무 기분이 상했어요. 내가 그 사람이 말하는 것들을 해보지 않았겠어요? 그런 방법은 수도 없이 많이 했죠. 그렇지만 아이는 막무가내였어요. 난 단지 위로를 좀 받을 수 있을까 해서 말한 것뿐이었거든요."

누군가가 당신에게 고통이나 어려움을 말할 때, 그는 훌륭한 선생의 훈화를 듣기 위해서 당신을 모시고 싶은 것이 아니라는 것을 기억하자. 그는 따뜻한 가슴으로 '마음을 알아주는 친구' 를 기대하는 것이다.

분석 · 설명

철학자 데카르트는 '회의하라. 의심하고 있는 자신만이 진실이다' 라는 명제를 왜 남겼을까? 여기서 철학적 논의를 하자는 것은 아니다. 사람에게는 탐구적 본성이 있어서 지적 능력을 이용하여 문제를 해결하려는 습관을 가지고 있다는 점을 말하고 싶다.

열 살 된 딸아이가 학교에서 돌아와 현관으로 들어서자마자 울음을 터트린다.

"흑흑. 현준이는 나쁜 녀석이야. 도서실에서 지나가는데 뒤에서 내 머리를 잡아당겼단 말이야."

이때 엄마가 할 수 있는 반응을 추측해보자.

- 그 애는 왜 그런다니?
- 선생님께는 말씀드렸어? 선생님은 아셔?
- 네가 어떻게 했기에 그 애가 그렇게 한 거니?
- 지금도 우는 걸 보니 많이 속상하구나. 이리와, 엄마가 안아줄게.

당신이 딸이라면 위의 반응들 중 어떤 말을 듣기 원하는가?

누군가 내 앞에서 속상하거나 힘든 말을 할 때 그 원인을 찾아서 분석하고 설명하면 가슴에 따뜻함이 스밀 여유가 없다. 그 말은 머리에서 나온 말이기 때문이다. 우리가 '왜?'라고 묻는 이유는 질문을 통해서 얻은 정보로 그 사람의 상태를 분석하고 답을 제공하겠다는 의도 때문이다. 이런 대화에서는 답을 주려는 사람과 듣는 사람 사이에 수직적인 관계가 형성되기 때문에 마음을 주고받는 양방향 소통이 어렵게 된다. 어떤 말을 들었을 때 우리가 그것에 대해서 조언하거나 설명을 하는 경우는 상대가 그것을 요청했을 경우로 한정해야 한다. 자신이 아는 지식과 경험을 총동원하여 열성적으로 설명했는데 상대는 아쉬운 듯 민망한 표정을 짓는다. 그리고 마음속으로 이렇게 말한다.

'나는 단지 당신이 내 마음을 알아주길 바랐을 뿐이야. 답을 달라는 것이 아니라고!'

분석은 쪼개고 나누어서 재구성하는 것이다. 누구도 고통스러운 마음이 쪼개짐을 당하는 것을 원하지 않는다. 만약 충분히 공감할 수 없다면 차라리 아무것도 하지 말고 침묵하며 그냥 옆에 있어주는 것이 더 낫다.

교정

주부모임에서 한 사람이 자녀의 귀가 시간이 늦다며 불평을 늘어놓고 있다. 아래는 모임에 함께한 친구들과의 대화내용이다.

부인1 : 요즘 애들이 그렇다고 이해는 하지만 그래도 너무 화가 나요.
부인2 : 화가 난다면서 이해한다고 말하는 것은 틀린 말 같은데?
부인3 : 살다보면 그럴 수도 있는 거지, 너무 부정적으로 생각하는 거 아냐?

그의 말에서 틀린 문장이나 논리에 맞지 않는 것들을 찾아내서 바로잡는 말을 하면 그는 불쾌하게 받아들이게 된다. 말하는 사람의 의도는 자기가 표현한 말을 지적받고 싶은 것이 아니다.

부인1의 말 속에 담긴 의도나 원하는 것을 추측해보자.

- 내가 힘든 이야기를 할 테니 당신이 좀 들어주세요.
- 우울한 기분을 바꿀 수 있도록 즐거운 시간을 가지면 좋겠어요.
- 자녀양육으로 힘드니까 내가 맡은 일을 당신들이 좀 대신해주세요.

위의 내용보다 더 많은 것들을 추측할 수 있지만, 적어도 부인2, 부인3의 반응을 기대하지는 않았을 것이다. 상대와 함께하고 있는 장소가 상담교육기관이나 대화훈련 프로그램을 진행하는 교실이 아니라면 대화의 모순점을 고쳐주는 사람이 달갑지 않을 것이다. 그렇다면 우리는 수리공의 모자를 벗고, 유모의 앞치마를 두르는 일을 선택하는 것이 더 낫다.

동정

아들이 재수를 하면서 원하는 대학에 지원했는데 떨어져서 풀이 죽어 있다. 가족들과 아쉬운 마음을 나누고 싶었다.

아들 : 이번에도 00대학에 떨어졌어요. 꼭 붙고 싶었는데…….
엄마 : 어머, 어쩌면 좋아. 어쩌면 이런 일이……. 아이고, 안타까워서 이 일을 어째……. 흑흑
아들 : 엄마, 너무 걱정하지 마세요. △△대학에 가서 편입준비를 할 생각이에요.

동정이나 애처로워하는 말은 얼핏 들었을 때는 상대의 마음을 헤아려 주는 것 같지만 경우에 따라서는 이런 결과를 만들 수도 있다.

- 내가 대학 떨어진 것보다 엄마가 안타까워하는 모습을 보는 일이 더 힘들군.
- 엄마도 속상하겠지만 내가 얼마나 안타까운지에 대해서 아시는 걸까?
- 내가 엄마만큼 안타까운 것은 아닌데, 너무 지나치게 표현하니까 좀 민망한 걸.
- 괜히 말했네. 엄마가 나를 무능한 사람으로 보면 어쩌지.

아름다운 연결을 위해서는 상대의 감정 수준을 맞추면서 듣는 자세가 필요하다. 너무 지나치게 과장하거나 미약하지 않도록 표현하면 상대는 자신이 느끼는 실제의 감정 상태에서 그대로 머물 수 있게 된다.

맞장구

교사가 학생에게 정성을 들였는데 기대한 대로 행동하지 않을 때 섭섭한 마음이 들게 마련이다. 내가 얼마나 노력을 기울였는지 학생들이 알아주길 바라는 마음에 대해서 동료교사에게 이렇게 말했다.

나 : 그 녀석이 정말 그러면 안 되는 거 아니에요. 어떻게 나한테 그럴 수 있어?

그 : 맞아, 선생님이 특별히 그 학생을 위해 밤늦게까지 고생했잖아. 배은망덕한 녀석이군. 도무지 예의가 없는 녀석이야.

단지 나의 수고를 알아주기를 바랐을 뿐 학생을 비난할 마음은 아니었는데 동료교사가 맞장구를 쳐주면서 결국 학생을 배은망덕하고 예의 없는 사람으로 규정짓는 말을 한다면 도리어 민망하고 당황스러울 수 있다.

졸업한 지 십 년이 넘은 제자들과 함께 저녁식사를 했다. 결혼해서 가정을 이룬 지 삼사 년이 지났고 부부생활을 하면서 힘든 점들을 하소연하고 있었다.

제자1 : 남편이 회사일로 힘든 건 알지만 그래도 화가 나요. 집에 오면 꼼짝도 안 해요. 심지어는 물 한 잔도 스스로 갖다 먹지 않고 언제나 나보고 해달라고 하죠.

제자2 : 그러게, 네 신랑 진짜 너무한다. 어쩜 그렇게 양심이 없니? 너도 애 키우면서 힘들 텐데 진짜 나쁘다.

제자1 : 얘, 우리 신랑 그렇게 나쁜 사람은 아니야!

갑자기 분위기가 썰렁해지고 제자2는 당황스러워 한다. 맞장구를 치는 것이 무관심한 것보다야 훨씬 나은 반응이긴 하지만 상대의 의도와는 다른 반응을 한다면 이처럼 썰렁한 상황을 맞을 수도 있다. 상대와 감정이 공유되지 않은 말은 소통에 도움이 되지 않는다.

비교

비교는 위로도 되지 않는다. 유행어 중에서 '엄친아(엄마 친구의 아들)' 라는 말이 있다. 어머니가 자녀에게 이야기할 때 "엄마 친구 아들 누구는 공부도 잘하고……" 처럼 친구의 자녀를 빗대어 비교하는데서 나온 말이다. 인간은 누구나 자율적이며 존엄한 존재로 인정받기 원한다. 자신이 누군가와 비교되면 의도가 무엇이든 불편한 마음이 생긴다.

한 TV의 주부 프로그램에 탤런트 윤문식 씨가 출연하여 오랫동안 중환자실에서 투병 중인 그의 아내에 대해 이야기를 하는데 사회자가 물었다.

사회자 : 힘드실 텐데 어떻게 그렇게 밝게 웃을 수 있으세요?
윤문식 : (깊은 한숨) 나보다 더한 사람을 보고 참지요.

내가 정말 힘든 상황에서 만약 누군가 말하기를 더 힘든 사람을 보고 참으라고 한다면 진정한 위로가 될까? 조금은 힘이 생길 수 있을지는 모르지만 마음이 연결되는 위로는 되지 못한다.

필자가 교실에서 이런 질문을 한 적이 있다. "선생님들이 하는 말 중에서 듣기 싫은 말이 뭘까요?" 여러가지 대답이 나왔지만 그 중에서 비중이 큰 것은 '무시하는 말' '강요하는 말' 그리고 '비교하는 말' 이 불편하다고 말했다.

학생들 : 선생님들은 거의 다 비교하는 말을 해요. 정말 짜증나요.

참대화 : 그렇군요. 나도 여러분에게 비교하는 말을 한 적이 있나요?

나는 은근히 '아뇨. 없어요!' 라는 말을 기대하면서 학생들을 바라보았다. 잠시 조용한가 싶더니 맨 앞에 앉은 학생이 머뭇거리며 입을 연다.

"네, 선생님도 그러셨어요! 전에 노트 정리하는데 내 짝꿍에게는 노트 정리 잘했다고 말하고 똑같이 쓴 제게는 아무 말 없이 지나가셨어요."

사실 위 학생이 한 말은 비교한 말이라기보다는 차별했다는 말이 정확하겠지만 학생은 이런 상황에서 짝꿍과 비교 당했다고 생각할 수 있다. 비교할 마음이 있어서 그렇게 말한 것은 아니었더라도 명확하게 무엇이 잘 되었는지를 구체적으로 표현하지 않았다면 상대는 비교의 말로 받아들일 수 있다.

교사가 교실문을 들어서면서 '이 반은 왜 이래?' 라고 말했다면 그것도 다른 반과 비교를 전제로 한 말이다.

누군가 나와 다른 사람을 비교한다면 단절이 생기는 것은 물론이고, 자신을 다른 사람과 비교하는 것 역시 마찬가지로 자기를 올바로 바라보는 것을 방해한다.

평소 애정표현을 잘 하지 않는 남편과 사는 부인은 남편 자랑을 잘하는 친구의 말을 들으면서 이런 생각을 할 수 있다.

'아, 나도 남편이 저렇게 해주면 좋겠는데 내 처지가 서글프구나.'

'아니야, 난 그래도 그 친구보다는 훨씬 낫지. 그 친구는 남편에게 폭력을 당하기도 한다는데, 그에 비하면 우리 남편은 양반이지.'

어렸을 때 어머니가 자주 하셨던 말씀 중에 '옆 집 머슴 다리 부러진 것보다 내 손 끝에 찔린 가시가 더 아프다' 는 말이 있다.

무더운 여름날 에어컨이 고장 난 강의실에서 강의를 듣고 있었다. 연신 부채질을 하고 있는데 강사가 말했다.

"더우시죠? 전 양복을 입고 조명까지 받고 있어요. 제가 얼마나 덥겠어요. 여러분, 저를 보고 참으세요."

조명 아래에서 강의를 하고 있는 정장 차림의 강사보다 청중이 덜 더운 것은 사실이겠지만, 설령 강사가 더 덥다고 하더라도 강사는 강사이고, 나는 나일 뿐이다. 강사가 더 덥다고 해서 내 체온이 떨어지는 것은 아니다. 그러므로 '날 보고 참으세요' 라는 말도 단절을 가져올 수 있다. 그 말을 들은 사람은 이렇게 중얼거릴지 모른다.

"당신 말을 들으니, 내가 힘들다는 말조차 할 수 없군요."

상대보다 더 큰 고통을 드러내는 것은 힘든 심정을 표현하고 싶은 상대의 입을 막는다. 내 형편을 드러내는 말은 상대로 하여금 고통을 표현하지 못하도록 봉쇄하는 데는 효과적일 뿐, 가슴이 연결되는 대화를 하는데는 효과적이지 않다.

"자기를 다른 사람과 비교하지 마십시오. 사람은 저마다 자기 일을 살펴야 합니다. 그러면 자랑할 일이 자기에게만 있을 것입니다."(갈라디아서 6장 4절)

딱 자르기

중3 아들이 학교에서 일어난 이야기를 하면서 선생님의 조치가 부당하다며 불평을 늘어놓고 있다.

아들 : 아까도 말했지만 너무 기분 나빠. 정말, 진짜 어떻게 그럴 수가 있어? 안 그래?
엄마 : 이제 그만 좀 해.
누나 : 일절만 해. 일절만.

누군가 반복적으로 같은 말을 한다면 그는 아직도 자기 마음을 충분히 수용 받지 못했기 때문에 포근하게 감싸주기를 기다린다는 외침일 수 있다. 여러 차례 반복되는 말을 지겨워하는 것은 그의 말을 소리로만 들을 뿐, 그가 진정으로 원하는 내면의 음성을 들으려 하지 않았기 때문이다. 이 상황에서 이런 말을 듣는다면 자신의 심정을 알아주기를 기대했던 자신이 민망하고 실망스러워서 더 이상의 대화나 연결을 시도하지 않을 것이다. 누군가 당신에게 같은 말을 길게 하고 있다면 그의 심정에 주목해보자. 그러면 절박한 심정을 전달하고자 하는 간절한 외침이 들릴 것이다.

위의 예시처럼 자신의 심정을 가족이 알아주길 바라며 하는 말을 더 이상 듣지 않고 딱 잘라 말했다면 그는 더 이상 가족에게 자신의 심정이 전달되지 않는다고 느낄 것이다. 그렇게 성장한 자녀는 가족이 함께 하길 원할 때 그들의 마음을 외면한 채 자기 방으로 들어갈 것이다. 그가 거절당한 사실을 기억하는 한, 그는 마음을 연결하기 위한 대화를 시도하려 다가오지 않을 것이다.

기계적 공감

기계적 공감은 대화 속에 마음이 들어 있지 않고 다만 형식, 틀에 박힌 표현을 의미한다.

학생 : 이번에는 꼭 등수 안에 들 줄 알았는데 정말 안타까워요.
교사 : 그래, 안타깝겠구나.

상대방의 말을 앵무새처럼 되돌려주는 반복적인 응대는 마음이 이어지는 공감이라고 말하기 어렵다. 다음 예시를 보면서, 당신의 말에 대해 상대가 그대로 따라한다고 가정하고 역할 연습을 해보자. 더이상 설명하지 않아도 여러분은 진정한 공감이 아니란 걸 느낄 수 있을 것이다.

• 슬퍼요 - 슬프군요.
• 아파요 - 아프구나.
• 우울해요 - 우울하구나.

이런 말은 상대가 다음 말을 잇도록 유도하는 데에는 도움이 될 수 있을 것이다. 그렇지만 그와 공감되지 않는 상태에서 기계적으로 따라하는 표현을 여러 번 반복한다면 상대는 입을 다물거나 핀잔을 줄지 모른다.

'그래요. 슬프고, 우울하다고요!'

상담공부를 하는 사람들은 가끔 상담이론을 만든 사람이 그 이론을 근거로 실시하는 실제상담 장면을 볼 기회가 있다. 대학원에서 공부를 할 때의 이야기이다. 집단상담과 관련하여 다양한 책을 펴낸 제럴드 코리의 집단상담 시연장면 DVD를 보면서 공부하고 있었다. 나는 코리가 교과서에 나온 것처럼 공감을 하리라 기대했지만 실제는 달랐다. 의도적으로 각본을 가지고 만든 장면은 아니었다 하더라도 유명한 상담자가 표현하는 공감기술의 모델을 보고 싶은 마음으로 동료에게 이렇게 말했다.

나 : 내담자가 과거의 슬픈 경험을 이야기하면서 힘들어하는데 그 시점에서 상담자가 공감을 해주어야 하지 않을까요?

그 : 그럴 수 있죠. 아니면 말이 아닌 눈빛이나 태도 같은 비언어적 메시지로 충분히 공감해주었을지도 모르죠. 상담자가 머릿속에서 이 시점에서 공감을 해주어야 한다고 생각하거나, 어떤 형식으로 공감해

주어야 한다는 틀이 떠오르면 그것은 이미 공감이 아니라고 생각해요. 왜냐하면 그는 가슴으로 그에게 다가서는 것이 아니라 머리로, 형식적으로, 기계적으로 대하는 것이기 때문이라고 생각해요.

이처럼 공감은 언어뿐만 아니라 표정, 눈빛 등의 비언어적 메시지로도 충분히 표현될 수 있다.

꼬리표

상징주의 사회심리학에서는 사회에서 사용되는 상징 즉, 언어가 인간의 행동에 영향을 미친다고 주장하는데, 이것을 상징적 상호작용이라고 한다. 어떤 행동이 사실은 문제가 아니었는데 '그 행동이 문제' 라고 규정하고 '이름 붙이기' 를 시작하면 문제가 된다는 관점이다. 특히 성장과정에 있는 청소년에게 낙인의 폐해는 더욱 심각하므로 유의해야 한다.

학급에는 반장, 봉사부장 등의 역할이 있는데 학생들이 이런 역할로 이름이 붙여지면 그들의 행동이 변하는 모습을 보게 된다. 친구들에게 힘을 쓰고 괴롭히던 아이에게 약한 아이를 돌봐주는 '도움 친구' 의 역할을 맡더니 정의의 수호자처럼 행동하는 경우를 종종 본다.

에리히 프롬은 '사랑의 기술' 에서 우리의 생각으로 이름을 붙이는 것에 대해서 다음과 같이 기술하고 있다. 생각은 경험의 축적물이다. 이름은 우리의 경험을 근거로 한 언어부호를 나열한 것이다. 인간의 경험이란 한정적이고, 서로 다르다. 그러므로 '이름' 은 제한적일 수밖에 없다. 이름은 언제나 한 사물 또는 한 사람을 표현하는 것이며 '유한성' 을 나타낼 수밖에 없다.

기독교에서는 하나님의 존재와 관련하여 그 이름을 붙이는 것에 대한 이야기가 나온다. “그들이 내게 묻기를, 그의 이름이 무엇이냐 하리니 내가 무엇이라고 그들에게 말하리이까? 하나님이 모세에게 이르시되 나는 스스로 있는 자이니라. 또 이르시되, 너는 이스라엘 자손에게 이같이 이르기를 스스로 있는 자가 나를 너희에게 보내셨다 하라(출애굽기 3장).” 모세가 호렙산에서 하나님께 묻기를 “하나님의 이름을 들려주지 않는 한 이스라엘 백성들은 하나님이 그를 보냈다는 것을 믿지 않을 것입니다.” 그런 인간의 유한성에 대해서 하나님이 양보하면서 자신을 이렇게 소개한다. “나는 스스로 있는 자이니라.” 하나님은 신이므로 유한하지도 않고, 한정해서도 안 된다는 말씀이다. 이름을 붙이는 순간 그것이 유한한 우상이 되어버리기 때문이다.

나를 화나게 하는 사람의 행동을 바라보며 “너는 나쁜 녀석이다”라고 이름 붙이는 순간 그것은 이후 상대를 바라보는 나의 생각과 마음에 영향을 끼치게 된다. 예의 없는 녀석, 이기적인 녀석, 잘난 척하는 사람, 버릇없는 사람, 나를 무시한 사람이라고 이름 붙이는 것은 자기 생각에서 나온 판단에 의한 꼬리표인 것이다.

부정적인 꼬리표는 물론 긍정적인 꼬리표도 유사한 결론을 보인다. 천사, 착한이, 예쁜이, 정직한 사람, 아름다운 사람 등의 말들은 언뜻 기분좋은 말로 들린다. 그러나 자꾸 듣다보면 반드시 이런 사람으로 보여야 한다는 부담을 가질 수도 있다. 이러한 말들은 단지 그의 행동을 설명할 수 있을 뿐이며 그의 인격 자체에 이름을 붙이고 한정해서 바라보는 것이란 사실을 유념해야 한다. 부정적인 평가는 물론이고 중립적으로 평가하는 말도 소외와 단절을 가져오게 하는 요소이므로 상황과 생각을 분리해서 표현해야 한다.

이 부분에서 독자 여러분은 의아해할 수도 있다. 왜냐하면 부정적인 말들이 관계 안에서 소외와 단절을 불러일으킨다는 것에는 이의가 없겠지만, 그동안 습관적으로 사용하던 중립적인 말로 꼬리표를 붙이는 것은 우리 사회에서 당연하게 받아들여졌기 때문이다. 다음에 제시한 예를 살펴보자.

34세 전순종 씨는 명절날 시댁에서 시어머니와 대화중에 느꼈던 불편함이 못내 마음에 남았다. 직장 일도 힘든데 가사에 양육까지 혼자서 다해야 한다는 것이 버겁다는 말에 대해서 시어머니는 "아내로서 그 정도는 해야 한다고 생각한다"고 말했다. 수용 받지 못한 섭섭함도 있긴 하지만 한편으로 '아내' 라는 말이 마음에 걸렸다. '아내' 라는 중립적 표현에 포함하는 의미는 참으로 다양할 것이다. 어떤 아내는 전업주부일 수도 있고 직장 일에만 전념하는 아내도 있을 수 있다. 전순종 씨는 양육과 가사, 그리고 직장 일을 병행하다 보니 힘들다는 말인데, 시어머니는 '그 정도는 당연하다' 라고 말하므로서 '아내로서' 의 의무만 강조했기 때문이다.

필자는 오랜 만에 만난 고교동창 친구가 농담처럼 한 말이 마음에 걸린 적이 있다. 동창회보를 만드는데 한 친구가 말했다.

"너는 선생이니까 네가 맡아서 하면 좋겠다."

나는 교사이긴 하지만 자료를 모아서 편집하고 꾸미는 일은 어려워 하기 때문에 '교사니까 회보를 잘 만든다' 는 말을 동의할 수 없었다. 하지만 그 친구는 교사니까 당연히 편집 능력이 있을 것이라는 생각의 오류가 작용했던 것이다. '당연히 해야만 하는 일' 은 없다. 직업이 요리사라고 하더라도 가정에서 반드시 찌개를 잘 끓여야하는 이유가 없듯이, 장남은 당연히 의젓해야 한다는 생각도 역시 사람을 소외와 단절로 이끄는 말이 된다.

핑계

상담교사들이 모임을 준비하고 있을 때, 한 선생님으로부터 전화를 받았다.

"선생님, 오늘 모임에 가야 하는데 내일 진행할 공개수업 준비가 덜 되어 어쩔 수 없이 참석하지 못할 것 같아요. 죄송해요."

전화를 받고나서 어쩔 수 없다니 별도리가 없었지만 조금은 허전하고 아쉬움이 남았다. 그 선생님은 모임에 참석하는 일과 수업준비를 하는 일을 비교해보았을 때 수업준비가 더 중요하기 때문에 그것을 선택한 것이다. 그러므로 자신의 책임을 외면한 채 '어쩔 수 없다' 는 말은 적절하지 않아 보인다. 그 대신 "모임에 참석하고 싶고 만나고 싶기도 해요. 하지만 나는 수업을 잘 하고 싶은 마음이 더 크군요. 대신 다음 기회에 좋은 시간을 기대하겠습니다"라고 말하는 것이 자신이 선택한 것에 대해 책임을 지는 자세이다. 이것은 윌리엄 글래서가 선택이론에서 말한 대로 우리가 하는 모든 행동은 나의 선택에 의한 것이기 때문이다.

게임기를 사달라고 조르는 아이에게 아빠는 공부에 방해되기 때문에 절대 사줄 수 없다고 말했다. 아이는 아빠가 출근한 뒤에 엄마에게 조른다.

아이 : 엄마, 게임기 좀 사 주세요.

엄마 : 엄마는 그렇게 해주고 싶지만 아빠가 허락하지 않아서 어쩔 수 없어.

엄마의 태도에 대해서 아이는 어떻게 생각할까? 엄마의 속마음을 추측해보면, 게임기를 사주면 게임을 하느라 공부에 방해가 될 것이 염려되므로 사주고 싶지 않다. 그렇다고 거절을 하면 원망 듣게 된다. 그래서 악역을 맡고 싶지 않으니까 아빠 핑계를 댄 것이 아닐까? 이때 엄마는 자신이 선택한 것에 대해 솔직하게 말함으로써 마음을 연결할 수 있다.

• 게임 하느라 공부가 방해 될까봐 염려가 되요.
• 엄마가 그걸 사주면, 아빠를 무시하는 것이 되니까 불편해.

'성격 때문' 이라고 하는 말도 단절을 가져올 수 있다. 유순해 씨는 아이가 학원에서 돌아오는 시간이 한 시간 늦었다고 벌칙으로 한자 쓰기를 1시간 연장하였다.지나치지 않느냐는 친구의 조언에 유순해 씨는 다음과 같이 대답한다.

"좀 그렇긴 했지. 그런데 난 성격 때문에 어쩔 수 없어."

성격으로 핑계를 돌리면 더 이상 아무것도 할 수 없게 된다. 어쩔 수 없다고 생각하면 자신의 고통에 대해서 더 이상 책임을 지지 않아도 되고 노력을 포기할 수 있다. 이때 상대는 더 이상 협력할 길을 찾지 못하게 되어 단절을 가져온다.

강요

- 엄마가 돌아 올 때까지 이 숙제를 다 끝내놔야 해. 그렇지 않으면 혼날 줄 알아.
- 당신이 나를 조금이라도 생각한다면 그렇게 행동할 수 있겠어요?
- 공부는 학생으로서 당연한 의무야. 반드시 끝내도록 해

강요, 명령, 경고, 위협 등은 상대에게 화를 만든다. 그결과로 상대가 복종 하거나 반항적 행동으로 대응하게 만든다. 강요에 의해 행동 하는 사람은 마음속에 일어나는 복잡한 내면의 심정을 감추고, 반응하게 되므로 소외와 단절이 생긴다.

우리의 태도에 따라 내 앞에 있는 사람을 두 가지 길로 인도할 수 있다. 하나는 나의 강요로 인해 자기 내면을 숨긴 채 순종적으로 움직이는 착한 노예로 만들거나, 아니면 상대가 원하는 것을 인정해줌으로서 진정으로 자신을 사랑하고 스스로의 선택을 존중하며, 긍지를 가지고 책임 있는 행동을 하는 사람으로 만들 수 있다.

어느 기업체 워크숍에서 강요를 내려놓으라는 필자의 말에 한 간부가 이렇게 말했다.

"강요하면 나쁘다는 것을 잘 알지요. 하지만 그래도 일은 해야 하잖아요?" 그게 우리의 현실이거든요.

그 질문에 대한 대답은 이렇다.

“당신이 어떤 것이 더 생산적이며 효율적인지를 선택하시면 됩니다. 강요를 통해서 내가 원하는 것을 성취했다면 우리는 그 대가를 치룰 각오도 해야 합니다.”

‘말을 물가로 데려갈 수는 있지만 강제로 물을 먹일 수는 없다’ 는 속담이 있다. 사랑하는 사람이 자율적으로 선택하면서 살기를 원하는가, 아니면 착한 노예처럼 순종적으로 살기를 원하는가? 부모나 교사가 공통적으로 하는 칭찬 중에 ‘그 아이는 착한 아이이다’ 라는 말이 있다. 만약 그렇게 남의 말을 잘 듣는 아이로 성장한다면 성인이 되었을 때 주체적으로 선택해야 하는 상황에 처하면 당황하거나 큰 혼란을 겪을 수 있다.

경기도에 있는 어느 대안학교 학부모를 대상으로 워크숍을 진행할 때의 한 아버지의 말을 기억한다.

“나는 부모님이 원하는 삶을 살았어요. 한 번도 부모님 말씀을 거역하지 않고 시쳇말로 손 안 타는 아이였죠. 그 덕분에 일류대학을 나와서 의사를 하고 있습니다만 지금에 와서 생각해보니 나라는 존재가 없어요. 지금도 여전히 누군가의 눈치를 보며 사는 내 모습이 너무 싫어요. 이제는 내 마음 가는대로 살고 싶은데 왠지 불안한 마음이 들어서 쉽지 않아요. 그래서 우리 아이들은 그냥 자유롭게 키우려고 합니다.”

칭찬에 의한 강요도 마찬가지이다.

필자의 경험에 의하면 교사 대상 연수에서 적어도 20% 이상은 "착한 아이"라는 부모의 칭찬 때문에 인생이 힘들었다는 고백을 듣는다.

칭찬이라는 이름으로 상대를 조롱하려는 의도가 있다면 또다른 강요일 뿐이다.

시간이 조금 더 걸리더라도, 말을 조금 더 많이 해야 하더라도 진정으로 소통하기를 원한다면 이제 그만 상대에 대한 강요를 내려놓고 자유로운 선택이 가능하도록 자기 마음을 열어 두어야 한다. 그것이 결국 더 효율적인 결과를 가져올 것이다.

지금까지 우리는 판단, 충고, 분석 · 설명하기와 비교, 칭찬, 강요 등 흔히 우리가 사용하는 대화의 걸림돌에 대해 알아보았다. 일상의 대화에서 자신이 얼마나 많은 걸림돌을 사용하는지 돌아보는 계기가 되었으리라 믿는다. 이제 서로의 마음과 마음이 통하는 연결의 대화가 어떤 것인지 알아보기로 하자.

| 연결의 대화 |

관점의 변화

다양해진 사회적 환경과 이해관계의 대립 때문 갈등상황이 심화되고 있다. 가정, 학교는 물론 모든 집단에서 평화로운 대인관계를 위하여 '획기적인 대화 기술' 에 대한 요구가 커지고 있다. 복잡한 인간의 심정을 명쾌하게 표현할 수 있는 마술적인 기법에 대한 기대만큼이나 서점에는 많은 종류의 대화기술책이 진열되어 있다. 언어는 마음의 창이다. 대화는 마음에서 시작하는 것이므로 형식적인 기술만으로는 진정한 연결을 기대하기 어렵다. 우리가 세상을 바라보는 관점을 변화시킬 수 있다면 좀 더 쉬운 방법으로 마음을 연결할 수 있을 것이다.

5년 전에 상담했던 내담자를 만났다. 그동안 결혼을 하였고 남편은 안정적인 직장생활을 하고 있으며 행복한 가정생활을 하고 있다고 했다. 상담을 받았던 그때에 비하면 마음이 매우 편안하다며 내게 감사의 말을 전했다.

"안정된 정서를 가진 남편과 시부모님의 따뜻한 분위기도 있지만 상담을 받으면서 저 자신을 바라보는 힘이 생긴 것 같아요. 또 상담을 받으면서 저를 인정해주고 격려해줘서 내면을 바라볼 용기가 생겼어요. 선생님은 제게 은인이세요."

그말을 듣고 필자는 어리둥절 했다. 왜냐하면 당시에 상담지도를 받는 과정이었고, 지도자는 내게 상담기법에서의 오류를 지적받았을 뿐 아니라 비효율적인 상담이었다는 평가를 받았었기 때문이다. 그런데도 내담자는 상담에서 인생의 방향을 바꾸는 힘을 얻었다고 했다. 이 일로 얻은 교훈이 있다. 상담에서 성과는 어떤 기법이나 기술보다 내담자의 영혼에 깊은 애정을 갖고 진정으로 함께 하며 그의 삶에 기여하고자 하는 마음에서 비롯된다는 것이다. 모든 관계 안에서 풍요를 기대한다면, 어떤 대화 기법이나 기술보다 진정으로 함께 하고자 하는 마음이 우선되어야 한다.

중3 여학생의 어머니 나잘란 씨는 학부모연수에서 어떤 의사소통훈련을 받았다. 딸과 좋은 분위기에서 대화를 할 수 있을 것이라는 기대를 가지고 배운 기술에 맞춰가면서 대화를 시작했다. 그러나 아이의 반응은 실망스러웠다.

"엄마, 뭘 또 배워 오신 거예요? 말만 바꾼다고 사람이 달라지는 건 아니잖아요. 어색하니까 그냥 원래대로 하세요."

기법만을 가지고 상대가 변화하기를 바라고 사용하면 위와 같은 말을 듣기 쉽다. 새로 배운 기술로 상대를 바꾸려하기보다는 자신의 마음과 관점을 먼저 변화시키기를 권한다. 참대화에서는 우리의 마음은 도구가 아니라 '존재 자체' 라는 믿음을 갖고 있다. 그러므로 기법을 익히는 것에 집중하는 것보다 관점을 변화시키는 노력이 더 중요하다고 여긴다.

의도 내려놓기

인간은 누구나 존엄하며 본질적으로 존중받고 싶어 한다. 그래서 칼 로

저스는 충분한 존중과 지지, 인정을 받으면 인간은 누구나 건설적으로 성장할 수 있는 능력이 있다고 말하였다.

로버트 볼튼은 그의 저서 '피플 스킬' 에서 존중에 대해 다음과 같이 설명하고 있다. '진정한 사랑은 침입하지 않는다. 다른 사람의 사생활을 침해하지 않는다. 또한 다른 사람의 인격의 성소 안으로 억지로 밀고 들어가지 않는다.'

그러나 사람들은 종종 외현적 성취와 발전에 집중한 나머지 존중 받고 싶어하는 영혼의 외침을 외면한다. 아마도 그렇게 하는 것이 사랑하는 이에게 더 큰 유익이 될 것이라고 생각하기 때문일 것이다. 부모로서, 교사로서의 책임과 의무라고 여기며 부정적인 감정을 숨기고, 심지어는 아픈 마음을 숨기면서까지 강요하거나 자신의 주장을 굽히지 않는다. 그리고 그들은 이렇게 주장한다.

- 이게 다 너를 사랑하기 때문이야.
- 네가 아직은 어려서 모르지만 크면 다 알게 될 거야.

이런 일방적인 말 뒤에는 나의 욕심에 따른 의도가 있음을 시인해야 한다. 부모교육에서 자녀가 공부를 잘했을 때 부모가 얻을 수 있는 것이 무엇인가라고 물으면 처음에는 이구동성으로 '다 자식 잘되라고 그러는 것일 뿐 뭘 더 기대하겠어요' 라고 말한다. 그러나 점차 자신의 내면을 바라보기 시작하면서 결국은 자기 자신을 위한 것임을 알게 된다. 자신의 욕구를 충족시키려는 의도를 드러내지 않고 '너를 위해서' 내가 이렇게 애쓰는 것이라고 말한다면 그것은 진솔한 표현이 아니다. 이것은 '있는 그대로' 바라보는 일을 방해한다.

경기도 Y시에서 워크숍을 할 때 초등학교 6학년 자녀를 둔 어머니와 나눈 대화 내용이다.

최염려 : TV를 보거나 컴퓨터를 하고 있을 때 내가 걱정된다고 말하면 아이는 '신경 쓰지 마세요. 제가 알아서 해요' 라고 해요. 그래도 제가 조금 더 말하면 '알았어요' 하면서 문을 쾅 닫고 들어가버려요. 그런데 지금 선생님은 부모가 아이에게 공부시키려는 의도를 갖지 말라고 하니 당황스럽네요. 아이가 공부를 웬만큼은 해야 하지 않겠어요? 강요하지 않으면 아예 공부를 안 하는데 부모역할을 포기하란 말인가요?

참대화 : 아이가 공부를 전혀 하지 않을까봐 염려되시나요?

최염려 : 그나마 강제로라도 시키니까 조금 하는 거지, 그냥 두면 하루 종일 컴퓨터만 할 거예요. 그럼 아이의 인생이 어떻게 되겠어요?

참대화 : 만약 하루 종일 컴퓨터만 한다면 아이 인생이 걱정되지요. 대신 통제하고 스케줄을 관리해주면 성적이 오를 것이란 점은 인정합니다. 다만 성적을 올리기 위해서 무엇을 해야 할지는 서로 협력적인 분위기에서 타협해야 합니다. 타협을 위해서 먼저, 문을 쾅 닫고 들어가는 행동처럼 단절된 관계를 개선하는 일을 우선해야 한다는 말입니다. 그때부터 대화가 시작되기 때문입니다. 저는 서로 마음을 연결하는 일이 중요하다는 말씀을 드립니다. 어머니가 어떻게든 공부를 시키겠다는 의도

를 내려놓지 않으면 어떤 형식으로 표현해도 아이는 강요로 받아들이기 때문에 피하거나 반항하는 태도를 취할 것입니다.

'조장助長하면 조장난다.' 맹자가 그의 제자 공손처에게 들려준 가르침 중에 조장에 관한 이야기가 있다. 송나라때 한 농부가 벼를 심어놓고 조바심이 나서 빨리 자라게 하려고 벼를 몽땅 잡아당겼다. 집에 돌아와서 아들에게 그 사실을 자랑스럽게 말했다. 놀란 아들이 논으로 달려갔을 때는 이미 벼가 물에 둥둥 뜬 채 죽어 있었다.

순리란 도리나 이치를 그대로 받아들이고 따른다는 말이다. 순리를 따르지 않고 빨리 키우고 싶은 것이 문제다. 타고난 능력이 다르기 때문에 그에게 적절한 시기와 방법을 찾아야 한다. 강요로 올린 성적은 오래 가지 못할 뿐더러 아이의 자존감마저 무너뜨릴 수 있다. 그러나 믿어주고 격려해줄 때 아이는 자신의 재능을 충분히 발휘할 수 있다.

어느 상담교사와 '의도를 내려놓는 것' 에 대해 나눈 대화 내용이다.

나 : 상대를 대할 때 목적성이 연결을 방해할 수 있습니다.

그 : 목적성이란 말이 이해가 안돼요. 제가 어떤 의도를 갖고서 소통을 시도했다는 얘기인가요?

나 : 하나 예를 들어볼게요. 보통 교사는 학생이 공부를 해야 학생답다는 생각을 가지고 있죠? 그렇다면 공부를 하지 않는 학생은 뭐죠? 그도 역시 학생이죠. 그러니까 우리는 학생을 그대로 보아야 하는데 그렇지 않고 '공부가 목적인 학생' 을 바라보면 그것이 목적성입니다. 학생은 공부를 하든지 안 하든지 그냥 학생이죠. 그런데 우리는 '공부를 해야 하는 학생' 이 공부를 하지 않을 때 화가나죠.

그 : 그럼 대부분 소통이 실패하는 이유가 목적성이 포함된 어떤 전제가 제 마음속에 있기 때문인가요?

나 : 그럴 수도 있습니다. 내 마음속에 상대에 대한 어떤 의도가 있거나, 그가 반드시 나의 의도대로 해야 한다는 생각이 전제되어 있으면 그것이 목적성을 가진 태도입니다. 또 그 말에 대해서 상대는 존재 자체로 수용되지 않기 때문에 소통이 어렵게 될 수 있습니다.

그 : 아! 저는 평소 이런 형식의 대화패턴이었어요. 예를 들면, "내가 불편했고, 당신의 태도에서 불편했고, 거기서 꺼림칙한 걸 느꼈다"

나 : 형식은 고결하고 부드러운데, 말의 의도는 여전히 '그 따위로 하지 말라!' 나 '열 받는다.' 이러한 마음이 내포되었다면 불편하게 들리죠. 그가 그런 행동을 하지 않기를 바라는 강요가 숨어 있다는 거지요. 강요가 목적이라면 상대는 그 말을 수용하는 일이 쉽지 않습니다. 하지만 '관계는 목적을 향해 달려간다' 는 말은 관계가 좋아지면 목적을 이룰 가능성이 당연히 높아진다는 말입니다. 설령 목적이 이루어지지 않더라도 그대로 바라볼 수 있는 마음자세가 우리를 자유롭게 하지요. 내 말에서 선생님이 받아들인 것이 어떤 건지 궁금해요.

그 : 그럼 전에 말씀하셨던 '당위적 사고' 그런 태도가 전제되어 있으면 뭔가 의도가 느껴져서 상대는 꺼림칙하겠네요. 압박감도 들었을 테고……. 그럼 내 감정이 어느 정도 해결된 후에야 소통을 시도해야겠네요. 편안해지는 데 도움이 되었어요. 감사해요.

나 : 그 말씀을 들으니 내가 선생님께 뭔가 기여한 것 같아서 기분이 좋습니다.

상대가 어떤 목적달성을 위한 수단으로 나를 대한다면 슬픈 일이다. 하지만 좋은 관계에서 존중과 협력적인 분위기라면 목적을 달성할 수 있는 기회에 기꺼이 동참할 것이다. 마틴부버는 '나와 너' 에서 이렇게 말했다.

"목적은 사람의 인격을 배척하지만 관계는 목적을 향해 달려간다."

또 다른 연결요소

첫째, 말의 속도를 조절하는 일에 유의한다. 우리는 말하는 속도보다 생각하는 속도가 빠르기 때문에 건너뛰며 말하게 된다. 그러므로 천천히 말하면 자기 마음을 뒤돌아 볼 수 있다. 사람의 마음은 시시각각으로 변화하므로 방금 전의 기분이나 생각은 지금의 나가 아니다. 지금 이 순간에 자기를 표현하는 것이 살아 있는 말이다. 그러나 익숙하지 않으면 자기 마음을 신속하게 보기 어렵기 때문에 천천히 말하면서 자신을 들여다볼 시간을 확보하는 것이 좋다. 천천히 쉬어가며 말하면 상대는 편안하게 방어 없이 듣는다.

둘째, 상대의 변화를 살피는 일이 필요하다. 우리는 말하는 것보다 듣는 것이 쉽다고 생각하지만, 사실은 듣는 것은 주어진 정보의 극히 일부만 받아들이게 된다. '내가 말을 했는데 왜 알아듣지 못해!' 라고 외치기 전에 말을 하면서 표정이 어떻게 변하는지, 태도가 어떻게 달라지는지를 보면서 내 말의 수용 여부나 반응을 짐작해야 한다. 그 변화에 따라 강약을 조절하거나 멈추거나 진전하는 일을 결정해야 한다. 비언어적 메시지는 더 진솔하고 더 많은 정보를 준다.

셋째, 진지한 태도를 취하는 것이 필요하다. 사람은 태도에 그의 마음이 그대로 드러난다. 가식적인 태도는 마음 연결에 도움이 되지 않는다. 내가 신중하게 말하고 있다는 사실을 상대가 알게 되면 수용될 가능성이 높아지고 상대도 진지하게 행동한다. 상대는 진지한 나의 태도를 보고 자신을 가치 있는 존재로 여기게 된다. 또 자신이 존중받고 배려 받는다고 느꼈을 때 나에게 호감을 갖게 되고 자연스럽게 마음을 연다. 별 의미 없이 말을 휘날려버리면 앞에 앉아 있는 사람은 어떻게 해야 할지 당황스럽게 되거나 아니면 말하는 이의 태도처럼 바람에 흩날리는 자세로 들을 것이다.

해법은 마음이 안다

참대화 워크숍에 참여한 사람들은 상대를 내 마음대로 변화시킬 수 있는 새롭고 신기한 마법 같은 수단이나 기술을 기대한다. 워크숍에 대한 기대를 묻는 질문에 대해 많은 사람들이 이렇게 대답한다.

- 아이가 공부를 잘 할 수 있는 방법을 배우고 싶어요.
- 아이들을 잘 가르치고, 편안하게 교육할 수 있는 기술을 배우고 싶습니다.
- 남편(아내)의 버릇을 고칠 수 있는 방법을 배우고 싶어요.

사실 어떤 특정 행동에 대한 수정 방법은 상담심리학 서적이나 언론매체에서 더 많이 배울 수 있다. 이 책은 행동변화를 위한 기술을 제공하는 것이 아니라 우리의 관점을 변화시키는 데 더 큰 관심이 있다. 우리가 진정으로 깨달은 것이 있다면, 내 마음은 이미 어떻게 하는 것이 가장 좋은 방법인지를 알아차린다. 예를 들어서 저녁식사를 준비해야 할 시간인데 친구와 중요한 통화를 하고 있는 상황이라고 가정해보자. 이때 우리는 어떻게 행동해야 하는지에 대해서 누가 알려주지 않더라도 무리 없이 선택하고 행동할 수 있다. 아이가 공부를 싫어한다는 사실을 진정으로 알아차렸다면, 부모는 아이에게 하고 싶은 것을 하도록 인정하거나, 도움을 줄 방법을 찾기 위해 고민할 마음이 생길 것이다.

참대화에서는 우리가 함께 협력하는 데 있어서 무엇이 핵심인지 알아차리는 것에 중점을 둔다. 당신이 마음을 연결하는 것이 핵심이라는 사실을 받아들인다면 평화를 유지하면서 협력할 수 있는 방안을 찾는 일은 어려운 것이 아니라고 본다.

| 연민으로 연결 |

연 민

김 해 곤

네가 친구 갈등 괴롭다면서 5일째 무단결석 하듯이
나도 피곤하고 지쳤다며 노모 계신 병원에 가지 않았다.
내가 편안하고 싶은 것처럼 너도 그렇겠다.

네가 축제 준비 한다며 10시까지 춤을 추듯이
나도 친구 위로한다며 새벽2시까지 어울려 놀았다.
내가 즐기고 싶은 것처럼 너도 그렇겠다.

네가 예뻐 보이고 싶어서 하얗게 색조화장을 하듯이
나도 인정받고 싶어서 딸과의 약속을 어기고 다른 일을 했다.
내가 돋보이고 싶은 것처럼 너도 그렇겠다.

네가 디자이너 된다며 수업 중에 패션잡지 보듯이
나도 프로젝트 자료 찾는다며 인터넷에서 연예뉴스를 검색했다.
내가 일탈하고 싶은 것처럼 너도 정말 그렇겠다.

내가 원하는 것에 힘을 쓰듯이
너도 필요를 채우기 위해 애를 쓰며 산다.

내가 그렇듯이 너도 그렇다.

연민 : 대등한 위치에서의 동정심

맹자는 우리 마음속에 어질고 착한 마음이 있는데 그것을 측은지심惻隱之心이라 하였다. 어린 아이가 우물에 빠져서 허우적거리는 모습을 발견했다면 그 아이가 원수의 자식이라고 할지라도 가엽고 측은한 생각이 들어서 우선은 건져주는 것이 인간의 본성 속에 있다는 것이다. 이처럼 측은지심이 발동하여 실천하면 그것이 어진 마음으로 나타난다고 설명한다. 인仁은 두 사람의 연결을 표현하는 글자이므로 결국 연민이 있을 때 두 사람이 연결된다는 말이며 그것이 사랑의 기초가 된다.

예수가 공생애公生涯 기간에 고통 받는 사람들을 바라보고 흘린 눈물이 사랑이었던 것처럼, 부처가 살인마 앙굴리마라를 바라 본 자비의 눈빛이 바로 연민일 것이다.

마음 연결하기 위해서는 동정심이 필요하고, 이것은 연민의 마음에서 나온다. 연민은 마음과 마음을 이어주는 연결의 핵심이다. 연민으로 상대를 바라보았을 때 마음에서 느껴지는 따뜻함을 누구나 한번쯤 경험했을 것이다. 누군가 내가 예측하지 못한 행동을 하거나 그가 한 행동이 사회적, 도덕적 기준에 맞지 않을지라도 분노의 감정을 자제하고 잠시 그가 왜 그런 행동을 했는지 생각할 여유를 갖는다면 연민을 경험할 수 있다.

어느 날, 휴일 아침에 형사반장이 필자의 집을 방문했다. 성폭행 미수 사건을 수사하는데 집에 설치된 CCTV를 검사할 수 있도록 협조를 요청한다고 했다. 옆집에 사는 6학년 아이가 성폭행을 당할 뻔 했다고 경찰에 신고해서 2주째 수사 중이며 스트레스를 많이 받는다고 말했다. CCTV를 확인하고 다시 조사한 결과 다행히 허위신고로 밝혀졌다. 아이가 언론에 보도된 조두순 사건을 접하고 관심 받고 싶어서 그랬던 것이다. 상황이 정리된 후 형사반장과 나눈 대화 내용이다.

그 : 몇 가지 정황으로 봐서 의심스럽기도 했지만 수사를 중단할 수도 없어 여기까지 왔네요. 만약 해결되지 않은 상태로 언론에 알려지면 수사가 미흡한 책임을 모두 지게 되어 있어요. 이 사건으로 강력계 형사반이 2주일 동안 전념했으니 경찰력 낭비가 이만저만이 아닙니다.

나 : 그랬겠네요. 참, 수고가 많으시겠어요. 아이가 허위신고해서…….

그 : 그렇지만, 애가 그렇게라도 관심 받고 싶어 하는 걸 뭐라 할 수도 없는 일이에요. 사실, 주위사람들이 무관심하게 대한다면 그렇게라도 해서 사람들에게 관심이나 사랑을 받고 싶어 할지도 모르죠. 참 딱한 일이죠. 아이가 안됐어요.

그 경찰관이 자신을 그렇게 고생시킨 아이를 연민으로 바라보며 안타까워하는 마음을 보니 호감이 가기 시작했다. 함께 나눈 대화로 가슴이 따뜻해지고 손에 든 황금색 A경찰서 명함이 아침햇살에 반짝인다.

> 出門如見大賓 출문여견대빈
> 문 밖에 나서거든 내가 만나는 모든 사람을 큰 손님 대하듯 하라.
> 〈논어 안연편〉

연민은 본성이다

참대화 워크숍에서 참가자들에게 가끔 듣는 말이다.

"참대화를 하려면 우선 인격적인 수양이 되어야 할 것 같아요. 마음을 잘 다스려서 평온한 상태로 만들어야 아름다운 대화가 될 테니까요. 저 같은 사람은 참대화하기가 참 어렵겠어요."

연민은 수양을 통해서 만들어지는 것이 아니다. 맹자가 말한 것처럼 우리들 본성 속에 내제되어 있는 측은지심의 근본이다. 우리는 업적 지향적이고 물질우선주의가 팽배한 세상에 던져진 채 본래 모습을 잊고 지내지만 연민은 마치 고향에서 묻어나는 향기처럼 마음속 한구석에 늘 자리하고 있다. 우리가 의식적으로 끌어올리려 하지 않아도 상대의 입장에서 바라볼 때 연민은 자연스럽게 발현된다. 다만 연민이 발현되지 못한 이유는 두려움과 욕심, 그리고 내 생각이 맞다는 아집 등이 가로막고 있기 때문이다.

절제된 동정이다

연민을 설명할 때 대등한 입장을 강조한다. 그것은 상대를 존중하는 마음을 전제로 한다는 의미이기도 하다. 상대가 나를 지나친 동정으로 대한다면 민망하거나 자존심이 상할 수 있다. 가끔 장례식장에서 상주보다 더 슬프게 우는 문상객의 모습을 보게 된다. 지나친 동정으로 상주보다 더 슬퍼한다면 민망한 일이다. 상을 당한 이가 도리어 문상객을 위로하는 처지가 되었으니 말이다. 자기감정에 휩싸인 무절제한 감정 표현은 연민이 아니라 상대의 입장을 고려하지 않은 한풀이가 될 수 있다는 점을 기억하자.

연민은 풍요를 만든다

어떤 상황이더라도 상대를 연민으로 바라보았을 때 서로 따뜻하게 연결될 수 있으며 풍요를 맛볼 수 있다. 일화를 하나 소개하는 것으로 설명을 대신한다.

지방 교육청에서 강의를 마치고 지친 몸으로 운전을 하며 돌아오는 길에 저녁을 먹으려고 휴게소에 막 진입하는데 '쿵!' 소리와 함께 아주 큰 유조차가 내 차에 부딪혔다. 조금 전 내 뒤에 바짝 붙어서 경적을 울려대던 그 차다. 높은 차에서 안전화에 작업복을 입은 중년 남자가 내린다.

나 : 많이 힘드시죠?

그 : (고개를 뒤로 젖히면서 말하는 그의 눈엔 졸음이 가득하다.) 아이고 이 짓 못하겠어요.

나 : 그런데 아저씨, 조금 전에 나한테 빵빵했잖아요? 그런데 어떻게 그 짧은 사이에 접촉사고를 내요?

그 : 너무 피곤해서요……. 헤헤

나 : 많이 피곤하신가 봐요. 어떻게 처리하면 좋으실지?

그 : 바가지 씌우지 않으실 거죠?

나 : 에이~. 그~럼요!

그 : 그럼 돈으로 해결합시다.

나 : 제가 얼마를 받아야 하나요?

그 : 나도 몰라요.

나 : 그럼 어떻게 알아보죠?

그 : 아시는 카센터 전화해보세요.

나 : (카센터에 전화) 확실하진 않지만 3~40만원 든대요.

그 : 나 30만원 밖에 없는데 2만원은 저녁 밥값이고…….

나 : 그런데 보험은 안돼요?

그 : (난감한 표정을 지으며) 회사에 알리면 골치 아파요.

나 : 그럼 30만원만 주시고 더 나오면 연락을 드릴 테니 그때 계산하시죠?

그 : 혹시, 드러눕는 거 아니죠? 바가지 씌우는 거 아니죠?

나 : 나도 몰라요. 하하

그 : 아저씨 얼굴 보니까 안 그럴 거 같은디…….

나 : (차에 타려다가 2만원을 빼서 쥐어줬다.) 애들 호두과자나 사다 주세요.

휴게소 화장실에서 다시 마주친 그의 옆구리에 호두과자 봉지가 끼어 있었다. 눈이 마주치자 서로 씩 웃었다. 고속도로를 이용하면 2시간 거리인데 접촉사고로 불안한 마음에 안전한 국도로 오느라 4시간 만에 집에 도착했다. 힘든 날이었지만 마음에 풍요가 남아 있었다.

연민은 연결의 시작이다

어린 시절 필자는 외딴집에서 살았기 때문에 언제나 동무가 그리웠다. 을씨년스런 가을날 함께 놀던 친구가 밥 먹고 온다더니 감감무소식이었다. '곧 오겠지' 하는 기대로 한참을 기다리는데 배가 아팠다. 화장실에 가고 싶었지만 내가 없는 사이 친구가 왔다가 그냥 갈까봐 해질녘까지 뒷간도 못가고 기다렸다. 그 친구는 끝내 오지 않았다. 다음날, 섭섭하고 야속한 마음에 약속을 지키지 않은 친구에게 종주먹을 들이대니 녀석은 퉁명스레 말했다.

"내 맘이다. 왜"

그 일로 나는 예의 없고 약속을 지키지 않는 나쁜 녀석과는 절대로 놀지 않겠다고 다짐했다. 그런데 친구 기다리던 그날, 그 친구 어머니가 크게 다쳐서 병원에 입원했다는 것이다. 며칠 후에 그 이야기를 듣고 나자 친구를 미워하는 마음이 사라지고 도리어 안타깝고 미안한 마음이 들었다.

법으로 심판하는 판사도 정상참작이라는 예외규정을 적용한다.

한 남자가 거리를 헤매다가 어떤 여자에게 달려가서는 다짜고짜 코를 비틀었다. 그것만으로 그 남자를 처벌해야 한다고 생각하면 오류를 범할 가능성이 있다. 물론 남자의 행위에 대해서는 법에 규정된 대로 처분해야 한다. 그러나 그 남자의 사정을 알게 되면 잘못이라고 판단했던 행동도 이해할 수 있는 일이 될 수 있다. 사실 그 여자는 3년 전에 도박으로 재산을 탕진한 뒤 말없이 집을 나간 아내였다. 큰 딸은 우울증으로 자살했으며 막내딸은 가출한 지 꽤 여러 날이 되었다. 남자는 가출한 막내딸을 찾아 헤매던 터에 아내를 만나서 화가 치밀어 올라 그렇게 했다고 가정해보자. 남편이나 아내의 행위에 대해서 어떤 생각이 드는가?

연민과 연결은 상호 관계적이다

대화를 하기 전에 먼저 연민의 마음을 갖는 일이 중요하다. 연민의 마음을 갖기 위해서 또다른 수양을 한다고 생각할 수 있을 것이다. 그러나 감사하게도 연민은 진솔한 자기 표현과 타인 공감을 통해 생성되는 선물이기도 하다.

생각이 바뀌면 행동도 바뀐다. 이와 반대로 행동이 바뀌면 생각도 바뀐다. 이러한 사실을 우리는 잘 알고 있다. 마찬가지로 연민의 마음을 가지면 평화로운 대화를 할 수 있고, 평화로운 대화를 시작하면 마음속에서 연민이 발현되기도 한다.

연민과 아름다운 대화는 우선순위가 있는 것이 아니라 서로 상호작용을 통해 이루어지는 아름다운 관계의 결실이다.

연민에 대한 우려

연민에 대해서 이야기할 때 몇 가지 우려되는 부분이 있다.

첫째는 연민에 대한 부정적인 어감이다.

누군가가 당신에게 '연민을 느낍니다' 라고 말한다면 그 말을 듣고 어떤 기분이 들겠는가? 워크숍에서 '연민' 이란 단어에 대한 어감을 물어보면 많은 사람들은 '초라하다. 나를 불쌍하게 보고 있다. 자존심 상한다. 부끄럽다. 짜증난다' 고 말한다. 우리의 문화적 관념 속에 불쌍히 여김을 받는 것은 상대로부터 낮은 자리에서 대우를 받는 것으로 여겨지기 때문이다. 하지만 연민이란, 상호관계에서 위치와 상관없이 단지 우리 내면에 있는 것이며, 아름다운 사랑을 만드는 기초가 되는 마음이다. 상대가 나보다 지위가 낮거나 능력이 없어서 내가 책임을 느끼고 도와주는 것이 아니라 서로 동등한 위치에서 안타까운 마음으로 바라보는 것이다. 내가 나를 바라볼 때 안타까운 것처럼 상대도 그러할 것이라고 바라보는 동정심이다. 동정심은 같은 감정의 마음이란 의미이다.

둘째는 연민을 이용해 상대를 조정하려는 의도로 행동을 하는 경우이다. 즉, 불쌍히 여기는 마음을 상대에게 일시적으로 연민을 불러일으켜서 자신이 원하는 것을 얻을 수 있는데 이러한 태도는 신뢰를 잃게 되며 단절을 가져온다. 자신이 원하는 것을 달성하기 위해서 상대를 이용한다면 그것은 명백한 폭력이다. 어떠한 경우에도 눈앞에 있는 자신의 유익을 위해서 상대를 조작하는 것은 본질적으로 강요라 할 수 있다. 그 결과는 상대에게 분노, 반발, 죄책감, 수치심을 유발하고 그 대가를 치르게 된다.

48세 이순진 씨는 4년 전 교통사고를 당했다. 신호 대기 중에 있던 그녀 차와 대형버스가 추돌한 것이다. 그 사고로 입원해 있는 병실로 가해자가 찾아와 눈물을 흘리며 경제적 어려움을 호소했다. 그리고 회사에서 자신이 매우 곤란하다며 합의해줄 것을 부탁했다. 안타까운 마음에 터무니없는 금액으로 합의하고 도장을 찍어주었다. 그녀는 가해자가 병실을 나가면서 휴대전화로 누군가에게 하던 말이 잊히지 않는다고 했다.

"음, 잘 끝났어. 애가 순진해서 금방 끝났어. 나 지금 갈게."

나는 이순진 씨가 가지고 있는 아름다운 마음씨가 이 일로 퇴색되지 않기를 바란다는 말을 하고 싶었다.

셋째는 연민을 불쌍히 여기는 것으로 그치는 경우이다. 연민에 대해서 이야기를 나누던 중에 동료 한 사람이 내게 말했다.

"나는 연민을 떠올릴 때마다 엄마가 생각나요. 스페인 여행 중에 화살 맞은 병사의 동상을 보는데 갑자기 엄마 생각이 나서 눈물이 났어요. 그 이유는 우리를 위해서 희생하시고 자신을 챙기지 못하신 엄마 일생이 불쌍하게 느껴졌기 때문이에요."

나와 동등한 위치에서의 동정심이라는 말은, 어머니가 우리를 위해서 희생한 것에 대한 불쌍함보다는 내가 자녀에게 그런 것처럼 우리를 사랑하시는 따뜻하고 아름다운 마음을 바라보자는 것이다. 어머니 입장에서 생각해보면 자녀가 자신을 불쌍히 여기는 것이 자존심이 상할 수도 있고 신세가 더 처량하다고 생각할 수도 있다. 하지만 자녀를 사랑하며 애쓰신 어머니의 노고를 그대로 알아주면 어머니는 자신의 일생에서 희생한 것들이 아름다웠다고 여기고 뿌듯해 할 것이다. 연민은 불쌍함에 초점을 맞추고 바라보는 것이 아니라 나와 같은 심정을 가진 상대를 그대로 보아주는 것이다.

넷째는 연민이 우리를 무능력하게 만들 것이라는 두려움이다. 어느 워크숍에서 20대 경찰관과 나눈 대화 내용이다.

나 : 핵심은 마음의 연결입니다. 상대를 연인으로 바라볼 수 있을 때 진

정한 만남이 가능한 것입니다.

그 : 현실은 말이죠, 그런 것 챙기다보면 무능한 사람으로 취급받을 수 있어요. 마음이 연결되지 않아도 능력 있는 사람은 인정받지 않나요? 그게 현실이라고요.

나 : 연민을 가지고 대할 때 일이 안 될 것이라는 말씀인가요?

그 : 착한 사람이 능력도 있으면 좋죠. 하지만 일이 제대로 안돼요.

그 경찰관의 말도 일정부분 일리는 있다. 하지만 인정받는다고 하는 것은 생산성, 지식, 효율성, 경제적 능력 등 개인적 능력에 대한 평가일 뿐 결코 아름다운 대인관계의 필요조건은 아니다. 우리는 물질주의에 빠져 어떤 한 사람의 능력을 인정하는 것과 인간관계의 소중함을 혼동하는 경우가 있다. 얼핏 보기에 마음을 연결하는 데 집중하면 효율성에 방해가 될 것으로 생각할 수 있다. 하지만 마음이 연결되면 생산성이 훨씬 더 향상된다는 실험은 헤아릴 수 없이 많다.

근대 산업심리학자인 메이오가 그 대표적이다. 그는 호손시에 있는 공장에서 생산성 향상을 위한 실험을 실시했다. 생산현장 근무자들이 자발적으로 다양한 취미 활동 조직을 만들 수 있도록 지원하고 일과 후에 자신이 원하는 그룹에서 자유스럽게 취미활동을 하면서 서로 친밀한 관계를 형성하게 하였더니 생산성이 증가한 것이다. 메이오는 집단구성원간의 상호 친밀한 인간관계가 생산성을 향상시킨다는 사실을 실증적으로 입증하였다.

우리는 마음을 알아줄 때 서로 살아 있는 인격체로서의 만남이 형성되고 이때 마음에 풍요가 생기는 것이다.

연민으로 연결하기

고1 예민해 학생은 어머니와의 갈등으로 가출한 경험이 있으며 장기결석으로 상담실에 의뢰된 내담자였다. 민해는 어머니의 지나친 간섭을 견딜 수 없다고 했다. 부모 상담을 하다가 어머니가 매우 심각한 지병이 있는데 민해는 그 사실을 모르고 있다는 것을 알게 되었다. 어머니는 혹시 자신이 일찍 죽으면 혼자 남을 딸이 잘 살아갈 수 있도록 훈련시켜야 한다고 생각해서 일부러 지나칠 정도로 간섭했다며 심정을 털어놓았다. 그리고 자신의 건강상태를 딸에게 알리면 아이가 자포자기 할까봐 지금까지 얘기를 못했다고 했다. 어머니와 합의 후 그 사실을 민해에게 알려줬다. 민해는 엄마가 그렇게 힘든 줄은 꿈에도 몰랐다며 눈물을 흘렸다. 그것으로 상담은 종결되었고 민해는 달라졌다. 결석은 물론 지각도 하지 않았으며 현재는 서울 모 대학에 재학 중이다.

아들이 중1때의 일이다. 10시경 아이의 담임선생님으로부터 전화가 걸려 왔다. 아들이 학교에 오지 않았다는 것이다. 여기 저기 연락하다가 학교 근처 PC방에서 게임을 하고 있는 아들을 찾았다. 집으로 와서 자초지종을 물었다. 아들은 친구들이 괴롭혀서 학교 가기가 싫다고 했다. 그 이야기를 듣고 화가 머리끝까지 치밀어 올라서 입술이 마르고 손이 떨렸다. 그리고 마음속에서는 이렇게 말하고 있었다.

"뭐라고? 이 녀석 정신이 나갔군. 혼줄이 나봐야 정신을 차리지. 얼마나 멍청하게 굴었으면 애들이 괴롭혀? 바보 같은 녀석, 학교가기 싫은 핑계를 친구들에게 덮어 씌우는 걸 누가 모를 줄 알아?"

그러면서도 한편에서는 잘 달래주지 않으면 이 녀석이 가출을 해버릴지 모른다는 불안감이 들었다. 한참 동안 숨을 고르며 화를 가라앉히고 나서 다시 물었다.

"좀 자세하게 너의 힘든 점을 얘기해주면 아빠가 도울 수 있는 방법이 있을지도 모르고 답답한 마음도 좀 시원해질 거 같다. 한번 얘기해 줄래?"

아들은 왜소한 체격에 운동을 잘 하지도 못하고 학습능력도 뛰어나지 못했으므로 또래집단에서 뒤처지는 편이었다. 그럼에도 불구하고 괴롭힘을 당하는 친구를 편들다가 학급에서 폭력적인 성향이 있는 그룹에게 미움을 받게 되었다는 것이다.

그 말을 듣고 나서, 울고 있는 아들에게 어떻게 말을 해야 할지 떠오르지 않아 그냥 말없이 아들을 안아주었다. 나쁜 아들이 순식간에 자랑스러운 아들로 다가왔다. 신체적 힘은 약하지만 자신보다 약한 친구를 돕겠다는 용기가 무엇보다도 멋지게 보였다.

우리는 연민으로 연결되면 상대를 위해 기꺼이 변화할 수 있고 함께 아름다운 세상을 만들고자 노력한다. 이것은 상대를 불쌍하게 여기는 것, 희생하는 것, 참는 것에 그치는 것이 아니라 내가 그 처지라면 나도 그러하겠다는 이해와 각성을 의미한다.

02

진/솔/성

그대로 보아야 예쁘다.
심정을 말해야 사랑스럽다.
너도 나처럼 소중하다.

제2장 진솔성

대자유인

무위해공

대자유인은

너와 나의 분별이 없고
옳다 그르다 시비가 없네
늘 본래성품 그대로이기에
일체의 변화무쌍한 가운데서도
흔들림이 없지

세상사 크고 작은 일 모든 일이
한 찰나에 일어났다 사라지는 물거품이니
마음에 흔적조차 없네

온 적도 없으니 갈 것도 없이
발자국 남지 않는 발걸음으로

물처럼 바람처럼 구름처럼
그 어디에도 걸림이 없으니
그야말로 대자유인이지

진술성 3요소

참대화에서 '상황-심정-제안' 으로 이루어져 있다. '상황' 은 우리가 오감을 통해서 받아들인 객관적인 정보에 대해서 자신의 생각을 섞지 않고 있는 그대로의 사실을 표현하는 것이다. '심정' 은 자신의 필요와 기분 등을 말하는 것이며, '제안' 은 상대를 나와 대등한 관계로 인정하고 마음을 연결하고자 시도하는 것이다.

환경에 접촉한 인간은 외부의 자극에 대해 먼저 그 정보를 수집한다. 그리고 그 정보를 뇌에서 처리하게 된다. 이성 기능이나 혹은 감성 기능을 이용하여 유기체의 필요에 따라 처리된 정보는 다시 환경에 접촉을 시도한다. 심리학에서 일반적으로 인간의 심리적 행동을 인지, 정서, 행동으로 구분하는 것도 이와 유사하다. 진솔성의 3요소를 지정의와 인지-정서-행동과 비교하면 '상황' 은 '지' 와 '인지' 로, '심정' 은 '정' 과 '정서' , '제안' 은 '의' 와 '행동' 으로 연결될 수 있을 것이다.

외부의 정보를 수집하는 단계를 상황이라 하고 수집된 정보를 처리하는 단계를 심정이라 한다. 심정이라고 이름 붙이는 이유는 우리가 주어진 정보에 대해 생각, 사고 등의 이성기능으로 판단하는 것에 익숙해져 있는데 이면의 마음을 살피는 것을 강조하고자 함이다. 마지막으로 상대를 소중히 여기는 마음으로 연결을 시도하는 단계를 제안이라 한다.

| 상 황 |

갈등은 '있는 것'과 '있어야 하는 것'의 혼란이다

상황이란 사실을 객관적으로 살펴서 '있는 그대로' 표현하는 것이다. 내 생각이나 관점, 신념을 포함시키지 않고 과학자가 사실을 관찰·기록하듯이 상황을 사실 그대로 기술하는 것이다.

아래 제시된 예문에는 자신의 생각으로 판단한 말이 들어 있다.

- 교실이 더럽다.
- 아들은 게으르다.
- 외출에서 돌아와 보니 주방이 엉망진창이다.

위의 말들을 있는 그대로 사실만 기술한다면 다음과 같은 표현이 될 것이다.

- 교실바닥에 휴지가 떨어져 있다.
- 아들은 저녁을 먹고 씻지 않은 채 잠을 자고 있다.
- 식탁 위에, 라면 봉지가 있고 반찬 그릇은 뚜껑이 열린 채 놓여 있다.

교실이 더럽다는 표현은 주어진 현상을 내 머릿속에 있는 기준으로 해석한 결과물이다. 교실에 휴지가 떨어져 있는 상태를 보고 모든 사람이

'교실이 더럽다' 고 말하는 것은 아닐 것이다. '게으르다' '엉망진창이다' 라는 말도 이와 마찬가지로 어떤 행동을 보고 내 기준으로 판단하여 꼬리표를 붙인 표현이다.

독자 중에는 혹시 이러한 표현이 어색하다고 생각하거나 어리둥절할 수 있다. 이제 여러분의 이해를 돕기 위해서 몇 가지 설명을 덧붙이고자 한다.

있는 그대로

> 사소한 문제들을 제외하고는 우리의 생각을 표현하는데 있어서 말처럼 정확하지 못한 것도 없다는 것을 명심해야한다. 대체로 사람의 말이 언어가 아닌 단지 벙어리의 웅얼거림에 지나지 않을 때가 있다.
> 이와 같은 말은 사물의 표면을 표시하기는 하지만 사람의 상상을 표현하지는 못한다. 사전의 힘을 빌려 뜻을 알고자 하는 사람은 집에 도착했으면서도 담 밖에서 서성거리며 방에 들어가는 문을 찾지 못하고 있는 것과 같다. 문자를 따지는 데 선천적으로 뛰어난 사람들은 항상 그물을 가지고 바빠하면서도 고기를 잡지 못하는 불행한 사람이다.
>
> 〈나는 바다가 되리라. 타고르〉

사물을 온전하게 보기 위해서는 전체를 보려는 노력이 필요하다. 사람은 경험 속에서 만들어진 고유한 행동패턴을 가지고 있다. 그리고 인간의 능력은 한정되어 있는데도 불구하고 무한한 것으로 착각할 뿐 아니라 마치 내 눈에 보이는 것이 전부라고 여김으로써 오류가 생긴다.

아내가 '남편이 약속한 시간보다 늦게 오는구나' 라고 말하는 마음을 추측해보자.

- 왜 늦었는지 단단히 따져봐야 하겠다.

- 이번에 확실하게 말해서 약속을 어기는 버릇을 고쳐야겠다.
- 다른 사람과 함께하며 마음을 나누고 싶은가 보다.
- 남편이 그럴 만한 특별한 일이 있나보다.

아내는 남편을 통제하고 조정하려는 마음을 가질 수도 있지만, 마음의 여유를 가지고 바라보면 그 사람의 마음속을 추측하고 다른 이유들을 찾아낼 수 있다.

전체를 보는 방법은 있는 그대로 바라보는 것이다. 길에서 마주오던 사람과 만났다면 그가 이전에 걸어온 길을 우리는 알지 못한다. 그렇기 때문에 적어도 나와 다른 길을 걸어왔다는 사실을 인정해야 비로소 그 존재 자체를 만날 수 있다.

상대는 고귀한 인격체이지 물질이 아니다. 있는 그대로 본다는 것은 내 앞에 있는 사람을 볼 때 사물을 바라보듯 판단하지 않고 인격자체로 본다는 의미이다. 내가 수단으로 취급받고 싶지 않듯이 그도 인격자체로 인정받고 싶어 한다. 우리가 '공부해야 하는 사람' '못생긴 사람' 등으로 평가되기를 원하지 않는 것처럼 상대도 그렇게 취급받는 것을 원하지 않을 것이다. 스스로 만든 기준이나 틀로 사람을 바라본다면 그는 이미 나와 동일한 인격체로 존중받는 것이 아니다. 과거의 어떤 행적에 빗대어 선입견을 가지고 그를 바라보는 것도 그를 진정한 모습을 바라볼 수 없도록 만든다.

마틴 부버는 그의 책 '나와 너'에서 '현전顯前하며 생성되는 자를 통하여 우리는 영원한 너의 옷자락을 본다'고 말하면서 사람을 대하는 자세에 대해 이렇게 말했다.

“존재 전체에게 기울여 관계에 들어 설 때에 ‘너’ 에게 응답할 수 있다. (중략) 우리가 어떤 길을 가다가 맞은편에서 같은 길을 걸어오고 있는 사람과 만났다고 할 때, 우리는 다만 우리가 걸어온 쪽의 길만 알 뿐 상대편이 걸어온 길은 알지 못한다. 그런데도 우리가 그것을 마치 만남 저편의 어떤 것인 양 말한다면, 그것은 잘못을 저지르는 것이다.”

내가 만난 학생이 13세라면 그에게는 내가 모르는 13년의 삶이 있고, 내 자녀라 할지라도 그의 삶을 내가 다 알지 못한다는 점을 인정해야 한다. 만약 그것을 안다고 말한다면 그것은 나의 체험에서 비롯된 내 개인적 판단의 기준으로 바라본 그의 겉모습일 뿐 그의 진정한 모습은 아니다. 그러므로 상대를 명확하게 알아차리는 것은 오직 ‘지금-여기서’ 발견할 수 있는 사실적 근거만이 진실인 것이다.

수업시간에 학생이 MP3플레이어를 듣고 있다. 교사가 가지고 나오라고 했을 때 학생은 그것을 교사 앞에 던졌다.

교사 : 그동안 선생님을 어떻게 생각했기에 그렇게 행동하니?
학생 : 전 선생님과 아무 상관없어요. 관심 없어요.
교사 : 내가 좀 무시당하는 것처럼 생각돼서 불편하다.
학생 : 무시한 거 아닌데요. 그냥 뺏기는 것이 기분 나빠서 그랬어요.

이 대화에서 교사의 생각을 추측해 보자.

다음에 제시된 문장은 교사의 판단을 표현한 것이다.

- 불손한 행동이다.
- 반항적인 학생이다.
- 예의 없는 학생이다.
- 교사를 무시하는 행동을 했다.

MP3를 던진 학생의 행동을 있는 그대로의 '상황'으로 표현하면 이렇게 된다.

'교사가 가지고 나오라고 지시했을 때, 학생은 MP3를 교탁위에 던졌다.'

세상을 아름답게 하는 일은 있는 그대로 보는 것에서 출발한다. 사물의 아름다움을 표현하는 화가들은 일반 사람들과 다르게 대상을 있는 그대로 본다. 우리가 만약 화가처럼 상황을 있는 그대로 볼 수 있다면 당신은 이미 예술가라 할 수 있다. 최종식은 화가의 관점에 대해 이렇게 말했다.

- 일반 사람들은 사물에 이름을 붙이면서 보지만, 화가는 대상을 있는 그대로 본다.
- 일반 사람들은 사물의 고정관념을 보지만, 화가는 그것의 순수한 조형요소를 본다.
- 일반 사람들은 사물을 건성으로 보지만, 화가는 애정으로 본다.
- 일반 사람들은 사물의 구조를 보지만, 화가들은 그 개별성을 본다.

- 일반 사람들은 사물을 보지만, 화가들은 관찰한다.
- 일반 사람들은 사물을 알고자 하지만, 화가들은 느끼려 한다.
- 일반 사람들은 사물을 미리 짐작하여 보지만, 화가들은 미리 짐작하지 않고 본다.
- 일반 사람들은 사물을 일반화시키려 하지만, 화가들은 개별화시킨다.

있는 것과 있어야 하는 것

갈등의 원인은 '있는 것' 과 '있어야 하는 것' 사이의 분열이다. '있는 것' 은 자연처럼 그저 존재 하는 것이다. '있어야 하는 것' 은 그 속에 사람의 생각과 가치 기준이 개입되어 있다. '있어야 하는 것' 속에는 법이나 규칙, 사회적 합의, 개인적 약속 같은 것도 포함된다. 만약 '있는 것' 을 보지 않고 '있어야 하는 것' 에만 집중한다면 인간의 존엄성과 고귀함을 훼손할 수도 있다.

공부 시간에 놀고 있는 아이가 있다. 이때 '있는 것' 은 '놀고 있는 아이' 이고, '있어야 하는 것' 은 '공부해야 하는 아이' 이다. 공부를 하는 것이 옳고, 하지 않는 것은 그르다는 기준을 가지고 있다면, 노는 아이는 '나쁜 아이' 가 되고 공부하는 아이는 '바람직한 아이' 로 꼬리표를 붙이게 될 것이다. 상대와 마음을 연결하고자 한다면 놀고 있는 아이가 무엇을 생각하는지, 어떤 계획을 가지고 있는지, 무엇에 관심이 있는지 등 그의 마음을 알아주어야 한다. 만일 '공부를 해야 한다' 는 자기 생각에만 집중한다면 아이의 인격을 존중할 수 없게 되어 그 결과는 부정적인 표현으로 나타날 수밖에 없다.

공부해야 하는데 놀고 있다고 생각하는 엄마는 아이를 염려하는 마음으로 공부의 당위성만을 강조한다. 갖은 수단과 방법을 동원해서 아이가 공부를 하도록 하는 것에만 힘을 쓴다면 아이는 엄마가 바라는 것에 대해 협력하기보다 자신의 자유가 침해되었다고 생각하여 마음이 상할 수 있다. 결국 관계는 깨지고 서로가 원하는 것을 협력할 수 있는 기회가 사라지게 되는 것이다.

관 점	있는 것	있어야 하는 것
사실여부	사실	생각
현실인식	놀고 있는 아이	공부해야 하는 아이
행 동	인격존중, 마음탐색	인격무시, 공부강요

성경에서는 '마음이 가난한 사람은 복이 있다. 하늘나라가 그들의 것이다(마태복음 5:3)' 라고 하였다.

천국같이 아름다운 세상에 살고 싶다면 마음이 가난하면 된다. 그렇다면 마음이 가난하기 위한 방법은 무엇일까? 마음이 가난하다는 말은 '있어야만 한다' 는 나의 생각을 내려놓고 '있는 상태' 를 그대로 바라보는 일이다. 부모가 아이를 바라보면서 공부해야만 한다고 생각하는 것은 '있어야 하는 것' 이고 세 시간째 놀고 있는 아이는 '있는 것' 이다.

'있어야 하는 것' 이 수천 년 동안 이어져 내려온 것이라 할지라도 그것과 상관없이 허구이고 '있는 것' 만이 사실이다. 그것이 이상理想이라 해도 마찬가지이다. 이상은 '있는 것' 의 반대이다. 만약 우리가 있는 것을 그대로 바라볼 수 있다면 우리 마음은 어떤 상황에서나 걸림이 없이 자유롭게 될 것이다.

'내려 놓는다' 는 말을 생각을 하지 말라든가, 판단을 전혀 하지 말자는 말로 듣지 않기를 바란다. 일상에서 판단을 하지 않고 산다면 횡단보도 신호등을 건널 때 위험에 처할 수도 있고 자녀가 집에 오는 시간에 아무 말 없이 외출을 해버릴지도 모른다. 우리가 내려놓아야 할 것은 상대를 조정하려는 '의도가 포함된 판단' 이다. 만약 판단하는 말을 사용해야 할 경우라면 상황(있는 것)과 판단(있어야 하는 것)을 분리해서 표현하면 갈등을 줄일 수 있다. 상황과 판단을 섞지 말라는 말은 사실과 생각을 구분하라는 의미이다. 주어진 정보에 대해서 평가 없이 '있는 그대로' 를 표현하고 나서 그 뒤에 자신의 견해나 생각을 붙이는 것이 마음연결을 위한 첫걸음이다.

우리가 판단이 섞인 말을 들었을 때 불편한 이유는 무엇일까? 너무나 단순한 대답이지만 각자의 견해나 사고의 틀과 관점이 서로 다르기 때문이다. 또 다른 이유는 듣는 사람이 그 말을 자신의 인격과 결부시켜 듣기 때문에 불편할 수 있다.

그대로 기술하기

우리가 사용하는 말은 하나의 단어 속에 여러 가지 의미를 내포하고 있기 때문에 마음을 표현할 때 명확하지 않은 경우가 있다. 며칠 전 어떤 연수 참여자가 "선생님 멋져요" 라는 문자를 보내왔다. 한가한 시간에 그 문자를 다시 보면서 여러 가지 생각이 들기 시작했다.

- 나의 외모에 대한 말일까?
- 나의 어떤 점이 멋지단 말일까?
- 내가 활동하는 몇 가지 분야들이 새롭게 보였다는 말일까?

• 내가 진행하는 태도가 자신이 볼 때 편안해 보였다는 말일까?
• 내가 진행한 워크숍이 만족스러웠다는 말일까?

궁금해서 답 문자를 보냈다. '감사해요. 그런데 멋지다는 건 어떤 걸 두고 하신 말씀이신지요?' 그러자 '글'이라고 짧게 답 글이 왔다. 또 다시 혼란이 생겼다. 글이라면?

• 내가 사용한 논리가?
• 글의 주제나 내용이?
• 인용한 문구나 문장의 수려함이?
• 그런 저명한 잡지에 내 글이 실린 것 자체가?

궁금증이 더 커졌지만 또 묻기도 민망하고 해서 그냥 "고맙습니다"라고 답을 보내고 잊어버렸다. 며칠이 지난 후에 다시 문자 메시지가 왔다.

그 : 그 책 이름이 뭐에요?
나 : 무슨 말씀이신지?
그 : 인용한 문구가 너무 멋져서 나도 사서 보려고요.

만약 그 참여자가 '멋져요' 대신에 '선생님이 인용하신 문장이 제게 도움이 되었어요'라고 했다면 나는 쉽게 그 의미를 파악했을 것이다. 문학작품에서나 시적인 표현에는 함축적인 의미나 다양한 정서를 담고 있는 단어들이 유용할 수 있겠지만 의사소통에서는 전하고자 하는 바를 명확하게 표현해야 오해를 줄일 수 있다.

수업을 시작할 때부터 뒤쪽에 앉은 두 학생이 장난을 치면서 속삭이고 있다. 신경이 쓰였지만 분위기를 깨고 싶지 않아서 못 본 척하며 설명을 계속했다. 점점 내 목소리가 커졌고 그들의 대화 소리도 덩달아 높아졌다. 잠시 멈추고 그들을 교탁 앞으로 불러 세웠다. 그리고 그들의 행동을 있는 그대로 말했다.

나 : 너희는 수업이 시작될 때부터 서로 바라보면서 웃는 얼굴로 소리 내어 이야기하고 있다. 나는 편안한 마음으로 전체에게 설명을 잘 해주고 싶은데 너희들 소리가 신경 쓰여서 불편하구나. 내 말에 대해서 너희들은 어떻게 생각하니?

그 : 죄송합니다. 선생님. 쉬는 시간에 하던 얘기의 내용이 궁금해서 물어보고 있었는데 선생님이 불편하셨다니 죄송해요. 조용히 하겠습니다.

여기서 '두 사람이 소리 내어 이야기하고 있다' 는 상황을 있는 그대로 표현한 것이고 '떠들었다' 는 표현은 내 판단이 섞인 비판적인 말이다. 판단이 들어가 있는 말들은 듣는 사람의 마음이나 상황에 따라 여러 가지로 다르게 해석될 수 있다. 따라서 자기 생각을 기준으로 평가한 말을 당연한 것으로 표현한다면 저항을 가져올 수 있다.

아이가 놀이터에서 돌아왔을 때 그것을 바라본 엄마의 말이다. 다음 두 개의 문장에서 차이를 살펴보자.

• 옷이 지저분하고 신발은 엉망진창이다.

• 옷에 흙이 묻어 있고 신발 속에 모래가 있다.

'지저분' '엉망진창'이란 말은 있는 자신의 생각을 포함한 평가·판단의 말이다. 우리 눈에 보이는 것은 다만 옷에 흙이 묻어 있는 것과 신발 속에 모래가 있는 상태일 뿐이다. 아이의 행동을 바꾸려하거나 책망할 마음을 잠시 내려놓고 그를 배려할 마음이 있다면 자신이 무엇을 주목하며 하는 말인지 분명하게 밝혀야 한다.

참대화에서 '상황' 표현은 주어진 사실을 있는 그대로 표현하는 것이다.

다음은 생각이 포함된 문장과 있는 그대로의 상황을 표현한 문장을 비교한 것이다.

생각이 포함된 문장	있는 그대로의 상황을 표현한 문장
넌 게으른 녀석이야.	너는 11시에 잠자리에서 일어났다.
너는 책임감이 없는 학생이다.	소풍 출발시간이 30분 지나서야 도착했다.
집안이 깨끗하다.	창틀과 바닥을 닦았고 설거지가 되어 있다.
아들은 착하다.	청소를 하고 독후감을 쓰고 있다.
너희들은 엄마를 무시했다.	엄마가 돌아왔을 때 인사하지 않았다.

적절하게 표현하기

좋은 말도 지나치면 관계를 단절할 수 있다. 35세 윤활기 선생님은 모임에서 언제나 밝은 모습이며, 구성원 간 갈등을 원만하게 해결하는 데 그 기술이 가히 천부적이다. 모임에 그가 있으면 언제나 웃음꽃이 만발하고 활력이 넘친다. 그의 말투는 대충 이런 식이다.

샌드 과자 하나를 건네받고 활짝 웃으며…….

- 와~ 너무 너무 맛있다~.
- 이 포장이 너무 예뻐요.
- 난 그거 진짜, 진짜 좋아요~.

그가 내게 이렇게 말한 적이 있다.

"선생님, 선생님과 함께하는 이 모임이 제 인생에서 가장 중요한 일이에요."

그렇게 말한 것은 사람들과 좋은 분위기에서 친밀감을 나누고자 하는 마음이었을 것이다. 그러나 나는 그 말이 조금은 불편했다. 그래서 지나친 표현은 오해소지가 있고, 상대를 불편하게 할 수도 있다는 점을 나누고 싶었다.(마침 다른 사람이 자신의 경험을 이야기 했다.)

"내가 아는 어떤 사람은 늘 웃으면서 이야기하고 언제나 좋다고 하니까 처음엔 좋았어요. 그런데 언젠가 한 번 화를 내는 걸 보니까 평소 그가 보여 왔던 모습이 전부가 아니더라고요. 그다음부터는 그 사람의 진짜 마음을 알기 위해서 정신을 바짝 차려야 하는 거예요. 정말 피곤한 거죠."

그 말을 듣고 자신을 비난하는 말로 받아들인 윤활기 선생님이 나지막한 소리로 말한다.

"난 진짠데……."

자신은 진솔하게 말했는데 상대가 불편하다고 표현하면 억울하거나 화가 날 수도 있을 것이다. 하지만 지나치게 과장된 표현은 내용이 긍정적이라 할지라도, 상대를 불편하게 할 수 있다.

자기 마음을 넘치거나 모자라지 않게 표현하는 것이 진솔한 표현이다.

상황표현 연습 1

주위에 있는 물건 중에 하나를 주의 깊게 살피는 연습을 하다보면 사람들을 대할 때도 있는 그대로 바라볼 여유가 생긴다. 그 연습을 한 번 해보자. 먼저 종이와 펜을 준비하고, 들고 있는 펜을 있는 그대로 묘사해보자. 자, 그 펜에 대해서 눈에 보이는 그대로 표현했다고 여겨지는가?

아래 기록한 문장은 워크숍에서 참가자들이 자기가 들고 있던 펜을 보고 표현한 것이다. 앞에서 자신이 펜을 보고 적은 문장과 비교하며 어떤 차이가 있는지 살펴보자.

1. 펜이 예쁘다.
2. 사용하기 편리하다.
3. 파란색이다.
4. 구멍이 세 개있다.
5. 뚜껑이 닫혀 있다.
6. 친구가 준 것이어서 정감이 간다.
7. 손잡는 부분에 주름이 있다.
8. 3년 동안 사용한 것이다.
9. 잉크를 반쯤 사용한 것이 보인다.

10. 이 펜은 가늘게 잘 써진다.

1번 예쁘다, 2번 편리하다, 6번 정감이 간다, 10번 가늘게 '잘 써 진다'는 말은 있는 그대로의 상황을 기술하기보다 자신의 생각을 포함한 표현으로 보인다. 자신의 주관적 기준으로 말한 것일 뿐, 객관적 표현은 아니다. 같은 물건을 보아도 사람마다 느낌과 생각이 다르게 받아들이므로 있는 그대로 표현하는 것이 중요하다.

상황표현 연습 2

제시된 사례에 대해 있는 그대로의 상황과 생각에 대해 빈 칸을 채워보자. '상황'은 앞에서 설명한 것처럼 사실을 있는 그대로 표현하고, '생각'은 그때 떠오르는 자신의 생각을 적으면 된다. 여기서는 '상황'과 '생각'을 구분하는 것을 익히기를 기대한다.

사 례	상 황	생 각
종례시간 : 교실 청소가 안 되어 있다.	바닥에 휴지가 있고 휴지통이 그대로 있는 것을 보니까	청소가 안 된 것 같다.
낮잠에서 깨어 : 에어컨이 3시간째 켜져 있고 아이는 TV를 보고 있다.	①	내 생각에는 네가 전기를 아끼는 일에 무관심한 것 같다.
귀가직후 : 식사 후 반찬을 치우지 않아서 집안에 온통 음식 냄새가 가득하다.	②	③
주말저녁 : 이번 주말에 한 번도 공부를 하지 않은 딸이 일요일 밤늦게까지 TV를 보고 있다.	④	⑤

빈 칸에 들어 갈 문장을 만들어보았다. 자신이 기록한 것과 어떤 차이가 있는지 살펴보자.

① 3시간 동안 에어컨이 켜져 있는 걸 보니까
② 반찬을 치우지 않아서 반찬 냄새가 나는 것을 맡으니까
③ 너는 정리하는 습관이 안되어 있는 것 같다.
④ 주말에 한 번도 공부하는 모습을 보지 못했는데 지금 TV를 보고 있는 너를 보니까
⑤ 너는 공부하는 것에는 관심이 없는 것으로 보인다.

상황표현 연습 3

여러분은 잠시 상상력을 동원하여 '엉망진창이 되어 있는 방' 을 상상해보자 그 방의 모습을 있는 그대로 묘사하면 어떻게 말할 수 있는가? 기록된 문장 중에서 판단이 섞인 문장은 어느 것인가?

1. 방이 지저분하다.
2. 책상 위에 신발주머니가 놓여 있다.
3. 정리정돈이 하나도 되어 있지 않다.
4. 휴지통 옆에 휴지가 떨어져 있다.
5. 신었던 양말이 방바닥에 있다.

나는 여러분이 1번과 3번 문장을 판단이 섞여 있는 문장으로 선택하기를 기대한다.

실제 대화에서 상황표현

지금까지 살펴본 내용은 우리 앞에 주어진 내용을 있는 그대로 바라보자는 것이다. 그러나 실제 대화에서 우리 앞에 주어진 상황을 그대로 나열하기에는 자연스럽지 못할 때가 있다. 예를 들어, '방이 지저분하다' 는 말에 대해서 눈에 보이는 것들 전부를 나열하는 일은 고통스러울 뿐 아니라 불가능하다. 어떻게 방에 떨어진 머리카락 개수를 셀 것인가? 어떤 사람이 만약 '양말이 한 짝 떨어져 있고, 옷은 침대 밑에 있고, 음료수 병은 책상 위에 넘어진 채로 있고, 휴지가……' 라고 한다면 그 말을 다 듣기도 전에 아이는 소리를 지를지 모른다.

앞에서 말한대로 '상황을 있는 그대로 보자' 는 말은 우리가 세상을 바라보는 태도에서 '내 기준과 생각에 근거한 판단을 내려놓고 있는 그대로 바라보는 것' 이 중요하다는 것을 강조한 것일 뿐 실제로 말을 그렇게 표현하자는 것은 아니다.

실제 대화에서 내가 주목하고 있는 사실을 상대도 함께 알고 있다면 지시대명사를 사용하는 것이 좋다. '네 방에 있는 휴지가~, 컵이~, 책상이~하다' 는 말 대신 '이것을 보니까' 라고 하면 된다. '엄마 좀 그냥 내버려두라는 말을 들으니' 라는 말 대신 '그 말을 들으니' 라고 하면 된다.

- 어제 네 행동에 대해서
- 지금 하는 말을 들으니까
- 그 말을 들으니
- 이것을 보니까
- 여기를 보니까

| 심정 |

자신의 생각이나 판단을 섞지 않고 '상황'을 표현했다면 다음에는 내 안에 있는 심정을 말할 차례이다. 영화 아바타에서 사람이 생각한 것을 아바타가 그대로 수행한다. 만약 우리가 특별한 대화 없이, 아무 말 없이 서로 마음을 주고받을 수 있다면 얼마나 아름다운 세상이 될 것인가. 하지만 수 십 년을 함께 사는 부부라도 말없이 마음을 통하기란 쉽지 않다. 왜냐하면 사람의 마음은 단순한 언어로 표현하기도 어려울 뿐아니라 언제나 변화하고 때때로 움직이기 때문이다. 그러므로 자신의 속말을 드러내어 표현하는 것이 연결을 위해서 중요하다.

심정의 의미

심정心情에 대해 최상진은 '한국인의 마음'에서 다음과 같이 정의하고 있다.

"한국은 관계 지향적 사회로서 개인의 마음은 대상과 상황에 따라 맥락적으로 규정된다. (중략) 이렇게 타인을 의식하는 것은 관계를 중시하는 우리 문화의 독특한 특성인데 그 결과로 우리는 상대의 속마음을 읽는 일에 매우 민감하다. 만일 자기가 원하는 생각이나 기대를 당사자에게 분명하게 말해줄 때 상대의 속마음을 읽는 일은 불필요하다. 그러나 한국인들은 아주 절친한 관계가 아닌 사람에게 자신의 속마음을 분명하게 전달하기보다 상대가 미리 알아채고 자신의 속마음에 맞는 행동을 해주기를 기대한다.

바로 이런 사람이 가까운 사람이다. 따라서 자신의 속마음을 상대에게 분명히 말하는 것 자체가 묵시적으로 상대를 믿지 않거나 가깝지 않다는 것을 암시하는 언행이기 때문에 가능하면 자기 속마음을 상대에게 드러내지 않는다. 따라서 한국인들은 상대의 속마음을 읽는 활동과 기술인 눈치가 매우 발달해있다. 우리 속담에 '눈치가 빠르면 절간에서도 새우젓국을 얻어먹는다' 는 말이 있는 것도 이 때문이다. 관계에서 친밀성을 형성하고 유지하는 데 있어서 심정은 중요한 심리적 매개물이 된다. 한국인들은 자신의 심정을 몰라주는 사람을 친구라고 생각하지 않는다. (중략) 한국인의 마음은 이성보다는 감정과 관계가 많으며 심정은 마음이 일어난 상태와 상황을 포함한다. 그러므로 심정은 욕구나 동기가 전제되어 있으며 그 욕구에 따르는 감정 상태를 포함한다."

우리말에서 심정은 다양한 의미로 사용 된다. 그러나 참대화에서는 심정을 필요와 기분을 포함하는 말로 사용한다. 심리학에서 필요와 기분은 서로 다른 의미와 용도로 사용되지만 일상의 대화에서는 명료하게 구분되지 않는다. 마셜 로젠버그는 '비폭력대화' 에서 욕구(필요needs)와 느낌(감정feeling)을 구분하여 이 두 가지를 대화의 중요 요소로 삼았다. 참대화에서도 심정을 필요와 기분을 구분하여 제시하지만, 실제 대화에서는 구분하지 않고 한 가지만 사용하는 것이 자연스럽다고 생각된다. 우리말에서 '느낌' 이나 '욕구' 라는 말은 어감이 어색하기도 하고 부정적인 것들이 떠오르는 경우가 많기 때문에 참대화에서는 이 둘을 묶어서 심정으로 표현하고자 한다.

연결의 핵심은 심정표현이다

우리에게는 말하지 않아도 통하는 이심전심이라는 문화가 있다. '얼마나 정이 없으면 그렇게 다 말해야 마음이 통한단 말이야. 서로 말을 안 해도 알 수 있어야 친한 사이 아닌가?' 라고 기대하기도 한다. 그래서 어떤 경우에는 말하는 것보다 더 정확하게 상대의 마음을 알아차릴 수 있는 것도 사실이다. 그러나 자신의 마음을 명확하게 말하지 않는다면 의도를 추측하는 데 불필요한 힘을 사용할 수도 있고, 오해의 소지도 있다.

열 시가 넘었는데도 TV를 보고 있는 아이에게 엄마가 소리쳤다.

"빨리 씻고 자야지, 지금 몇 시니!"

이렇게 말하는 엄마의 심정을 추측해보자.

- 규칙적인 생활습관을 갖도록 기여하고 싶다.
- 내가 보고 싶은 드라마를 시청하고 싶다.
- 아이가 아침에 일찍 일어나게 해서 평온한 아침을 맞고 싶다.
- 아이가 고분고분 말을 수용하도록 하여 주도적인 엄마가 되고 싶다.
- 아이에게 좋은 심성을 만들어주고 싶은데 지금 프로그램이 나쁜 영향을 끼칠까 염려된다.

이외에도 사람에 따라 다양한 심정이 떠오를 수 있다. 이렇듯 우리는 엄마 입장에서 심정을 다양하게 추측할 수 있지만 아이는 엄마의 마음을 들여다보기 전에 우선 자신을 보호하고자 하는 마음이 먼저 떠오른다. 그래서 이 말을 들은 아이는 다음과 같은 생각을 할 수 있다.

- 늘 하시는 잔소리를 또 시작했구나.
- 내가 알아서 할 텐데 간섭하니까 싫다.
- 이런 일에도 통제한다는 것은 나를 못 믿는 거다.
- 나는 왜 이렇게 엄마 속을 썩이는 나쁜 아이일까.
- 그렇지 않아도 이것만 보고 자려던 참이었는데 엄마는 성격이 참 급하다.

분명하게 심정을 말하지 않으면 말 뒤에 숨어 있는 속마음을 알아주기보다는 외면, 반발, 의심, 거절, 죄책감 같은 부정적인 마음이 들게 할 수 있다. 얼마 전에 TV에서 모회사 자동차 엔진오일 광고를 한 적이 있다. "자동차 엔진오일을 넣는데 '알아서' 란 표현이 잘못된 것이다" 라며 자사 제품의 이름을 콕 짚어서 말하라는 문구였다.

원하는 것을 상대에게 직접 말하면 자기를 어떻게 볼까 염려되기도 하고, 염치없는 사람이나 당돌한 사람으로 평가될 것이 염려되기도 한다. 상대가 스스로 알아서 해주는 것이 애정이나 관심의 표현이라 생각하고 그렇게 해주기를 바란다. 또 생일이나 입학, 졸업식 등 특별한 기념일에 '선물을 해주고 싶은데 뭘 해주면 좋겠니?' 라고 친구가 물어온다면 '아이고~, 선물은 무슨, 괜찮아. 받은 걸로 할게' 라고 말하지만 막상 선물을 안 해주면 섭섭한 마음이 생긴다.

춤을 추자

김해곤

생각은
인간성과 상관없는 허구이다.
이념, 개념, 가치들은 암호와 같은 허구이다.
허구적 상념들은 악덕이다.

내적필요에
연결된 감정은 내 것이다.
이것은 '나의 것'으로 소속이 분명하다.
감정은 사람 안에 깃들어 있다.
사람은 사랑 안에서 살아간다.
사랑은 너와 나 사이에 있다.

관계는
나–너–우리–우주와 연결된다.
사랑이란 하나의 우주적인 작용이다.
우리가 마음끼리 서로 연결되면
우주와 연결되는 문턱을 넘게 된다.

감정의 기슭에 기대어 저 언덕 너머를 보자.
거기 우주와 맞닿은 관계 안에 사랑이 존재한다.
우리 삶의 힘은 오직 관계에서 생성된다.

이제
내 안에 있는 평가–판단의 짐을 내려놓고
자유의 몸짓으로 존재의 기슭에 오르자.

거기서
우리 서로 연민으로 껴안고
더덩실 춤을 추자.

필요는 항상 존재한다

참대화에서 말하는 '필요'는 욕구, 기대, 바람, 동기, 열망, 희망, 소망, 소원, 원함, 비전, 기원, 고대, 희구, 간구, 추구 등을 포함한다. 인간의 모든 행동은 결국은 필요를 충족하기 위한 수단이므로 인간이 살아 있는 한 필요는 언제나 존재한다. 필요는 마치 공기와 같아서 매 순간 우리 안에서 움직이고 있지만 의식하지 못하는 경우가 많다. 갈등상황을 극복하고자 할 때나, 자기의 마음상태를 명확하게 표현하고자 할 때는 내면에 대한 진지한 알아차림이 필요하다. 나와 상대의 욕구를 바라보고 알아차려 챙겨줌으로써 소통의 기쁨을 얻을 수 있다.

당신이 지금 이 책을 읽으면서 얻고자 하는 내적필요가 무엇인지 생각해보자. 다음에 제시된 각각의 문장은 괄호 안의 필요를 표현한 것이다.

- 참대화를 이해하고 싶다. **명료화**
- 자녀를 잘 키우고 싶다. **기여, 공헌**
- 좀 더 잘 가르치고 싶다. **존재감, 자기가치**
- 능력 있는 교사로 평가받고 싶다. **인정, 관심**
- 아이의 행동 원인이 무엇인지 알고 싶다. **발견, 배움**
- 책을 읽어서 풍요로움을 맛보고 싶다. **풍요, 즐거움**

이외에도 더 많은 욕구와 기대, 열망이 있을 것이다. 이 단원의 끝에 제시된 필요 목록을 참고하여 자신이 진정으로 원하는 것을 찾아보자.

필요는 이기적이다

필요를 표현하지 않는 이유를 두 가지 경우로 나눌 수 있다. 하나는 자기가 원하는 것과 상관없이 상대에게만 맞춰서 행동하는 타인 지향적 태도이고, 다른 하나는 내 것만 중요하고 상대를 무시하는 자기중심적인 태도이다. 이 두 가지 모두 한 쪽에만 만족이 있고 다른 한 쪽이 희생되기 때문에 관계의 단절을 가져온다. 하지만 내 욕구도 상대의 그것과 똑같이 소중하다고 생각하면 균형 있게 서로의 욕구를 충족시킬 수 있는 수단을 찾을 수 있다. 만약 합일되지 못한다 하더라도 서로 이해하고 마음을 연결할 수 있다. 필요는 본질적으로 이기적인 속성을 가지고 있으며 인간은 자신의 만족을 위해서 산다.

"자기에게 인색한 사람이 누구에게 베풀 수 있으랴. 그는 제 재산을 가지고도 즐겁게 살 줄 모른다. 자기에게 인색한 사람보다 더 참혹한 사람은 없다. 그것이 바로 자기 소행의 보상이다(집회서 14장)."

우리 민족의 지도자 김구 선생이나 슈바이처, 테레사 수녀처럼 기꺼이 고통을 감수하면서 다른 사람의 행복에 기여하는 사람들이 있다. 이들은 자신의 신념을 이루고 자기 존재감을 충족시키며 타인의 안녕과 행복에 기여하고자 하는 등의 내적필요를 충족시킨 것이다. 다시 말해서 자기 욕구충족을 위한 행동의 결과로 상대가 행복하다면 그것은 사회적으로 지지받고 칭송받는 아름다운 행동이 되는 것이다.

이기적이라는 말은 도덕적 이기주의를 의미하는 말이 아니다.

항해 중 조난을 당했다면 내가 먼저 구명조끼를 입고 다른 사람을 돕는 것이 함께 사는 길이다. 나의 희생으로 다른 사람이 산다면 다행이겠지만, 만약 둘 다 잘못되었을 경우 희생이 헛될 수도 있기 때문이다. 나를 챙기면서 다른 사람을 배려해야 서로 유익하게 된다. 갈등상황에서 내가 원하는 것을 먼저 살피고 다른 사람의 필요를 충족시켜 주면 자신과 다른 사람을 동시에 돕는 일이 될 수 있다.

여성센터 워크숍에서 만난 이헌신 씨는 고1 딸이 있는데 학교에 적응이 안 된다며 20일째 결석을 하고 있어서 살맛이 나질 않는다고 한다. 이헌신 씨가 겉으로 원하는 것은 딸이 학교에 가는 것이다. 나는 그에게 자신이 정말 원하는 것이 무엇인지 물었다.

"내가 바라는 것은 아무 것도 없어요. 오직 딸애가 잘 되기만을 바랄뿐이에요."

필자는 다음과 같이 설명했다.

"딸아이가 학교에 가는 것에는 어머니의 내적필요를 채워주는 요소가 분명히 있습니다. 추측해보면, 만약 딸아이가 결석을 안 하고 학교에 간다면 아이의 인생이 순탄할 거예요. 그때 마음속에 여러 가지 만족이 있을 거예요. 제가 한번 말해볼 테니 찾아보시겠어요?"

- 부모역할을 훌륭히 했다는 평가를 받을 수 있다. **긍정적 평가**
- 자녀가 고맙다고 하면 자기만족이 생긴다. **자기만족**
- 자녀에게 존경을 받을 수 있다. **존경을 받음**

• 자녀가 돈을 잘 벌면 경제적으로 풍요롭다. **안정감, 풍요**
• 내가 못한 대학생활을 딸이 하는 걸 보면 위로가 된다. **대리만족**

이렇게 여러 가지를 열거해주자 그는 내게 자신의 속마음을 털어놓았다.

그 : 제 친구들의 자녀들은 모두 좋은 대학엘 갔어요. 제 아이만 대학을 못 간다면 나는 창피해서 그들을 볼 수 없을 거 같아요. 그리고 애가 나중에 변변한 일자리도 없이 시집도 안 가고 용돈 달라고 하면 그 꼴을 어떻게 봐요. 그것도 염려 돼요.
나 : 그러면 이헌신 씨가 원하는 것은 인정, 안정, 편안함 같은 것들이군요?
그 : 네 맞아요.
나 : 딸아이가 잘되는 것을 통해서 '내가 많은 것을 얻으려 한다' 는 말을 인정하시나요?
그 : 네, 결국 이기적이군요.

필요는 아름답다

'인간의 내적 필요는 언제나 아름답다' 는 말에 대해서 이런 질문을 받은 적이 있다.

"그렇다면 마약중독자가 마약을 복용하여 즐거움이나 쾌락을 추구하는 것도 아름답다는 말인가요?"

그 질문에 대해 필자는 이렇게 대답했다.

"우선, '마약복용 행동'과 '즐거움·쾌락의 욕구'는 구별해서 말씀을 드리고 싶어요. 마약복용 행동은 즐거움과 쾌락의 욕구를 충족시켜 주기도 하지만 한편으로는 정신적, 신체적으로 '건강' '함께함' '성취' '생산' 등 수많은 가치들을 포기해야 할 것입니다. 다시 말하자면 마약복용 행동에 대해서 얻을 수 있는 욕구와 잃게 되는 욕구를 모두 살필 수 있다면 옳고 그름의 답을 쉽게 얻을 수 있을 것입니다. 마약복용 '행동'이 아름답다는 말이 아니라 즐거움과 쾌락을 추구하는 우리의 '내적필요'가 아름답다는 점을 말씀드리고 싶군요. 저는 불행을 초래하는 욕구란 없다고 봅니다. 다만 그가 욕구를 충족하기 위해 선택한 방법과 수단이 다른 가치를 희생하고 타인의 영역을 침범하는 것에 대해선 주의해야 한다는 점은 강조하고 싶군요."

필요는 우열이 없다

어떤 필요가 더 우월한 것일까? 혹은 필요에 대해서 우열을 논할 수 있을까? '빵을 먹고 싶다'는 소박한 소망보다 '세계평화를 추구하는 것이 더 가치 있다'고 주장한다면 그것은 자신의 생각에 기초한 평가일 뿐이다. 산골에서 텃밭을 일구는 노인의 손길도 자신의 내적필요를 충족시키기 위한 행동이므로 소중하고, 인류문명을 혁명적으로 바꾸는 과학자의 손길도 마찬가지로 소중한 것이다.

그런가 하면 우리는 가슴속에 피가 흐르는 살아 있는 존재이므로 어제는 너무 피곤해서 휴식이 필요했지만 오늘은 새로운 직장을 위한 중요한 시험 준비가 가장 소중할 수 있다. 그러므로 '휴식'과 '성장' 중에서 성장이 더 우선한다고 주장하는 일도 적절해보이지 않는다.

어머니는 자녀의 장래를 걱정하며 성적향상을 기대하는데 자녀는 친구와 좋은 관계를 더 원하고 있다면, 이 상황에서 각자의 필요에 대한 우열을 따지는 일은 갈등을 만들 수 있다. 성적향상이 가져다 줄 법한 '풍요로움' 과 사회적 존재로서 필수적인 '좋은 관계' 중에서 어느 것이 더 우월하다고 말할 수 있는가? 그것은 오직 개인에 따라 혹은, 주어진 상황에 따라 다를 뿐이다. 자녀가 '성적향상' 보다 '친구관계' 를 더 소중하게 여긴다는 사실을 인정하지 않는다면 자녀와의 대화는 대립되거나 단절될 수 있다.

필요는 보편적이다

인간은 유기체로서의 유사성과 사회적 존재로서의 공통성 때문에 생존과 사회적 관계에서 요구되는 필요가 보편성을 가진다. 필요의 보편성을 인정하면 자신이 원하는 것을 표현하는데 좀 더 용기가 생길 것이다.

- 나는 당신에게 배려 받고 싶어요.
- 엄마는 네게 이해받고 싶구나.
- 편안하고 싶은 내 마음을 좀 알아주세요.

그것이 상대를 조정하려는 의도가 숨겨져 있지 않다면 상대는 기꺼이 연민으로 협력적인 자세를 취할 것이다.

필요를 표현하기 어려운 경우

로버트 볼튼은 '피플 스킬'에서 욕구 표현과 관련하여 사람을 복종형, 공격형, 자기 주장형으로 구분하였다. 이 중 복종형과 공격형의 사람들은 자신이 무엇을 원하는지 알지 못하거나 표현하지 않기 때문에 단절의 대화를 하게 된다고 하였다.

첫째, 복종형인 사람은 자신의 욕구와 권리를 무시하며 행동한다. 자기가 원하는 것을 말할 때는 미안해하고 자신 없이 사과하듯이 말하기 때문에 다른 사람들이 진지하게 받아들이지 않는다.

"……하지만 저는 아무래도 좋아요. 당신 생각대로 하세요."

그렇게 행동하면 많은 사람들이 좋아하고, 남을 배려하는 행동으로 보여서 칭찬을 듣게 된다. 하지만 그들은 자기 의지대로 살기 힘들어지고 무기력하게 된다. 주위 사람들은 처음에는 연민을 갖지만 차츰 불편해하고 급기야 염증을 느끼도록 만든다. 그들은 상대를 편안하게 해주겠다는 의도로 어떤 요구도 하지 않지만 그것이 습관이 되면 상대는 그들에게 무관심해질 수 있다.

41세 김다정 씨는 부부교사이다. 그녀는 언제나 웃는 얼굴로 친절하게 상대를 배려하고 돕기 때문에 학교에서 동료들로부터 칭찬이 자자하고 학생들도 잘 따른다. 그녀는 말은 안 했지만 휴일이니까 남편이 청소를 해주리라 기대했다. 하지만 남편은 친구와 운동 약속이 있다며 운동복을 갈아입고 집을 나선다. 남편의 뒷모습을 보면서 겉으로 표현하지는 않았지만 섭섭한 마음이 든다.

- 이건 불공평해.
- 어쩜 저렇게 이기적이야.
- 나도 똑같이 일주일 내내 일했는데 집에서 청소나 해야 한단 말이야?

그 생각도 잠시일 뿐 생각을 고쳐먹었다.

- 집착하지 말고 잊어버리자.
- 이까짓 청소쯤이야 내가 하면 그만이지 뭐.
- 남편도 스트레스를 많이 받았을 텐데 내가 너무 무리하게 바랐던 거야.

그렇게 생각을 바꾸려고 애쓰며 자기가 원하는 것들을 챙기지 않았다. 그때마다 생기는 불편함을 느끼지도 못한 상태로 무심코 지나쳤는데 더 큰 문제는 그런 불편함이 사라지지 않고 있다는 것이다.

상대로부터 착하다는 평가를 듣는 사람들 대부분은 자신의 욕구를 억압하고 필요가 충족되지 않았을 때 자신이 문제라고 생각하거나 운이 없다거나, 운명이 그렇다는 식으로 자기 욕구를 바라보는 일을 회피한다. 그러나 충족되지 않은 필요는 우리 마음속에 남아서 시간이 지나도 소멸되지 않고 해결의 기회를 엿보면서 도사리고 있다. 그것이 마음속의 병으로 발전하면서 여러 가지 부정적 양상으로 나타날 수 있다.

둘째, 공격형의 사람은 다른 사람에게 폐를 끼치면서까지 자신의 기분, 욕구, 생각을 표현하려 한다. 언쟁에서도 거의 자신의 의견만 고집하고 이기려든다. 그러다보니 이들은 원한을 가진 것처럼 보일 때가 많다. 큰소리로 얘기하고, 매도하고, 무례하게 행동하고, 빈정댄다. 그리고 자기에게 중요한 화제 또는 자신에게 유리한 쪽으로만 얘기하려 든다.

"내가 원하는 것은 이거야. 당신이 원하는 것은 하나도 중요하지 않아."

이들에게는 공격적 행동을 통해서 얻는 이득이 있다.

- 물질적인 욕구를 만족시키고 그것을 지킬 가능성이 많다.
- 자신과 자신의 공간을 보호할줄 안다.
- 자신의 삶을 상당한 정도로 통제한다.
- 복종으로 얻는 보상보다 더 매혹적이다.
- 권력을 마음껏 이용하여 다른 사람을 지배한다.
- 운명을 능동적으로 만들어간다.

그러나 또한 공격적 행동으로 잃는 손실도 있다.

- 공격적 행동은 혐오, 공포감을 주고 친밀감을 훼손한다.
- 저항을 불러오고 스스로를 파멸에 이르게 한다. '왕관을 쓰고는 편히 눕지 못한다.'

- 통제력 상실로 이어질 우려가 높다.
- 권력을 남용함으로써 죄책감을 얻는다.
- 이중 구속적 행동으로 상대를 혼란스럽게 한다.

셋째, 자기 주장형의 사람은 자기가 원하는 것을 적절하게 설명한다. 적절한 자기표현은 서로 동등한 위치에서 개방적인 대화를 가능하게 한다. 그러했을 경우, 마음을 연결할 수 있고 협력적인 반응을 기대할 수 있다.

내가 듣고 싶은 말 표현하기

우리가 듣고 싶은 말은 무엇인가? 중학생 학부모를 대상으로 워크숍을 할 때였다. 대부분의 아내들은 남편에게 다음과 같은 말을 듣고 싶어 했다.

- 배려해주는 말을 듣고 싶어요.
- 내가 애쓴다는 말을 듣고 싶어요.

참가자들에게 휴대폰을 꺼내 남편에게 듣고 싶은 말을 문자전송 하도록 제안했다. 잠시 후 남편들에게서 답신이 왔다.

- 당신 정말 애쓰는 것을 알아요.
- 수고하고 있어요.
- 그래 힘들지, 고마워요.

이 문자를 받은 사람들에게 기분이 어떤지 물었다.

- 뿌듯하고 감동이에요.
- 흐뭇해요. 내 자신이 뭔가 가치 있는 존재로 여겨져요.
- 내가 나를 챙기는 것도 참 좋네요. 좀 쑥스럽기는 하지만요.

필자는 신중한 표정으로 다시 물었다. "옆구리 찔러서 절 받는 격인데도 그런가요?" 그들은 한 목소리로 대답한다.

"네! 그래도 좋아요."

듣고 싶은 말을 속으로 묻어둔 채 상대가 알아서 해줄 때까지 기다린다면 평생 그 말을 못 듣고 섭섭한 마음으로 생을 마감할 수도 있다. 듣고 싶은 말을 듣기 위해서는 내가 원하는 것을 진솔하게 먼저 표현하는 용기가 필요하다. 일부러 요청해서라도 듣는다면 우리 마음은 따뜻해진다. 표현을 안 하면 상대는 내가 바라는 것을 알지 못 하는 게 당연하다. 말했을 때 비로소 알아차렸다면 상대는 진심으로 내가 듣고 싶은 말을 해줄 것이다. 일부러 요청했지만 진심이 전해져 감동의 순간이 될 수 있다.

'우는 아이 젖 준다' 는 우리 속담이 있다. 내가 듣고 싶은 말을 상대가 먼저 알아서 해준다면 좋겠지만 그렇지 않다면 불편한 마음으로 지나치지 말고 용기를 내서 요청하자. 어린 자녀에게 무엇을 요청하는 일이 민망하다고 여겨지는가? 그가 나에게 아름다운 일을 할 기회를 주는 일이라고 생각해보자. 학생들에게 '여러분이 나와 함께 이 과제를 완수하겠다는 말을 듣고 싶어요' 라고 말한다면 여러분은 이미 그 학생과 동행하고 있는 것이다.

경험 속에서 필요 찾기

그동안 당신과 함께했던 사람 중에서 기억을 떠올리기만 해도 '기분 좋은 사람' 이 있을 것이다. 그 중 한 사람을 떠올려 보자. 그가 부모님이어도 좋고 친구나 스승, 동료여도 좋다. 그리고 그 사람이 나에게 충족시켜 준 것이 무엇인지 생각해보자. 삶속에서 자신이 중요하게 여기는 욕구가 무엇인지 알아차리는 데 큰 도움이 될 것이다.

필자는 고등학교 시절 3년 동안 관악부 활동을 했다. 음악 선생님은 내가 어려울 때 헌신적으로 돌보아주셨고 그 덕분에 고등학교를 졸업할 수 있었다. 대학입시에 열중하고 있을 무렵, 선생님께서 뇌수술을 받고 입원하셨다는 소식을 들었다. 병실에 누워 계신 선생님은 기도절개수술 때문에 말을 할 수 없는 상태였다. 사모님은 물론, 다른 사람들과 의사소통이 어려워서 몹시 답답해 하셨지만 나는 선생님이 하시는 말씀을 알아들을 수 있었다. 그것은 관악부 활동 3년 동안 합주연습을 하면서 선생님의 표정과 몸짓이 무엇을 말하는지 훈련이 되었기 때문이기도 하였지만 선생님에 대한 사랑의 마음에서 나오는 힘이었을 것이다.

선생님은 날마다 나를 찾으셨고, 대학입시라는 중요한 일을 앞둔 상태에서도 매일 병원에 들러서 불편한 것들을 챙겨드렸다. 선생님은 끝내 일어나지 못하시고 3개월 후에 돌아가셨지만 나는 지금도 그때 선생님과 나눈 은밀한 소통경험을 잊을 수 없다. 필자가 소중하게 생각하는 내적필요는 상대와 진솔하게 소통하는 '관계욕구' 인데 은사님이 그것을 충족시켜 주신 것이다. 선생님은 내게 이렇게 말씀하셨다.

"네가 내 마음을 잘 알아차려줘서 고맙다."

상대의 필요 추측하기

내 앞에 있는 사람과 관계를 연결하고자 한다면 그와 좀 떨어져서 그가 하는 행동의 이면에 어떤 필요가 있는지를 추측하며 바라보면 도움이 된다.

마을버스를 탔다. 버스 안이 소란스러웠다. 흰 지팡이를 든 시각장애인 중년 남자와 버스기사가 실랑이를 벌이고 있었다.

남자 : 내가 돈을 잘못 받아 와서 그런 걸 어쩌라고?
기사 : 한두 번이 아니잖아요. 필요 없어요. 내려요.
남자 : 알았어, 저녁 때 줄게. 저녁 때 준댔잖아! 내가 돈을 잘 못 받아와서 그런다고…….
기사 : 아저씨. 한두 번이 아니잖아요! 이번엔 안 돼! 내려욧!
남자 : 알았어! 나 정말……. 더러워서. 내 돈 내 놔. 내릴 테니까!

버스기사는 기다렸다는 듯이 버튼을 누르니 100원짜리 동전 2개가 떨어진다. 능숙하게 동전을 집어 든 그의 손에는 동전 3개가 더 쥐어져 있었다. 그리고 버스에서 내리기 위해 출입문 쪽을 찾아 더듬거렸다. 나는 안타까운 마음으로 버스기사에게 말했다.

"저기요, 아저씨, 내가 돈 내 드릴 테니 그냥 모시고 가요."

흰 지팡이 중년 남자는 원군을 만난 기분이었을까? 지팡이로 버스 바닥을 탕탕 치면서 운전석을 향해 아까보다 더 크게 소리쳤다.

남자 : 내가 돈을 잘 못 받아와서 그런다고! 저녁때 준댔잖아.

기사 : 내가 한두 번이면 말도 안 해요! 아주 상습적이야…….

나는 서둘러 800원을 대신 내주었고 버스 안은 조용해졌다. 흰 지팡이 중년 남자는 의자에 앉아서 동전 쥔 손을 꼬무락거렸다. 버스기사는 화가 안 풀렸는지 연신 호흡을 불규칙하게 씩씩댔다. 내가 버스에서 내릴 때까지 기사는 계속 거울로 그를 바라봤지만 아무 일도 생기지 않았다. 청각 기능이 발달한 흰 지팡이 중년 남자가 종결 멘트로 한마디 더 했다.

"내가 돈을 잘못 받아와서 그랬댔잖아. 그만 좀 해요!"

이 상황에서 두 사람, 버스기사와 시각장애를 가진 중년 남자의 내적필요를 추측할 수 있다. 버스기사는 그동안 알면서도 속아주며 기여하고 배려한 것에 대해서 알아주길 바랐는데 상대가 도리어 당당하게 소리를 지르니까 화가 났을 것이다. 흰 지팡이 중년 남자 또한 자신의 어려운 처지를 '수용' 받고 '배려' 받고 싶었고, 모르는 척 넘어가줘서 좀 은밀하게 도움을 받고 '존중 받고' 싶었을 텐데 '한두 번이 아니다' 라는 말로 여러 승객들 앞에서 지적하니까 모욕감과 분노감이 생겼을 것이다.

마음이 불편할 때 필요 찾기

친구와 약속을 했는데 1시간이 넘도록 오지 않고 휴대전화로 곧 가겠다는 말만 계속 한다면 기다리면서 마음이 불편하다. 이럴 때 비판적인 생각과 비난, 자기처벌, 분노감, 공격적 사고 등이 떠오를 수 있다.

위와 같은 상황이라면 당신은 어떤 생각을 하겠는가?
자신의 마음과 유사한 표현을 찾아보자.

1. 나는 지금 쓸데없는 시간을 낭비하고 있다.
2. 시간을 효과적으로 사용하고 싶은데 아깝다.
3. 그가 나를 지루하게 만들고 있다.
4. 우리나라의 교통체계는 엉망이다.
5. 나는 배려 받고 싶은데 아쉽다.
6. 시간 개념이 없는 사람과 연결된 내가 한심하다.
7. 나는 친구에게 무시당할 만큼 부족한 사람이다.
8. 그동안 내 행동이 잘못되었다. 단호한 모습을 보였어야 했다.
9. 늘 이런 경험을 하는 것을 보면 나는 사람 운이 없는 사람이다.
10. 나는 존중받고 싶은데 안타깝다.

나는 여러분이 2번, 5번과 10번을 선택해주기를 기대한다. 여기서 내가 말하고 싶은 것은 이런 상황 속에서 마음이 불편하더라도 상대를 비난하거나 자신을 책망하는 대신, 일단은 부정적인 생각을 내려놓고 자신이 원하는 것이 무엇인지를 먼저 바라보라는 것이다. 그렇게 했을 때 아쉬운 자신의 마음을 챙겨줄 수 있다. 그리고 상대의 내적필요도 헤아려주는 여유가 생긴다.

일상과 다른 기분일 때 필요 찾기

가끔 우리는 자신이 무엇을 원하는지 모른 채 알 수 없는 불편한 감정에 휩싸이는 경우가 있다. 그때 무엇이 필요한 것인지 좌절된 욕구, 기대, 열망이 무엇인지 자신의 내면을 살피는 작업이 필요하다.

"무엇 때문에 지금 이런 기분일까?"

퇴근 준비를 하는데 뭔지 모르게 기분이 꺼림칙했다. 잠시 생각을 정리하다 보니 수업직전에 찾아온 졸업생 제자가 떠올랐다. 땀을 뻘뻘 흘리며 어렵게 찾아왔을 제자를 따뜻하게 대하지 못하고 수업시간에 쫓겨서 허둥지둥 돌려보낸 것이 마음에 걸린다. 이때 내가 원하는 것은 무엇인가?

- 제자가 서운한 마음으로 돌아갔다면 미안하다. **배려해 주기**
- 제자와 즐거운 시간을 갖지 못하였으니 아쉽다. **즐거움 추구**
- 그가 홀대를 받았다고 생각하고 다음에 다시 찾아오지 않을까 걱정된다. **관계 유지**
- 수업을 좀 늦게 들어가도 되었을 텐데 여유 없이 행동했다. **여유를 갖는 내적성장**

집에 도착해서 그 제자와 문자를 주고 받았다.

나 : 진주야, 오랜만에 얼굴 봐서 반가웠어. 편하게 얘기 못 나눠서 아쉽고 미안해.

그 : 선생님, 잠깐이라도 뵈어서 좋았어요. 미리 연락 못 드리고 가서 제가 더 죄송해요. 다음에 만날 때는 여유 있게 식사해요.

그 순간 불편한 감정은 사라지고 편안한 마음이 든다.

필요 찾기 연습 1

아침부터 참대화 워크숍이 진행되었던 날 보슬보슬 비가 내렸다. 점심 식사 후 참가자들에게 지금 상황에서 떠오르는 필요를 적도록 했다. 다음 중 내적필요가 표현되었다고 생각되는 문장을 찾아보자.

1. 빗속에서 사랑이 느껴진다.
2. 편안하게 쉬는 느낌이다.
3. 조용히 나에게 집중하기를 원하는데 빗소리를 들으니 마음이 편안하고 집중이 된다.
4. 풍경이 예쁜 카페에서 비를 보며 진한 커피 한잔 하고 싶다.
5. 나의 욕구를 채워준 맛난 음식을 먹어서 행복하다.
6. 평소 내가 공격한 것이 많다는 생각이 들어서 부끄럽다.
7. 참대화를 좀 더 잘 알고 싶었는데 좀 안 것 같아 기쁘다.
8. 새로운 만남이 즐겁다. 반갑다.
9. 내가 그동안 상대에게 부담을 주었다는 것을 알게 되어 뿌듯하다.

필자는 여러분이 3번, 4번, 7번을 선택해주기를 기대한다.

필요 찾기 연습 2

많은 부모들은 자녀가 공부를 잘 하기를 기대한다. 자녀가 우등생이 되었을 때 내 안에 있는 내적필요는 무엇인지 찾아보자. 다음 페이지에 있는 필요목록을 참고하면 자신의 필요를 찾는 데 도움이 될 것이다.

- 자녀가 좋은 학교에 진학하지 못할까봐 불안한 마음을 내려놓고 싶다. **안전**
- 평판이 좋은 학교에 보내서 주위 사람들로부터 부러움을 사고 싶고, 자녀교육을 잘 시켰다는 말을 듣고 싶다. **인정**
- 공부해야 할 시간에 놀고 있는 아이에 대해서 남편(아내)이 화를 내어 분위기가 험해질 것이 염려된다. **평안, 평화**

30명의 학부모를 대상으로 한 워크숍에서 자녀가 공부를 잘 하면 얻을 수 있다고 기대되는 것이 무엇인지에 대해 대답한 필요목록이다.

안전, 평안, 평화, 편안, 우월, 풍요, 인정, 존중, 주도, 자율, 자유, 소통, 협력, 기여, 공헌, 유능, 해방, 여유, 권한, 안도, 신뢰, 애정, 힘, 사랑

제시된 필요목록 외에도 여러분은 다른 내적필요를 선택했을 수도 있다. 어떤 것을 선택하든 그것은 당신의 것이다. 다만, 당신의 내적필요를 알아차리고 표현하기를 기대한다.

필요 목록

1. 생명, 생존, 안전

음식, 주거, 휴식, 수면, 안전, 스킨십, 육체적 애정, 성적표현, 성욕, 따뜻함, 부드러움, 편안함, 돌봄을 받음, 보호 받음, 의존, 자유로운 움직임, 이동, 운동

2. 대인관계, 상호의존

기여, 공헌, 주는 것, 봉사, 친밀한 관계, 유대, 참여, 대화, 소통, 연결, 자비, 배려, 존중, 공감, 이해 받음, 타인을 알고 싶음, 나를 알아주길 바람, 지지, 협력, 도움을 받음, 의존, 감사, 인정, 사랑, 애정, 관심, 호감, 우정, 가까움, 소속감, 함께 있음, 안도, 위안, 신뢰, 확신, 정서적 안정, 일관성, 정성, 정직, 진실, 예측가능성

3. 즐거움, 쾌락

재미, 유머, 놀이, 흥분

4. 의미, 성장

능력, 자격, 역량, 도전, 성취, 명료함, 목적-목표 갖기, 발견, 가르침, 새로운 것을 배움, 학습, 생산(만들기, 가꾸기), 성장, 인생예찬(축하, 애도), 기념, 이해, 자각, 지식, 정보, 표현, 주관을 가짐, 중요성, 의미있는 것을 갖고 싶음, 창조, 창의성, 치유, 회복, 갈등을 극복해 냄, 유능감, 효능감,(구체적인 무엇을 할줄 안다는 느낌), 숙달, 희망

5. 자율성, 힘

선택, 자유, 독립, 해방, 자기만의 공간과 시간, 통제가능성, 자발성, 자기조절, 자기통제, 힘, 권한, 용기, 주도성

6. 통합(진정성),아름다움, 평화, 영성

진정성, 성실성, 존재감, 일치, 성찰, 아름다움, 여유, 편안한 태도, 홀가분함, 느긋함, 평등, 수용, 조화, 질서, 평화, 영감을 느낌, 영적 교감, 영성, 자기초월, 지혜, 깨달음, 자비, 박애

〈인용 : 마샬 로젠버그의 비폭력대화, 이민식의 CHANGE PROGRAM〉

기분의 의미

심정에 포함된 요소 중에서 필요를 살펴봤으니 이제 기분에 대해서 살펴보자. 참대화에서 기분은 느낌, 정서, 감정 등의 용어와 함께 사용한다. 물론 심리학에서는 각각 다른 의미와 용도로 사용하지만 일상의 대화에서는 그 구분이 명확하지 않기 때문에 여기에서도 구분 없이 사용하고자 한다.

영어에서 감정을 뜻하는 'emotion' 이라는 단어는 라틴어 'exmovere' 에서 나왔다. 이는 글자 그대로 움직이게 하는 힘이다. 감정은 우리가 가지고 있는 기본적인 내적인 힘 중 하나이다. 감정은 우리에게 필요, 상실감, 포만감 등 우리의 몸에서 오는 신호를 전달해준다. 이 에너지는 우리가 스스로를 돌보기 위해 효과적으로 활동할 수 있도록 돕는 일을 한다. 생각은 우리의 경험을 분석하고 해석하지만, 감정은 생각과는 반대로 현실을 직접적으로 표현한다. 감정은 우리에게 무엇이 필요하며 무엇을 변화시키고 싶은지에 대한 중요한 정보를 준다.

사회 문화적 배경이나 성장환경에 따라서 차이가 있기는 하지만, 기분도 필요와 마찬가지로 그렇게 쉽게 드러내지 않는 것이 일반적이다. 주어진 정보를 해석할 때 이성기능을 많이 쓰는 사람도 있고, 감성기능을 많이 쓰는 사람도 있다. 이때, 이성기능을 많이 쓰는 사람은 기분을 표현하는 것을 매우 어려워하기도 하는데 특히 효율성과 생산성을 강조하는 조직체계에서 오랫동안 익숙해진 사람들은 더욱 그렇다.

기분 뒤에는 필요가 있다

기분은 많은 경우에 내적필요의 충족과 불충족에 따라서 반응한다. 자신이 원하는 것이나 필요가 충족 되면 유쾌한 기분이 되고, 필요가 충족되지 않으면 불쾌한 기분이 된다. 느낌은 마음이 드러나는 창이기 때문에 속마음을 드러내고 표현하기 위해서는 자신의 기분과 감정을 자세히 살필 수 있도록 민감해야 한다.

우리가 어떤 사람을 사랑하면 그의 마음에 대해 관심을 가지고 바라보게 된다. 그런데 상대에게만 집중하고 자신의 마음을 챙기지 않는다면 이것은 마치 빈 가방을 선물하는 일과 같다. 그러므로 사랑하는 사람의 마음을 살피는 것만큼이나 중요한 것이 자기 자신의 마음을 살피는 일이다. 진정으로 자신을 사랑했을 때에야 비로소 타인도 사랑할 수 있다. 자신을 사랑한다는 말은 이기적 태도나 병리적 자기애를 의미하는 것이 아니라 자기 내면에 무엇이 일어나는지 민감하게 살피는 일이다. 그런 노력을 통해서 기분 뒤에 있는 필요를 알아차릴 수 있게 된다.

지금 당신의 기분이 불안하거나 불쾌하다면 그 뒤에는 어떤 욕구가 있을지 찾아보자.

불안한 기분 뒤에는 '안정' '평안' 등의 욕구가 있을 것이고, 불쾌한 기분 뒤에는 당연히 '쾌적함, 명쾌함, 존중받고 싶음, 인정받고 싶음, 배려받고 싶음' 등의 필요가 존재할 것이다.

기분은 필요의 충족여부를 드러낸다

기분은 마음속에 무엇이 일어나는지를 외부로 전달하는 경보장치 같은 역할을 한다. 참대화 워크숍을 진행하면서 참가자에게 이 프로그램의 진행 방식이 어떤가를 질문하곤 한다. 다음 두 문장은 청중의 반응 중 일부를 기록한 것이다. 그들의 심정을 이해하는 데 더 도움이 되는 표현은 어떤 것인지 생각해보자.

유하나 : 이론에 대한 설명과 실습비율이 적절하다고 생각됩니다.

정다정 : 사례를 들어서 설명하니까 명확해져서 시원해요.

유하나는 자신의 마음상태를 표현하기보다는 객관적인 사실을 열거하고 그것에 대한 평가를 말하고 있다. 정다정은 '시원하다' 는 마음상태를 표현하고 있다. 이렇게 기분을 말하면 원하는 것을 추측할 수 있다.

기분이 어떠냐고 물었을 때 흔히 '좋다-나쁘다' 고 하는데 이것은 기분의 방향을 제시할 뿐 정확히 무엇을 의미하는지 어떤 수준인지를 나타내는 것은 아니다. 물론 오랜 시간 함께 생활한 사람이라면 표정이나 몸짓을 통해서, 혹은 대화의 맥락을 통해서도 알아차릴 수 있지만 자신의 필요를 제대로 전달하기 위해서는 기분을 좀 더 구체적으로 표현하는 것이 좋다. '편안하다' '한가롭다' '상쾌하다' '짜릿하다' '흥분 된다' 등은 그 수준을 포함하는 표현이므로 이 말을 들으면 마음 상태에 대한 정보를 쉽게 파악하고 대처할 수 있다. 그래서 또 다른 것들을 추측을 해야 하는 불편을 줄일 수 있다.

어느 워크숍에서 한참 토론을 진행하던 중 창문을 열면서 청중에게 물었다. '여러분, 지금 기분이 어떠세요?' 많은 사람들이 한 목소리로 '좋아요!' 라고 답한다. 나는 토론식 진행방법이 좋다는 말로 들었는데 나중에 보니 '창문을 열어놓으니까 강의실 공기가 쾌적해져서 싱그럽다' 는 의미였다. 서로 다른 대화를 한 것이다. 만약 '쾌적해요' 혹은 '신선해요' 라고 말했다면 더 정확한 소통이 되었을 것이다.

이렇게 어떤 말에 대해서 듣는 사람은 자신의 생각대로 받아들이므로 자기 마음속에 충족된 것이나 불충족된 것을 떠올리고 그에 대한 기분, 느낌을 조금 더 명확하게 표현하면 의사소통하는 데 효과를 높일 수 있다.

- 사례를 들어서 설명하니까 호기심도 생기고 흥미로워요.
- 커피를 마시고 나니 머리가 개운해지고 상쾌해요.

좀 더 민감하게 기분을 표현하기 위해 다음에 제시된 기분목록을 보면서 1주일 정도 기분을 표현하는 연습을 한다면 자신의 마음 상태를 명쾌하게 전달할 수 있게 된다.

기분 표현은 대처행동을 안내한다

기분을 말하면 그것이 무엇을 의미하는지 순간적으로 몸으로 전달된다. 이러한 행동경향성은 인간이 원시시대부터 생존을 위하여 발달시켜온 기능이라 할 수 있다. 맹수들이 우글거리는 환경에서 신체적으로 나약한 인간은 생존을 위하여 신속한 대처가 요구되고, 그러한 필요에 의해 '의심스러움', '긴장하는' 기분이 발달하였다. 이러한 의사소통의 습관은 우리 몸에 축적되어 느낌언어를 들으면 신속한 반응이 나타나도록 훈련되어 있다.

출근 준비를 하는 남편이 아내에게 가라앉은 목소리로 말을 건넨다.

"내가 좀 섭섭해요."

이 말을 들은 아내는 섭섭해 하는 이유를 묻거나, 아니면 오해를 풀기 위한 노력을 하거나, 용서를 구하는 행동을 하게 된다. '섭섭해요' 라는 느낌 표현이 주의를 환기시키는 역할을 한 것이다. 이처럼 기분의 표현은 강력한 메시지를 전달하여 문제와 갈등을 건설적으로 다룰 수 있는 계기를 마련할 수 있다.

감정과 생각을 구분하는 일은 쉽지 않다. 하지만 다음에 제시된 기분 목록을 이용해서 1~2주 동안 연습을 하면 자신도 모르는 사이에 느낌표현을 보다 자유롭게 구사할 수 있게 된다. 기분, 느낌, 감정, 정서적 표현을 자유롭게 구사한다면 상대의 심정을 이해하는 데 도움이 될 뿐 아니라 자기 마음에 일어난 상태를 좀 더 구체적으로 바라볼 수 있다. 그렇게 되면 서로가 편안하고 자연스럽게 아름다운 연결로 이어질 수 있다. 그동안 문화적 특성 때문에 정서표현이 억눌려 왔다하더라도 이제부터 뜨거운 감성을 일깨운다면, 우리는 풍요롭고 따뜻함이 흐르는 삶으로 안내될 것이다.

기분 표현 연습 1

다음에 제시된 것 중에서 기분을 표현한 것을 골라보자.

① 소리를 지르는	⑥ 부끄러운	⑪ 외면당하는
② 기분 좋은	⑦ 미안하다	⑫ 실망스러운
③ 덤비는 듯한	⑧ 화나는	⑬ 교육이 잘된
④ 행복한	⑨ 감동스러운	⑭ 밝히고 싶은

⑤ 혼내주고 싶은　　⑩ 무시당한 느낌　　⑮ 가슴이 벅찬

여러분이 ②④⑥⑦⑧⑨⑫⑮를 선택하기를 기대한다. 만일 ①③⑤⑩⑪⑬⑭를 선택했다면 생각과 기분의 차이점에 대해 이해하기 위하여 119쪽 부터 다시 읽는것이 도움이 될것이다.

기분 표현 연습 2

다음 문장을 읽고 기분이나 감정을 표현해보자.

예시

1. 강아지가 죽었어요. → 강아지가 죽어서 슬퍼요.
2. 전철을 놓쳤어요. → 전철을 못 타서 아쉬워요.

연습

1. 거실에 옷가지가 널려있고 과일 껍질이 떨어져 있다.
   → 129쪽 참고
2. 내게 묻지 않고 수업시간을 배정했어요.
   → 129쪽 참고
3. 꽃을 받았어요.
   → 129쪽 참고

긍정적인 기분표현		
자부심 · 자신감	**고양됨 · 흥분됨**	**사랑스러움**
긍지를 느끼는	가슴이 터질 듯한	다정한, 따뜻한
당당한 · 뿌듯한	각성된 · 고양된	마음이 끌리는
의기양양한	기쁨에 넘치는	마음이 통하는
자랑스러운	날아갈 것 같은	부드러워지는
자부심을 느끼는	뛸 듯이 기쁜	사랑이 넘치는
자신 있는	만끽하는	애틋한
자신만만한	매혹된	온화한 · 푸근한
확고한 · 확신하는	벅찬 · 설레는	친근한
즐거움 · 만족 · 행복	신나는 · 야릇한	**활력 · 회복**
기분 좋은	우쭐한	고무된 · 기운 찬
기쁜 · 만족하는	자극 받은	기운이 나는
명랑한 · 반가운	정열(열정)을 느끼는	발랄한 · 밝은
상쾌한 · 여한이 없는	쾌감을 느끼는	살아 있는 · 상쾌한
유쾌한 · 재미있는	통쾌한	생기 있는
즐기는 · 충족된	환희에 찬	신선한 · 쾌활한
행복한 · 흐뭇한	황홀한	의욕이 넘치는
흔쾌한 · 흡족한	흥분으로 떨리는	활기가 넘치는
흥이 난 · 희희낙락한	**희망**	회복된
안도감 · 평화로움	기대하는	힘이 넘치는
가라앉은(고요하게)	기운을 내는	**흥미 · 몰입**
긴장이 풀린	낙관하는 · 희망적인	관심(마음)이 가는
단념한 · 마음 놓이는	용기를 얻은	궁금한
맑은 · 안도하는	자신감을 얻은	넋이 빠진
안락한 · 안심되는	**감사 · 감동 · 감탄**	도취한
안정된 · 이완된	가슴 뭉클한	매료된
유유자적하는	감동 받은	몰두(몰입)하는
진정된 · 차분해진	찡한	열중하는
체념하는 · 충만한	깜짝 놀란	주의가 쏠린
침착한 · 편안한	놀라운	집중하는 · 현혹된
평온한 · 한가로운	신기한	호기심 있는

〈인용 : 마샬 로젠버그의 비폭력대화를 참고하여 수정함〉

부정적인 기분표현		
두려움 · 불안	짠한 · 착잡한	부러운 · 샘나는
가슴이 두근거리는	허무한 허전한	안달하는 · 애 타는
걱정스러운(되는)	후회하는	절실한 · 조급한
겁나는 · 겁먹은	**압박감 · 성가심**	질투 나는
굳어버린(두려워서)	심란한 · 고민되는	**혼란 · 의혹**
긴장된	답답한 · 성가신	개운치 않은
다리가 후들거리는	짜증스러운 · 불편한	경계심을 느끼는
두려운 · 떨리는	힘겨운 · 부담스러운	동요되는
무서운 · 불안한	난감한 · 거슬리는	마음이 안 놓이는
발이 떨어지지 않는	신경이 날카로운	마음이 어지러운
애 타는	귀찮은 · 예민해진	미심쩍은
얼어붙은	수심에 찬	미칠 것 같은
소름끼치는	**분노 · 화**	불안정한 · 불편한
손에 땀을 쥐게 하는	화난 · 분한	산만한
숨을 죽이게 하는	울화가 치미는	신경 쓰이는
숨이 막힐 것 같은	분개한 · 격분한	아리송한
심장이 멎는 것 같은	성난 · 열 받은	안절부절 하는
여유 없는 · 염려하는	신경질 나는	애증이 교차하는
조급한 · 조마조마한	짜증나는 · 약 오른	어리둥절한
조바심 나는	노여운	어쩔 줄 모르는
조심스러운	**좌절 · 서운함**	얼떨떨한
진땀나는 · 초조한	낙담한	의구심이 드는
아쉬움 · 허전함	뒤틀린	의심스러운
공허한 · 그리운	불만인	의아한 · 주저하는
불쌍한	야속한	찜찜한
아쉬운	불쾌한 · 서운한	혼란스러운 · 혼미
상실감을 느끼는	섭섭한 · 시무룩한	**수치심 · 죄책감**
안쓰러운 · 안타까운	실망한 · 심통 나는	겸연쩍은
애끓는 · 애도하는	원망스러운 · 좌절하는	당혹스러운
애절한	**부러움 · 간절함**	당황한
애처로운	간절한 · 못 견디는	멋쩍은

계속

부정적인 기분표현		
미안한	우울한 · 힘 빠진	싫증나는 · 얄미운
민망한	울적한 · 위축된	증오하는 · 질색하는
부끄러운	의기소침한 · 의욕 없는	혐오스러운
수치스러운	절망하는 · 주눅 든	**고통스러움 · 상처받음 · 외로움**
쑥스러운 · 창피한	침울한 · 코가 시큰한	
죄책감 드는	**지루함**	가슴이 찢어지는
부정적인 기분표현	권태로운 · 단조로운	고독한 · 고립된
단절감 · 마비	무료한 · 물린	괴로운
거리감이 느껴지는	식상한 · 심심한	비참한 · 상처받은
냉담한 · 냉랭한	지겨운 · 지루한	한 맺힌 · 쓸쓸한
넋이 나간 · 단절된	**피로감 · 지침**	억울한 · 외로운
마비된 · 마음이 닫힌	녹초가 된	억장이 무너지는
무감각한 · 무관심한	소진된 · 졸린	원통한 · 참담한
무심한 · 싸늘한	처지는 · 탈진한	처량한 · 처절한
시큰둥한 · 심드렁한	피곤한	**놀람 · 충격**
재미없는 · 흥미 없는	**혐오감 · 미움**	기막힌
슬픔 · 절망 · 무기력	거북한 · 경멸스러운	놀란 · 덜컥하는
기운 없는 · 눈물 나는	느끼한 · 넌더리나는	아연실색하는
눈시울이 뜨거워지는	메스꺼운 · 멸시하는	아찔한
막막한 · 맥 빠진	모욕적인 · 못마땅한	어안이 벙벙한
무기력한 · 상심한	반감을 느끼는	움찔하는 · 충격적인
서글픈 · 암담한	불쾌한 · 섬뜩한	하늘이 무너지는
힘없는 · 희망이 없는	소름끼치는 · 싫은	황당한

〈인용 : 마샬 로젠버그의 비폭력대화를 참고하여 수정함〉

심정표현 연습

제시된 사례에 대한 내적 필요와 기분을 찾아보자.

사 례	필 요	기 분
학생 어머니 : 교사가 그렇게 하면 안 되는 거 아니에요	존중 연결, 소통	분노 아쉬움
종례시간 : 교실 청소가 안 되어 있다.	청결 좋은 평가	짜증 걱정
낮잠을 자다가 추워 깨어나서 : 에어컨이 3시간째 켜져 있고 아이는 TV를 보고 있다.	①	②
귀가 직후 : 식사 후 반찬뚜껑을 닫지도 않고 냉장고에 넣지도 않아서 집안에 온통 음식 냄새가 가득하다.	③	④
남편(아내), 애인 : 그동안 내게 해준 게 뭐있느냐면서 소리를 고래고래 지른다.	⑤	⑥
앞차 : 차선변경도 방해하면서 저속으로 주행하며 내게 욕을 의미하는 손가락질을 하고 있다.	⑦	⑧

위와 같은 상황에서 사람마다 차이는 있겠지만 대체로 다음과 같은 필요와 기분들이 생길 것이라고 추측된다.

① 배려 받고 싶다. 존중받고 싶다. 챙김 받기를 기대한다.

② 아쉽다. 서운하다. 짜증스럽다.

③ 배려 받고 싶다. 편안하길 원한다. 쾌적하고 싶다.

④ 속상하다. 섭섭하다. 짜증스럽다. 불쾌하다.

⑤ 존중받고 싶다. 알아주길 바란다. 소통하고 싶다.

⑥ 화가 난다. 짜증난다. 서운하다. 야속하다. 답답하다.
⑦ 편안하고 싶다. 평화를 원한다. 존중받고 싶다.
⑧ 불안하다. 불편하다. 걱정된다. 화가 난다.

심정은 필요와 기분을 포함하는 것이기 때문에 일상에서는 특별히 구분하지 않는 습관이 있다. 따라서 둘 중에 하나만 표현해도 소통하는 데 무리가 없을 뿐 아니라 더 자연스러울 수 있다. 기분을 말하면 그 뒤에 있는 욕구를 추측할 수도 있고, 반대로 자신이 원하는 것을 말하면 상황에 따라서 그 기분을 짐작할 수가 있다. 그러나 사람마다 원하는 것이 다르고 그에 따르는 기분이나 느낌, 감정이 각자 다르기 때문에 상대가 충분히 내 마음을 알아차렸다는 확신이 없을 때에는 두 가지 모두 표현하는 것이 좋다.

124쪽 연습

1. 거실에 옷가지가 널려있고 과일 껍질이 떨어져 있다.
2. 내게 묻지 않고 수업시간을 배정했어요.
3. 꽃을 받았어요.

| 제안 |

제안의 의미

상황과 심정을 표현했다면 서로 마음이 연결되었는지 확인하고 자신이 원하는 것을 충족시키기 위한 수단을 제안한다. 제안은 상대의 마음 상태나 의도를 확인하고 함께 협력하기를 기대하는 단계인데, '비폭력대화' 에서는 이것을 부탁(요청)이라고 표현한다.

우리 사회에서 상대에게 요청이나 부탁하는 일은 쉽지 않다. 부탁이 어려운 이유에 대해서는 6장 '부탁 · 거절' 편에서 자세히 다루고 있으므로 참고하기 바란다. '부탁' 이나 '요청' 에는 말하는 사람의 의도가 들어 있다. 자신이 원하는 바를 상대가 들어주기를 바라는 의도에는 강요도 내포하고 있다. 그러다보니 관계가 단절될 것을 우려해 거절하기도 어렵고, 거절당했을 때 매우 섭섭해하기도 한다. 그에 반해 '제안' 은 상대가 선택하도록 기회를 줌으로써 상대를 배려하고 존중할 수 있다. 그리고 자신의 생각을 관철시키기 위한 의도가 아니라, 협력을 기대하며 말하기 때문에 상대가 거절해도 섭섭하지 않다.

분위기가 중요하다

대화는 어떻게 말하느냐보다 어떤 분위기에서 말하느냐가 더욱 중요하다. 일반적으로 부모들이 대화법을 배우고자 하는 의도는 자녀가 자신의 말을 잘 듣도록 유도하기 위한 것이고, 교사들의 경우에는 교실에서 아이들을 효과적으로 통제하거나 학습효과를 증진시키려는 목적을 가지고 있다. 당신이 만약 참대화를 잘 익혀서 가족이나 학생 혹은 직장상사나 동료에게 내 뜻을 관철시키기 위한 수단으로 사용하고자 한다면 이 책이 별로 도움이 되지 않을 것이다.

의도를 숨긴 채로 어떤 대화기술을 사용하여 효과를 보려고 한다면 그 기술은 상대가 말하는 사람의 의도를 알아차리기 전까지만 효력을 발휘할 뿐이고, 숨은 의도를 알아차린 후에는 아무런 힘도 발휘할 수 없게 된다. 만일 '반드시 이 일을 해야 한다' 는 강압적인 생각을 뒤에 숨긴 채로 '그 일을 해줄 수 있겠니?' 라고 말하면 듣는 사람은 어떤 선택을 해야 할지 난감하여 불편함을 느끼거나 불안, 분노를 느낄 수도 있다. 내 의도를 관철시키고자 하는 마음이 강할수록 상대는 자신의 자율성이 침해되는 것을 본능적으로 알아차리기 때문이다.

이미 자신의 대화 성향이나 언어 패턴을 잘 알고 있는 가족에게 새로운 관점으로 대화를 시도하려면 먼저 약간의 선언이 필요하다. 상대가 어떤 선택을 하든지 기꺼이 그 선택을 수용할 마음의 준비가 되어 있음을 충분히 밝히는 것이 좋다. 당신은 이미 참대화를 경험하면서 마음에 변화가 진행되고 있는데, 상대는 당신의 속마음을 알아차릴 수 없기 때문에 그들은 당황해할 수도 있다. 미리 밝혔을 때 그들도 받아들일 준비를 할 것이다. 참대화를 경험한 당신이 먼저 이전과 다르게 대화하려는 모습을 보이고, 자연스러운 분위기를 만들어 그들이 마음을 열 수 있도록 도와주어야 한다.

43세 최화남 씨는 고1 둘째 아들이 자퇴하겠다며 학교를 안 가는데 어떻게 하면 좋겠느냐고 상담을 요청하였다. 그동안 그녀는 아이에게 유익한 것이라면 무엇이든 다 해주었고 아들은 중3 때 까지는 성실한 모범생이었으며 엄마가 하라는 대로 거역하지 않고 잘 따라주었다. 필자는 최화남 씨 부부를 상담하면서 의도를 가진 돌봄은 폭력이란 점을 설명하였다. 그 말을 듣고 있던 남편이 고개를 끄덕였다. 그리고 긴 한숨과 함께 한마디 한다.

"아내가 아이들을 위해서 헌신한 것은 참 고마운 일인데 아마도 아들은 숨이 막혔을 거예요."

최화남 씨는 슬픈 얼굴로 내게 물었다. "이제 어떻게 하면 좋겠어요?" 그의 질문에 나는 이렇게 대답해주었다.

"부모가 하는 말을 충분히 알아차렸다는 확신이 있을 때까지는 어떠한 요청도 하지 않아야 합니다. 아이와 마음 연결이 먼저입니다. 우선 어머님 자신이 의도를 내려놓고 아이에게 이렇게 말씀하십시오."

- 네가 어떤 결정을 하더라도 엄마는 괜찮아.
- 네가 어떻게 대답하든 엄마는 수용할 준비가 되어 있다는 점을 밝히고 싶다.
- 지금 너를 책망하거나 잘못을 지적하려는 의도가 아님을 알아주었으면 해.
- 다만, 나는 마음을 열고 이야기를 나누고 싶어.

방학이 시작된 지 며칠이 지난 뒤에 전화가 왔다. "아이가 학원에 등록하고 다니기 시작했어요. 집안이 이렇게 평화로울 수가 없네요."

최화남 씨는 아이를 학원에 다니게 하고, 가정 분위기를 편안하게 하려는 의도로 아이에게 강요한 것이 아니라 아이와의 소통에 먼저 집중했다. 마음이 연결되면 서로 협력할 가능성이 높아진다.

적절한 시기가 있다

상대를 설득하거나 충고할 때 혹은 협조를 구할 때, 중요한 요소 중 하나는 적절한 시기를 선택하는 것이다. '적절한 시기'란 상대가 그것을 수용할 것이라는 확신이 있을 때를 말한다. 아무리 좋은 협력방안이라 할지라도 상대가 수용할 준비가 되어 있지 않다면 제안하기를 멈추어야 한다. 자녀가 학교를 가기 위해서 현관문을 나설 때 어제 저녁에 늦게 들어온 이야기를 하는 것은 적절하지 않다. 두 학생이 심하게 다투고 난 뒤 아직 흥분이 진정되지 않은 상태에서 다음에 다시 이런 일이 반복되면 엄벌에 처한다는 경고는 설득력이 떨어진다. 상대가 미처 준비하지 못하였는데 성급한 마음으로 제안하면 그 내용과 관계없이 강요로 받아들일 가능성이 높아진다. 만약 그 시기를 알지 못한다면 상대에게 지금 제안해도 괜찮을지 물어보면 된다.

"지금 나와 이야기할 수 있겠니?"

질문형태로 제안한다

인간은 존중받고 싶은 마음과 자유를 추구하는 본성이 있다. 모든 인간에게 자유와 평등은 천부인권적 권리이다. 자율적으로 선택한 사람은 자신의 행동에 대해 책임을 느끼므로 서로의 삶을 풍요롭게 한다. 따라서 제안을 할 때는 상대가 자유롭게 선택할 수 있도록 분위기를 제공하는 것이 필요하다.

공자는 예禮를 누구보다도 강조한 인물이다. 논어論語의 팔일편八佾篇에 나오는 이야기가 있다. 하루는 그가 태묘大廟 사당에 들어가서 제사를 올리며 그 절차에 대해 일일이 물으며 예를 올렸다. 이 모습을 본 어떤 사람이 말하기를 "누가 공자더러 예를 아는 사람이라고 말하는가? 제사를 지내는데 일일이 매사를 묻는다"라 하였다. 이 말을 전해들은 공자가 말하기를 "매사에 일일이 묻는 것이 바로 예이다"라 하였다.

그가 나처럼 존귀한 존재라고 인정한다면 우리는 언제나 의도를 내려놓고 질문형태로 제안까지만 할 수 있다.

- 거실 청소를 해줄 수 있겠니?

  네가 청소를 하지 않는다 하더라도 너를 처벌하진 않을 생각이다.
- 다음 시간까지 이 과제를 끝낼 수 있겠니?

  그렇게 하지 않아도 화내지 않을 것이다.
- 밤 열 시 이후에는 발자국소리를 내지 않겠다고 약속할 수 있겠니?

  약속을 못한다면 다른 대안을 찾아보겠지만, 그렇지 않다고 하더라도 널 책망할 마음은 없어.

위의 질문형태의 문장은 제안이고, 굵은체의 내용은 제안할 때의 마음이다. 그 마음에 강요가 들어 있지 않다는 것을 독자 여러분은 알아차렸을 것이다.

이렇게 질문형태로 제안하는 것은 상대가 수용할 것인지 거부할 것인지를 선택하도록 배려한 것이다. 질문형태의 제안은 혹시 내가 부탁한 것을 거절당하더라도 나는 조금 덜 불쾌할 수 있고, 상대는 거절하면서 명확한 이유를 기꺼이 설명할 수 있는 여유를 가질 수 있게 한다.

TV를 보고 있는데, 열 살 된 딸아이가 조용히 말을 건넨다.

"엄마가 속이 메스꺼운데 생도넛을 먹으면 괜찮을 거 같대요. 나는 마늘빵이 먹고 싶은데 아빠 생각은 어떠세요?"

딸아이가 원하는 것은 일찍 저녁을 먹은 터라 허전하니 간식을 먹고 싶으니까 빵을 사다줄 수 있느냐는 말이었다. 내가 아내와 딸이 원하는 대로 '기꺼이 기쁜 마음으로' 빵집에 다녀왔음은 물론이다. 이때 '기꺼이'라는 말로 내 마음을 표현한 이유는 나의 행동이 딸이나 아내에게 강요된 것이 아니라 나의 자율적 의지로 선택한 것이라는 의미이다.

앞에서 인간은 본질적으로 자유를 추구하는 존재라고 말한 바 있다. 이 말은 어떠한 경우에도 스스로 선택할 의지와 권리가 있다는 말이다. 자율성이 침해를 받는 상황에서 어떤 일을 하는 것은 맹종이나 반발을 초래할 것이다. 그런데 참대화를 경험한 일부 학부모 중에서 염려하는 마음으로 이렇게 말하는 경우가 있다.

"그렇게 부드럽게 말하면 아이들이 부모 말을 듣겠어요? 강하고 무서운 분위기에서 말하는 것이 효과적이죠."

상대에게 선택의 여지를 주는 제안이 거절당했을 때 실망스러울 것이 걱정되는 마음은 이해한다. 그러나 여기서 말하는 제안은 상대에 대한 배려가 전제되기 때문에 실망할 필요가 없다. 만약, 당신이 제안을 했을 때 상대가 거절해서 실망스럽다면 그것은 제안 속에 존중과 배려가 아닌 강요가 숨어 있었기 때문이다. 참대화의 핵심은 상대를 내 의도대로 만들어 가는 것이 아니라 서로의 마음을 연결하는 것임을 다시 한 번 강조하고 싶다.

구체적으로 표현한다

같은 단어일지라도 사람마다 다른 의미로 사용한다.

게리 채프먼은 그의 저서 '사랑의 언어' 에서 상대가 무엇을 해주면 사랑이라고 느끼는지에 대해 사람들은 크게 다섯 가지 중 하나를 선택한다고 했다. 인정하는 말, 함께하는 시간, 선물, 봉사, 육체적인 접촉 등인데, 일반적으로 남자가 사랑이라고 여기는 상태는 인정하는 말과 육체적인 접촉이었으며, 여자가 사랑을 받는다고 생각하는 상태는 함께하는 것과 배려를 받을 때라고 한다.

부부를 대상으로 하는 워크숍에서 사랑이라고 생각되는 항목을 선택하게 한 후, 배우자가 무엇을 선택할 것인지 알아 맞춰보라고 하면 대부분의 부부는 자신과 상대의 선택이 다르다는 것을 발견하고 놀라워한다. 어떤 부부는 자신의 배우자가 선택한 것이 맞느냐며 그동안 정말 몰랐다는 듯이 의아스러운 반응을 보이기도 한다. 함께 사는 부부도 사실은 서로가 무엇을 원하는지 모르는 경우가 많다.

그러므로 이제 우리는 '사랑한다고 말해주세요' 라는 말 대신 구체적으로 표현하자.

- 나를 인정한다고 말해줄 수 있나요?
- 나를 배려해주시길 바래요.
- 나와 함께하겠다는 말을 기대해요.

교사나 부모가 학생에게 하는 말 중에서 '공부 잘해라' 는 말이 학생 입장에서는 얼마나 듣기 힘든 말인가? 학생이라면 누구나 공부를 잘하기를 소망한다. 하지만 효과적인 학습방법을 모르거나 공부를 해야 하는 분명한 목표가 설정되어 있지 않은 학생에게는 참으로 난감한 요구로 들린다. 그러므로 공부를 잘하라는 두루뭉술한 표현보다 구체적인 내용을 제안하는 것이 더 효과적이다.

- 진로목표에 대해서 이야기 해볼래?
- 학습방법을 함께 검토해보면 어떨까?
- 학습을 방해하는 요소가 무엇인지를 찾아보는 일에 대해서 어떻게 생각하니?

여름방학 때의 일이다. 아내가 한 달 동안 해외여행을 떠났기 때문에 나와 아들은 서투른 솜씨로 식사와 청소를 하면서 스트레스를 받고 있었다. 밤늦게 강의를 마치고 돌아와서 저녁을 차려 먹고 설거지를 하면서 아들이 '거실청소를 해줄 것' 을 기대하고 이렇게 말했다.

"아빠 좀 도와줄래?"

TV를 보고 있던 아들은 식탁에 놓인 그릇 몇 개를 개수대에 갖다 놓고는 소파로 돌아가 앉는다.

나 : 아들! 도와달라고 말했는데 아빠를 배려해주지 않아서 섭섭하다.
그 : 왜요? 난 아빠가 말씀하셔서 설거지를 도와드렸는데 왜 섭섭한지 모르겠어요. 오늘 밖에서 무슨 기분 나쁜 일이 있으셨어요?

구체적으로 표현하지 않으면 상대는 내가 원하는 것이 아닌 자기 생각으로 받아들인다.

긍정문으로 말한다

부정적인 언어는 부정적인 사고를 유발한다. 중2 강한애는 거실에서 TV를 보고 있다. 엄마는 날카로운 목소리로 "텔레비전 좀 그만 봐라"고 소리쳤다. 한애는 슬그머니 컴퓨터 앞에 앉아 게임에 열중한다. 엄마는 좀 더 높은 톤으로 "컴퓨터 그만해!"라고 외친다. 이번엔 제 방으로 들어가서 이어폰을 귀에 꽂고 노래를 들으며 문자를 보내고 있다. 만약 엄마가 처음부터 긍정적으로 원하는 것을 말했더라면 효과적인 의사소통이 가능했을 것이다.

"숙제를 먼저하고 텔레비전을 보면 어떨까?"

친구가 근무하는 학교 교실을 방문한 적이 있다. 교실은 잘 정돈되어 있고 게시판에는 예쁜 글씨로 '우리 반 규칙 50'이 적혀 있었다. 그 내용은 대략 이런 것들이었다.

- 휴지 버리지 말기
- 자리 바꾸지 말기
- 수업시간에 떠들지 말기
- 싸우지 말기
- 침 뱉지 말기

빼곡히 써진 말들이 구체적인 내용이라서 학생에 대한 애정이 참 많다는 것에 대해 감동했지만 어쩌면 이렇게 '~말기'로만 끝낼 수 있는지도 참 신기했다.

'떠들지 마'보다는 '조용히 해'라고 말하는 것이 더 정확하며, 그 이유는 아주 간단하다. 떠들지 말라는 말을 들은 학생은 입은 다물지만 책상을 소리 내서 끌거나 볼펜으로 책상을 톡톡 치면서 소리를 낼 수 있다. '떠들지 말라고 했지!'라는 말에 대해서 학생은 퉁명스럽게 이렇게 대답한다.

"저 안 떠들었는데요."

그러므로 긍정적인 말로 제안하는 것이 더 효과적이다.

• TV좀 그만 봐라! → 네가 나를 좀 도와주었으면 하는데 어떠니?
• 떠들지 마! → 나는 수업을 좀 잘 하고 싶어서 그러는데 어때?

적절한 제안 문구

- 어떠세요?
- 지금 이야기할 수 있을까? 지금 시간이 괜찮겠니?
- 내가 말한 것을 어떻게 들었는지 얘기해 줄 수 있니?
- 내가 한 말이 제대로 전달되었는지 한 번 반복해 주겠니?
- 어떤 말인지 잘 알고 싶은데 좀 더 자세히 말해 줄 수 있니?
- 해결 방법을 같이 얘기해 볼 수 있을까?

제안 표현

아침에 잠이 덜 깨었는데 휴대폰이 울린다. 전화기 속에서 들려오는 목소리에 기운이 없다. 최조심 씨는 자신이 너무 한심하게 느껴져서 밤새 한잠도 못 자고 아침이 되자마자 전화하는 거라고 한다. 나는 그 말을 들으면서 억지로라도 잠을 깨고 뭔가를 기여해야 할 것 같은 생각이 들었다.

최 : 슬퍼요.
나 : 바라는 무엇이 있으신가요?
최 : 그런 건 없고요. 내 뜻대로 되는 게 없어서요.
나 : 편안하길 바라나요?
최 : 음, 아뇨. 좀 알아줬으면 좋겠어요.
나 : 상대가 당신의 마음을 알아주면 어떤 점이 좋은 지 생각해보실래요?

최 : 그들이 내 곁을 안 떠나잖아요.

나 : 함께 하길 원하시는 거예요? 함께 하길 바란다고 말하는 건 어때요?

최 : 좀, 내가 이기적인 사람으로 보이잖아요.

나 : 상대가 싫으면서도 마지못해 당신 말대로 할까봐 염려되나요?

최 : 네, 정말, 그런 건 싫거든요.

나 : 그럼, "당신이 마지못해 머무는 것을 바라는 건 아니지만, 함께하기를 바라는 게 내 마음인데 어떠세요?" 라고 말하면 어떨까요?

| 진솔성 종합 |

새로운 것을 배우거나 익히는 일에는 용기가 필요하다. 태어나서 지금까지 익혀왔던 언어습관을 새롭게 바꾸거나 생각을 바꾸는 일은 결코 쉬운 일이 아니다. 그러나 지금부터 주어진 상황을 그대로 바라보고 그에 따른 심정을 진솔하게 표현해보자. 그리고 상대의 선택을 존중하는 마음으로 제안해보자. 그렇게 함으로써 마음속에 연민이 생기는 것을 경험하면 더 풍요로운 세계로 한걸음 나아가게 될 것이다.

참대화는 기법이 중요한 것이 아니라 관계에서의 관점을 변화시키는 데 중점을 둔다는 점을 앞에서 기술한 바 있다. 어떤 기법이나 형식이 우리의 마음을 연결해줄 것이라고 기대하기보다는 속마음이 무엇인지 알아차리고 진솔하게 표현하는 것이 더욱 중요하다.

참대화에서는 형식을 강조하지 않는다. 자신이 전달하고자 하는 정보가 충분하다고 생각되면 상황-심정-제안 중 하나를 생략해도 상관없고 순서가 바뀌어도 상관이 없다. 항상 상황-심정-제안을 말하는 것은 아니다. 그리고 문장이 어색하면 끊어서 말하면 된다. 이제 진솔성에 대한 표현을 마음에 두고 2주일쯤 연습하면 편안하게 참대화를 구사하는 자신을 발견하게 될 것이다.

진솔성 종합 1

몇 명의 학생이 수행평가 과제를 제출하지 않았고 미제출 학생을 파악하기 위해서 손을 들게 했다. 손을 든 학생 번호를 다 적고 나서 확인을 해보니 번호를 말하지 않은 학생이 발견되었다. 학생이 의도적으로 자기를 밝히지 않은 것이라고 판단하고 그 학생을 수업이 끝난 뒤 교무실로 불렀다.

교사 : 수행평가 제출하지 않은 학생들 번호 확인을 했는데 그때까지 너는 가만히 있다가 선생님이 직접 네 자리에 가서 확인했을 때 안 했다고 말했다**상황**. 이 상황을 내가 이해할 수 있도록 설명해 줄 수 있겠니**제안**?

학생 : 손은 들었어요. 안 한 애들 손들고 번호 말하라는 것을 듣지 못해서 손만 들고 있다가 내렸어요. 그러나 나중에 선생님이 숙제한 애들을 체크하는 걸 보고 나는 안 했으니까 당연히 '체크 되어 있겠지' 라고 생각하고 있었어요. 나중에 알았지만 '괜찮겠지' 라고 생각하고 그냥 앉아 있었어요. 솔직히, 나중에 번호를 말해야 했는데 '손들고 있었다는' 얘기만 계속 말씀 드렸어요. 선생님께서 말씀하시는 것을 이해하려 하기보다는 '내가 아니라는 것' 만 너무 강조해서 얘기가 잘 안 된 것 같아요.

학생의 심정을 추측해보면 '두려움이 있다. 편안하게 사태를 넘기고 싶다. 이 상황을 피하고 싶다' 등이다. 이때 교사는 학생의 말을 있는 그대로 들어준다.

교사 : 안 한 것으로 체크 되어 있으리라고 생각했다니 너를 책망할 마음은 없어. 하지만 손을 들고 있다가 '체크 했겠지' 라고 생각했다는 말을 내 상식으로 수용하기 어렵구나. 손을 들었으니 너의 번호를 선생님이 알아서 적었을 것이라고 생각했다는 건 이해가 안 되니까 이 부분을 설명해주면 좋겠는데, 어떠니?

편안한 마음을 가질 수 있도록 교사는 처벌의사가 없음을 표현했다. 한편 교사는 학생의 말이 정직하지 않다는 확신이 있는데도 불구하고 그냥 넘어가는 것은 진솔하지 않은 것이라고 여겨진다.

학생 : 선생님이 검사하실 때 번호를 말해야 한다는 것을 알았는데요. 선생님께서 숙제 안 한 학생들을 따로 체크하시는 걸 보고 따로 말씀드리지 않아도 된다고 생각하고 그냥 말 안 하고 있었어요. 그리고 제 자리를 그냥 지나가셨으니 괜찮을 줄로 알고 번호를 말씀드리지 않았어요. 죄송합니다.

교사 : 무엇이 죄송한 일인지 구체적으로 명확하게 듣고 싶다**심정**. 나는 네가 이미 번호를 말했어야 한다는 사실을 알고도 가만히 있었던 부분이 납득이 가질 않아서**상황** 그때 행동에 대한 네 마음을 알고 싶다**심정**.

학생 : 지금 생각해보니 무책임하게 가만히 있었던 것에 대한 잘못은 생각하지 않고 있었어요. 그런데 선생님 말씀을 듣고 나니 무책임한 행동이 정직하지 못한 행동이라는 것을 느꼈습니다. 제 위주로만 생각했던 것 같습니다. 죄송합니다.

학생이 '교사를 속이려고 손을 들지 않았다' 고 명확하게 말하지 않았지만 '무책임' '정직하지 못한 행동' '죄송합니다' 라는 표현을 보면 그가 자존심을 지키면서 용서를 구하고 있음을 알아차릴 수 있다. 하지만 학생과 교사가 마음이 소통되지 않았으므로 선생님은 학생이 교사에게 어떤 해를 끼쳐서 죄송한지를 말하도록 안내해주어야 한다.

교사 : 그 말을 들으니**상황** 내 의도를 수용해주는 것 같아서 기쁘다. 하지만 좀 더 이야기를 하고 싶다**심정**. '무책임하고, 정직하지 않고, 네 위주로만 생각한 것' 이 선생님께 어떤 영향을 끼쳤을지 말해줄 수 있겠니**제안**?

학생 : 선생님을 화나게 한 거예요.

교사 : 맞다. 내가 섭섭하고, 안타깝고, 불편했어**심정**, 만약 네가 자진해서 네 번호를 말했다면 나는 편안하게 수업을 진행했을 거야. 서로 못 믿고 의심하는 눈빛으로 바라보지 않아도 되고, 우리의 휴식시간을 허비하지 않아도 되었을 것이다. 내 말을 듣고 어떤 생각이 드니**제안**?

학생 : 제가 제 욕심 챙기느라 정직하지 못한 것이 선생님에게 그런 영향이 있을지 생각을 못했어요. 그런 피해를 끼치게 된 것에 대해서 죄송합니다.

교사 : 네가 선생님에게 끼친 영향을 다시 말해줄 수 있니**제안**?

학생 : 불편하게 해드리고, 선생님이 저 때문에 머리 많이 쓰신 거요. 쉬는 시간에 못 쉰 거요.

교사 : 그렇게 말해주니 편해지는구나. 고맙다.

진술성 종합 2

어머니회 모임에서 몇 차례 약속시간을 어겼던 하미안 씨가 친구 두 명과 함께 늦게 도착해서 건성으로 '미안해!' 라고 한다. 진대화 씨는 다른 세 명 어머니와 함께 40분을 기다리면서 배려 받지 못한다는 마음이 들어서 불편했다. 그녀는 배려 받고 싶었는데 좌절되어 서운한 마음이 들었다.

진 : 내가 좀 이야기를 하고 싶은데 괜찮을까요**제안**?

하 : 하이고, 미안해요. 너무 바빠서 늦었어요. 어쩔 수 없었어요.

진 : 그랬군요. 그런 사정이 있으셨군요. 나는 40분을 기다리면서**상황** 내가 좀 배려 받고 싶다는 마음이 들었어요. 그래서 좀 서운한 마음이 있어요**심정**. 제 얘기를 들으시고 어떠세요**제안**?

하 : 그러실 것 같아요. 다음에 이런 일이 생긴다면 미리 연락을 드려서 그냥 기다리지 않도록 신경 쓸게요. 정말 미안해요.

약속시간보다 늦게 도착해서 미안해하는 친구에게 진대화 씨처럼 말하면, 상대는 미안함을 더 충분히 표현할 수 있고, 더 배려할 수 있는 마음을 갖게 된다. 상대를 조정하려는 마음은 관계를 단절시키지만, 심정을 명확하게 표현한다면 아름답고 풍요로운 관계를 만들 수 있을 것으로 기대된다.

진술성 종합 3

다음 문장에서 밑줄 친 부분이 참대화의 진술성 3요소인 상황, 심정, 제안 중 무엇에 해당하는지를 적어보자.

> 저는 참대화를 통해서 우리의 삶이 아름다워지는데 ㉮기여하고 싶은 마음으로 ㉯이 글을 쓰고 있습니다. ㉰좋은 평가를 기대하는데 여러분에게 도움이 되실지 ㉱궁금하기도 하고 걱정도 됩니다. 여러분의 평가를 ㉲말씀해주시겠어요?

나는 ㉮ 심정(욕구) ㉯ 상황 ㉰ 심정(욕구) ㉱ 심정(기분) ㉲ 제안 이라고 여겨집니다.

진술성 종합 4

J시에서 근무하는 상담교사에게서 메일이 왔다. 학생과 나눈 내용을 소개하면서 학생과 연결된 것에 대해 자랑스러워했다. 보내온 메일 내용을 여기에 그대로 기술한다.

학생은 재입학 적응교육에 참여하는 힘센 아이이다. 평소 지각은 자주 해도 결석은 하지 않던 아이가 오늘은 결석을 했다. 밤에는 업소에서 새벽 5시까지 일을 하고 새벽에 잠을 자니까 늘 지각이다. 그날은 학교가 일찍 끝났기 때문에 아이가 학교에 나온 시각은 이미 일과가 끝난 뒤였다. 아이한테서 문자가 왔다.

학생 : 변명은 안 할게요. 제가 참 한심하고, 샘께 죄송해요.

교사 : ㅇㅇ야, 진짜 한심하게 생각되니? 진짜 한심한 사람은 스스로 자

신을 포기한 사람이란다. 넌 아니지?

학생 : 네. 선생님. 정말 죄송해요.

이 사례를 보면, 학생이 선생님의 기대에 부응하고자 노력하려는 기특한 마음이 보이고 교사는 학생에게 용기를 북돋아주려는 아름다운 모습이 보인다. 그러나 나는 참대화의 진솔한 연결을 알려드리고 싶어서 답장 메일을 보냈다.

"선생님께서 그 학생에게 좋은 생각으로 대치하여 스스로 자부심을 갖게 하는 방법은 효과적일 수 있습니다. 그러나 저는 그렇게 부정적인 생각을 바꾸게 하는 것보다는 마음을 연결하는 데 있어서 공감이 더 효과적이라고 생각합니다. 그래서 이런 표현은 어떨까요?"

그리고 휴대폰 문자메시지 80바이트를 넘기지 않도록 글자 수를 맞춰서 예문을 덧붙여 보냈다.

"결석은 유감이다. 하지만 죄송 한심하단 말이 좀 잘해보겠다는 마음으로 보여서 기쁘다?"

진솔성 종합 5

11살 자녀가 학원에 가겠다고 집을 나갔는데 아이가 결석했다고 학원에서 연락이 왔다. 집에 들어온 아이는 태연하게 학원에 다녀왔다고 말한다.

이때 어떻게 말할지 상황, 심정, 제안을 모두 넣어서 말해보자.

상황 : 너는 학원에 다녀왔다고 말하는데 오늘 학원에서 네가 결석했다고 전화를 했더구나.

심정 : 네가 거짓말 하는 습관이 생길까봐 염려되고, 엄마를 무시하고 속인 것 같아서 화가 난다.

제안 : 네 생각은 어떤지 얘기해줄 수 있니?

일반적으로 자녀는 당신에게 '죄송하다' 면서 머리를 숙일 것이다. 이때, 추후 확실한 자녀의 행동에 대해 보장을 받고 싶다면 행동에 따르는 계약을 맺는 방법도 생각할 수 있을 것이다. 참대화는 단순히 부드러운 것이 아니라 자신의 마음상태를 진솔하게 말하는 것이 핵심이다. 만약 당신의 마음을 적절하게 표현할 말이 곧 떠오르지 않으면 '화가 머리꼭대기까지 치민다' 고 진솔하게 말하면 된다.

03

공/감

어떤 사람이 당신을 비판하려 하지 않고
당신에 대해 책임감을 느끼지 않고
당신에게 영향을 미치려 하지 않으면서……
당신의 말을 진지하게 귀 기울여 들어줄 때는 정말 기분이 좋다.
누군가 내 이야기에 귀를 기울이고 나를 이해해주면
나는 새로운 눈으로 세상을 다시 보게 되어 앞으로 나아갈 수 있다.

칼 로저스, 《사람중심상담》 중에서

제3장 공감

상대가 내 마음을 알아주지 않는다면 공허함을 느끼게 될 뿐 아니라 자발적으로 협력하는 일이 쉽지 않다. 함께 워크숍에 참여했던 중년 교수의 이야기이다.

"나한테 어떤 이론을 설명하라면 그것은 힘 안들이고 잘 할 수 있고, 원리를 이해하거나 어떤 책의 내용을 파악하는 일 또한 한번도 힘들다고 생각하지 않았어요. 그것이 비록 내 전공이 아니어도 그래요. 그런데 공감은 참 어렵고 잘 안 돼요."

일상의 대화에서 상대의 마음을 잘 읽어줄 수 있다면 그것만으로도 소통은 가능하다. 하지만 사람에 따라서 자기표현은 잘 하지만 상대의 마음을 읽어주는 일이 힘든 사람이 있는 반면, 자신이 원하는 것을 알아차리기 힘들어하면서도 남의 마음은 잘 알아주는 사람이 있다. 성장 과정에서 오는 성향의 차이겠지만, 두 경우 모두 건강한 대화를 기대하기는 어렵다. 서로의 마음을 드러내고 표현할 때 협력적인 분위기를 기대할 수 있다.

실제 대화에서는 내 말을 하기 전에 상대의 마음을 읽어주는 공감이 먼저이다. 이 책에서 진술성을 먼저 다루고 공감을 나중에 설명하는 이유는 자신의 마음을 명료하게 바라볼 수 있어야 상대의 마음을 바라볼 수 있다는 생각 때문이다. 자신의 속말을 상황, 심정, 제안의 요소로 표현하는 것이 진솔성이고, 상대의 속마음을 알아차리고 반영해주는 것이 공감이다.

| 공감하는 자세 |

먼저 자기 내면을 본다

나연결 선생님은 유능한 상담자일 뿐 아니라 동료들과의 대화에서도 공감표현을 잘 하는 사람으로 알려져 있다. 그런 그가 이런 이야기를 한 적이 있다.

"나는 그동안 열심히 마음을 읽어주고 노력하는데 상대는 내게 뭔가 허전하다는 말을 할 때 섭섭했어요. 그런데 그 이유를 알았어요. 내가 추측한 것들은 내가 그의 마음을 기계적으로 생각한 것뿐이었어요. 그래서 결국 그 생각이 지워지거나, 기억나지 않거나 혹은 상황이 바뀌면 상대를 전혀 다른 태도로 대하는 거죠. 그걸 본 상대는 내게 허전함을 느꼈던 거예요."

대화에서 공감은 무엇보다 중요하지만, 그러나 자신의 내면을 보지 못하고 상대에게만 민감하게 반응한다면 강물 위의 한 조각 낙엽처럼 수면 위를 떠다니는 것과 같다. 자신은 허전함으로 아파할 것이며, 타인은 그를 안타까운 마음으로 바라보게 될 뿐이다.

마음을 비우고 듣는다

'마음을 비운다'는 말은 무엇을 의미하는가? 앞에서 제시한 것처럼 공감을 하려면 먼저 상대방을 연민으로 바라보아야 한다. 내 안에 있는 평가 · 판단, 영향을 주려는 의도를 내려놓는 것이다. 평가 · 판단이 섞인 생각들은 내 안에 딱딱한 틀을 만들어서 자신의 생각 외에 다른 대안은 없다는 식으로 결론짓거나, 불평하거나, 공격하는 등 상대를 변화시키기 위해서 힘을 사용하게 만든다.

시험을 치르고 돌아온 아들의 풀죽어 있는 모습을 본 엄마는 공감을 해주려고 이렇게 말한다.

"그러게 좀 잘하지. 잊어버려! 남은 시험에 최선을 다해서 평균점수 만회하도록 하자!"

엄마의 이 말을 들은 아들은 겉으로는 "네, 알겠습니다"라고 대답하고 돌아서서 이런 생각을 하고 있을지 모른다.

- 그걸 누가 모르나요? 엄마는 언제나 공부해라 뿐이군요.
- 지금 저는요, 전에 본 시험결과에 대해서 안타까워하고 있어요!
- 그런 말씀은 제게 더 부담을 줄 뿐이에요.

내 생각을 상대의 머릿속에 집어넣겠다는 의도를 내려놓지 않는다면 상대는 자신의 자유가 침해되는 것에 대해 불편함을 느끼며 경계하거나 단절을 선택할 것이다.

내 상황과 구분해서 듣는다

상대의 말을 들으면서 내 상황과 분리해서 듣는 것이 공감적 태도이다. 상대의 말이 끝나기가 무섭게 '내 생각은 말이야' 나 '내가 옛날에……' 로 시작되는 자기 경험을 이야기하는 것은 상대의 이야기와 마음에 집중하는 것이 아니라 자신의 세상에 주목하는 것일 뿐이다. 그러한 말은 상대의 마음과는 상관없는 말이 될 수 있다.

시험을 치루고 온 아들이 "아이, 짜증나!" 라고 하는 말을 들으면 엄마는 자칫 '아들이 내게 화풀이를 하는구나' 라고 생각할 수 있다. 하지만 엄마가 잠시 초점을 돌려서 아들의 심정에 먼저 주목하면 그가 왜 짜증난다고 말하는지를 추측해볼 수 있다. 대부분의 경우 화를 내는 사람은 나와 상관없이 자신의 불편하고 힘든 마음을 표현하는 것일 뿐, 나를 공격하려는 의도를 가지고 있는 것은 아니다. 상대의 말을 나에 대한 이야기로 듣지 않는 것이 대화의 시작이다.

내 생각들은 잠시 내려놓고 아들이 어떤 마음을 가지고 있을지 추측하며 물어보자.

- 시험결과가 걱정되나 보다. 그런 거니?
- 시험이 만족스럽지 않았던 것 같은데, 그러니?

의도를 내려놓으라는 말에 대해서 좀 더 설명이 필요하다. 우리의 모든 행동에는 의도가 있으므로 마음속에 의도를 갖지 말라는 말이 아니라 자신이 무엇을 원하고 기대하는지를 분명하게 바라보되 그것은 다만 나 자신이 원하는 것일뿐 상대가 원하는 것은 또 다른 것이 있을 수 있으므로 그것이 무엇인지 알아보겠다는 자세로 듣는 것이다.

상대에게 속도를 맞춘다

대화에서 중요한 것은 우선 마음을 연결하는 일이며 그 후에는 상대가 안전하다고 생각할 때 심정을 추측하고 말하는 것이다.

나 : 너 표정을 보니 뭔가 화가 난 것 같은데…….

그 : 아니, 화가 난 게 아니라, 그냥 슬퍼서 혼자 있고 싶은 거야.

공감은 지금 당장 상대방의 말 속에서 심정을 집어내려 하거나 점쟁이처럼 속마음을 알아맞히는 것이 아니다. 정확성에 집중할 필요가 없다는 말이다. 우리가 상대의 심정을 추측하는 것은 시험을 치르거나 점괘를 보려는 것이 아니다. 오히려 상대에게 관심이 있다는 표현이며, 나를 내려놓고 온전히 너의 이야기를 듣겠다는 의지이다. 만약 상대가 그게 아니라고 해도 실망하지 마라. 내가 상대의 심정을 정확하게 추측하지 못했더라도 상대는 그것이 자극이 되어 자신의 마음을 더 명확하게 바라볼 수 있는 기회를 갖게 될 것이다.

만약 이번에 진솔한 심정을 나누지 못했다면 다음 기회로 미루는 것이 낫다. 공감은 자신의 궁금증을 해소하거나 상대를 도와줌으로써 뭔가 이루고 싶은 성취 욕구를 충족시키는 수단이 아니다. 중요한 것은 상대의 마음을 존중하며, 이해하려는 태도를 유지하는 것이다.

삶 속에서 실패와 후회의 경험을 많이 한 사람일수록 상대가 그러한 오류를 반복하지 않기를 바라는 마음 때문에 더 성급하게 주려고 한다. 그가 듣건 말건 그건 중요하게 생각하지 않고 자기 방식대로 가르치려 한다. 아이는 이제 겉음마를 떼고 있는데 달리기 자세를 익히라고 재촉하는 것과 비슷하다. 교육教育에서 교教는 '가르친다'는 뜻으로 '어린 아이를子 매로 때린다?'는 의미를 담고 있다. 아직도 우리 사회에서 부모나 교사는 아이를 때려서라도 올바로 가르치는 것이 도리라는 생각이 보편적이다. 이것은 우리나라의 문화적 특성과 연관이 있는 것인데, 이러한 문화 속에서는 학생이나 자녀처럼 지위가 낮은 입장에서 상대의 말을 편안하게 수용하는 일이 쉽지 않다. 가르치려다 보면 내가 원하는 대로 상대를 만들고 싶은 생각이 들게 된다. 그러면 그 목적이 아무리 유익한 것이라 할지라도 상대로 하여금 한발 물러서게 하는 방어적 태도를 취하게 만들 것이다.

원하는 바를 이루고자 하는 마음은 누구에게나 있다. 그렇다고 기필코 내 뜻을 관철시키고자 한다면 그 누구와도 공감의 세계에서 서로 만날 수 없을 것이다.

상대의 반응을 살핀다

상대의 마음을 주목하고 기여하고자 한 결과가 그에게 도움이 되었는지 궁금할 수 있다. 도움이 되었다면 상대의 태도에 변화가 있을 것이므로, 주의 깊게 살펴보면 상대가 공감을 충분히 받았는지 알 수 있다. 새로운 감정으로 진전되거나 감정이 해소되면 차분해지는 태도를 취하기도 한다. 친구의 오해로 비난을 받은 학생이 눈물을 그렁거리면서도 입으로는 괜찮다고 말한다면 그의 마음은 여전히 서운한 마음이 크다는 것을 쉽게 알 수 있다. 언어는 불완전하기 때문에 내면의 마음을 전달하거나 정보를 전달하는 데 부족할 때가 많다.

실제 의사소통에서는 언어적 표현보다 비언어적 표현이 전달하는 의미가 더 크다. 그래서 우리는 대화할 때 그의 말에만 주목하지 않는다. 눈빛이나 시선, 손놀림, 목소리의 톤, 표정, 태도 등을 모두 종합해서 그가 하는 말을 듣는다. 경험적으로 볼 때, 공감을 받은 후에는 앉아 있는 자세가 앞으로 숙여지거나, 눈을 크게 뜨거나, 울거나, 해맑은 얼굴을 보이는 등의 변화가 나타난다.

열 살 된 딸아이는 아빠가 자신의 마음을 충분히 알아주고 있다고 느끼면 콧등을 씰룩이며 미소를 짓는다. 그리고 성인이 된 아들은 두어 번 고개를 끄덕이거나 대답을 '네' 라고 길게 한다. 나는 자녀들의 이러한 신호들을 확인하면 마음이 연결되었음을 알아차리고 편안해짐을 느낀다. 이렇게 상대의 표정에서 마음이 연결되었다는 신호를 확인하면 그 순간 새로운 관계가 시작되는 축복을 얻는다.

그리고 공감이 이루어진 다음에는 원활한 소통이 이루어지기 시작한다. 이때부터 우리는 새로운 대안을 모색할 수 있는 힘이 생기고, 평안을 함께 느끼면서 진정한 연민으로 연결되어 협력을 기대할 수 있고 풍요를 경험하게 된다.

추측하고 나열한다

마음을 다해서 공감을 해주었는데 상대의 반응이 나의 기대와 다를 때 당황하거나 실망하여 더 이상 공감하려는 노력을 포기할 수 있다. 그러면서 마음속으로 는 이런 말들이 떠오른다.

'아니, 이래도 싫다 저래도 싫다고 하면 도대체 어쩌란 말이야!'

우리는 가끔 좋아하는 음식이 있을 때 더 먹고 싶은데 배가 불러서 안타까울 때가 있다. 공부를 계속하고 싶은데 졸리거나, 혹은 사랑해서 함께 하지만 한편으로는 짜증나는 일이 생기고, 실수한 아이를 보면 안타까운 마음이 들지만 한편으로는 화가 나서 혼을 내기도 한다. 우리 마음은 이처럼 이율배반적인 두 마음이 동시에 생길 수 있으며, 한 가지 일에 대해서 여러 가지 마음이 함께 생길 수 있다.

위로받고 싶기도 하지만, 또 위로받는 일이 두렵기도 하다는 그의 마음을 보자.

고1 서배장 학생은 선배에게 흠씬 얻어맞아 다리를 절뚝거리며 상담실에 들어왔다.

상담자 : 아프겠다.

내담자 : 뭐, 잘라지면 어때요. 때 되면 낫겠죠 뭐.

사랑하는 사람에게 선물을 줄 때 '내가 주고 싶은 것'과 '상대가 받고 싶은 것' 중에서 어느 것을 고를 것인가? 상대가 원하는 것을 고려하지 않은 채 일방적으로 호의를 베풀거나, 내 생각대로 주는 것은 바람직하지 않다. 그러므로 상대가 자기 마음을 알아차리지 못할 때는 성급하게 단정하지 말고, 그가 진정으로 원하는 것이 무엇인지 찾도록 도와주는 것이 우선이다. 그의 마음을 조심스럽고 다양하게 추측해보자. 나는 다만 그의 행복에 기여하고 싶은 것이고, 상대는 자신이 좋아하는 것을 선택할 수 있다는 점을 잊지 말자.

41세 이혼란 씨는 우울해서 힘들다며 동료에게 하소연을 한다.

이 : 제가 마음이 아파요. 3일 전부터 밥을 못 먹었어요. 아무 의욕도 없고 만사가 귀찮네요.

동 : 밥을 못 먹을 만큼 힘들다니 참 안타깝네요.

이 : 아뇨! 저를 그렇게 보는 건 정말 짜증나요. 그렇게 동정받는 것은 싫어요.

동 : 그래요. 그렇다면 얘기를 그냥 들어주기를 바라세요? 아니면 함께 저녁시간을 보내면 어떨까요? 함께 방법을 찾아볼까요? 아니면……? **그가 원하는 것들을 추측하고 나열한다.**

이 : 그냥 좀 들어주면 좋을 것 같아요.

| 공감 표현 |

들어줄지 확인한다

사랑은 주는 것이 아니라 상대가 느끼는 것이다. 내가 하고자 하는 말이 상대에게 아무리 유익한 것이라 하더라도 그가 들어줄 마음이 없다면 그것은 허공을 떠도는 말이 될 것이다. 공감을 표현하기 전에 상대가 내 말을 들어줄 준비가 되어 있는지 물어보거나 그의 태도나 표정을 자세히 살펴서 파악할 수 있다.

초등 4학년을 맡고 있는 김다정 선생님은 자기반 아동이 참 맹랑해서 불편했다며 내게 들려준 이야기이다. 점심시간이 끝나고 5교시 수업을 하려는데 나화남 어린이가 흙 묻은 옷에 벌겋게 상기된 얼굴로 앉아 있는 모습이 화가 많이 나있는 것처럼 보였다. 선생님은 아이들 간에 싸움이 있었을 것이라 추측하고 신속하게 이 문제를 해결하고자 했다. 그리고 아이에게 다가가서 물었다.

교사 : 화남이가 잔뜩 화가 났구나! 선생님이 도와줄게 말해봐.
학생 : 화난 거 아닌데요. 왜 그렇게 말씀하시는데요?

무슨 이유인지 알 수 없지만 아마도 화남이는 선생님의 도움을 받아들일 준비가 되어 있지 않았기 때문에 그렇게 말했을 것이다. 그의 마음을 정확하게 파악했다는 확신이 있더라도 단정을 짓기보다는 그가 내 호의를 받아들일 준비가 되어 있는지를 물어보아야 한다.

만약 상대의 마음상태를 추측하는 일이 어렵게 느껴진다면, 다음 문장을 기억해두기 바란다.

- 나와 이야기할 마음이 있니?
- 이야기를 좀 나누고 싶은데 시간이 괜찮으신가요?

우리들은 상대가 내 마음을 알아주길 바라지만 한편으로는 주체적이고 자율적인 본성 때문에 자기의 마음을 함부로 규정하거나 마음영역에 누군가가 허락 없이 들어오는 것이 불편할 수 있다. 그러므로 그의 마음에 들어가기 전에 먼저, 들어가도 되는지 확인하는 절차가 필요하며, 이것이 상대를 존중하는 자세이다.

상황을 표현한다

공감에서 상황표현은 이야기의 줄거리나 생각, 몸짓, 목소리 등의 비언어적 단서를 있는 그대로 표현하는 것이다. 아래 제시된 틀을 기억해 두고 자주 사용하면 자연스럽고 편안해질 것이다.

- 그 말을 들으니
- 그 말에 대해서
- 너의 ~한 모습을 보니
- 지금 ~한 목소리를 들으니
- 여기서 ~한 냄새가 나는 걸 보니

앞에서 다룬 김다정 선생님의 사례에서 상황표현을 기록한 것이다. 굵은체로 쓴 부분은 교사가 보고 들은 것들을 있는 그대로 적은 것이다.

- **얼굴이 붉어진 것을 보니** 무슨 일이 있는지 궁금하네.
- **옷에 흙이 묻은 것을 보니** 혹시 다치지 않았을지 걱정이 되는구나.
- **선생님이 궁금해서 물었는데 화남이가 화난 것이 아니라며 큰소리로 말하니까**
- **그 말을 들으니까** 당황스럽네.

심정을 묻는다

상황과 연결된 상대의 심정(속마음)을 주의 깊게 바라보자. 그리고 만약 그가 대답할 의사가 있다고 여겨지면 조심스럽게 자신이 추측한 것을 확인하면 심정을 물어본다. 대부분의 사람들은 자신의 기대나 바람, 욕구가 무엇인지 명확하게 알아차리는 것을 어려워한다. 이때 추측되는 감정을 물어보면 상대는 자신의 욕구를 찾아가는 데 도움이 된다. 경험적으로 볼 때, 두 세 가지의 느낌단어를 제시하면 대부분의 사람들은 자기감정을 명확하게 바라본다. 기분을 나열해 주면 상대는 자신의 감정을 좀 더 쉽게 바라볼 수 있다.

- 화가 나는 거니?
- 억울한 거야?
- 답답하다는 얘기니?
- 마음이 불편한 것 같은데?

이렇게 심정을 추측해서 묻는 과정을 반복하면 상대는 자연스럽게 자신의 마음을 정리해간다. 즉, 이런 과정을 통해 자신이 진정으로 원하는 것**필요**과 그에 따른 기분을 명확히 알아차리게 되는 것이다. 상대와 대화하는 과정에서 우리는 추측한 것을 상대에게 전달할 뿐이고, 이를 확인하는 것은 상대의 몫이다.

위 사례에서 학생이 좀 진정되었음을 확인했다면 대화를 시작할 수 있다.

- 화남아, 5교시 수업시간에 선생님이 보니까 옷에 흙이 묻어 있고 얼굴이 벌겋게 달아올라 있던데 **상황**
- 뭔가 화가 났었니? **심정**
- 선생님하고 좀 얘기할 마음이 있니? **제안**

아래는 심정을 추측하고 확인할 때 쓸 수 있는 대화표현이다.

필요 추측	기분 추측
~한 것을 원하시나 봐요?	서운한가요?
~하면 좋겠어요?	짜증나니?
~가 필요했을 것 같은데?	억울한가요?
~을 하고 싶나 봐요?	불편하신가요?
~을 기대했을 것 같은데?	기분이 어떠세요?

공감은 상대가 가지고 있는 심정을 표현하도록 물어보는 것일 뿐 그 이상의 말은 상대가 원할 경우에만 표현한다. 기억해야 할 것은 나를 잊은

채 그와 똑같이 느끼거나 따뜻하게 보이려는 것이 공감이 아니라는 것이다. 간혹 울고 있는 상대와 함께 눈물을 흘리고, 안타까워하는 것이 공감이라고 생각하는 사람들이 있다. 그러나 진정한 따뜻함은 그를 안타깝게 여기며, 상대가 자신의 심정을 명료하게 바라볼 수 있도록 돕는 것이다. 그 과정 속에서 서로 마음이 연결되었다면 그것이 바로 공감인 것이다.

그러므로 공감은 자기 감정을 떠올리는 것이 아니라 상대의 심정을 바라보고 알아차리는 것이다. 그것뿐이다. 마음이 연결된다는 의미는 심정이 통한다는 것, 즉 심정을 알아주는 것이다. 누군가 내 심정을 알아주면 자기가 수용된 것에 대한 충만함이 생기고 그 힘은 스스로 새로운 가능성과 참신한 생각을 찾을 수 있도록 돕는다. 기억해보라. 단지 내 심정을 알아주었을 뿐인데도 마음이 후련해지고 편안했던 그 따뜻한 공감의 기억을.

간혹 상대의 이야기를 들을 때 지루하게 느껴지는 경우가 있다. 그것은 말하는 사람의 마음을 바라보지 않고, 그 말의 스토리를 기억하며 사실들을 자신의 머리에 넣기 때문이다. 보통 말하는 사람은 자신의 경험을 생각나는 대로 열거한다. 그런 말을 들을 때 국사시간에 조선시대 왕들의 이름 외우듯이 머리에 저장하려다 보면 얼마 되지 않아 머리가 지끈지끈 아파오고 지루함으로 지치게 된다. 상대의 이야기를 들을 때 스토리에 초점을 맞추지 말고 그의 심정에 초점을 맞추면 연민이 생긴다.

고귀한 선생님이 필자에게 하소연한 말이다.

"하이고~ 교장선생님 잔소리에 머리 터지는 줄 알았어요. 두 시간 넘게……. 죄우지간 힘도 좋으세요."

교장선생님이 왜 그렇게 길게 이야기를 했을지 그의 심정을 추측해볼 것을 제안했더니 아래의 몇 가지를 제시했다.

- 자신의 경험을 선생님들께 나눠주고 싶다.
- 학교환경이 급변하는데 선생님들이 그 상황을 잘 모르고 행동한다고 여기고 계신다.
- 자신의 과거 경험이 힘들지만 많은 열정을 가지고 있었다는 사실을 알아주기 바란다.
- 학교가 좀 더 발전하고 좋은 모습으로 성장해주기를 바란다.

좀 시간이 지나서 그 선생님은 묻지도 않았는데 이런 이야기를 한다.

"얼마나 답답했으면 그렇게 길게 힘들여서 이야기를 하셨겠어요."

상대의 심정에 주목하며 추측하면 그는 자기 마음을 바라볼 수 있게 된다. 자신의 마음 상태를 명료하게 표현하면 그때 비로소 그와 나는 동등한 존재로 마음을 연결할 수 있게 된다.

공감으로 위로하기

적절한 위로는 어려움에 처해 있는 사람에게 큰 힘이 된다. 따뜻한 연민으로 다가서는 위로야말로 지쳐 있던 그의 삶에 큰 활력을 준다. 위로할 때는 우선, 정황이나 사건개요를 묻지 않는 것이 좋다. 그것은 상대의 마음에 집중하지 않고 에피소드에만 주목하는 것으로 자칫 상대의 마음을 허전하게 할 수 있다. 에피소드를 자꾸 물어보면 상대는 그에 대한 대답을 반복하다가 병이 더 생길 수도 있다. 어려움이 생긴 원인이나 상태를 자세히 아는 것보다 지금 아픈 마음을 읽어주는 것이 중요하다.

상대의 마음을 위로하고자 할 때에는 "어쩌다 그렇게 되었어?"가 아니라 "병원에 누워있으려니 참 답답하겠다"가 훨씬 따뜻하게 들린다. 교통사고로 어려움에 처한 사람을 위로할 때 당신이 교통경찰이 아니라면 마치 사고현장을 조사하듯 캐묻지 말자. 그렇게 물어본다면 환자는 사건을 설명하기에 적합한 사건현황판을 준비하고 싶은 마음이 생길 수도 있다. 당신이 주치의나 상조회사 직원이 아니라면 상가 집에 가서는 돌아가신 이의 사망 원인과 장지 위치를 캐묻지 않기를 바란다. 다만 내 앞에 있는 이의 답답함, 아픔, 외로움, 그리움, 회한 같은 심정을 읽어주면 족할 것이다. 적절한 말이 떠오르지 않는다면 따뜻하게 손을 잡아주든지 아니면 그대로 조용히 머물러 있어주는 것도 좋은 방법일 것이다.

병문안을 갔을 때는 재미있게 그냥 놀아주며 수다 떠는 것이 더 좋다. 다만 환자를 너무 웃기는 일은 삼가야 한다. 언젠가 필자는 맹장수술을 하고 누워 있는 친구를 너무 웃게 한 나머지 꿰맨 실밥이 터져서 친구를 힘들게 한 적이 있다. 상황에 맞지 않게 너무 웃게 한다거나, 말할 기운도 없는 사람을 붙잡고 위로한답시고 너무 오래 수다를 떠는 행동도 주의해야 할 것이다.

슬픈 일을 당한 상대를 위로할 때에도 주의할 점이 있다. 당사자의 슬픔보다 과도하게 감정표현을 하면 그는 겸연쩍은 표정으로 이렇게 말할 수 있다.

'아니야, 나는 그 정도로 슬프진 않아. 좀 민망한걸.'

다음에 열거한 문장은 병문안을 갔을 때 사용하면 좋은 말들이다.

- 다친 데는 좀 어떠세요?
- 4주 동안이나 누워있어야 한다니 마음이 무겁고 염려돼요.
- 많이 불편하지? 이렇게 누워있으려면 얼마나 답답하겠어.
- 이렇게 심심하게 누워있어야 하다니 내가 두어 시간 놀아 줄게.
- 그 마음을 챙겨주고 싶은데 내가 어떻게 해야 할지 몰라서 안타깝네.

또 다른 사례이다. 얼마 전 성상담 연수에서 들은 얘기이다. 성폭행 당한 내담자에게 해줄 수 있는 말로 '개한테 물린 셈 쳐라. 막말로 요즘 살인사건도 많지 않은가?' 라고 해주는 것이 도움이 될 거라고 했다. 이런 말은 결국 더 고통스러운 상황을 상상하고 그것과 현실을 비교하여 마음을 챙기라는 의도가 있는 말이다. 사실 주어진 상황에 집중하기보다 다른 생각으로 바꾸면 기분이 좀 나아질 수 있기는 하지만 근본적인 위로가 되지는 못한다.

필자는 성폭행 피해로 고통스러워하는 내담자를 여러 차례 상담한 경험이 있다. 내담자가 극도로 고통스러운 상황에서도 그가 원하던 심정을 바라보도록 안내하는 데 중점을 둔다. 다시 말하면, 내담자가 자신의 몸과 생명을 지키고 상황을 더 악화시키지 않도록 애쓴 부분을 바라보도록 돕는다.

"얼마나 힘들었겠니. 하지만 그렇게 힘들고 고통스러운 상황에서도 자기를 보호하려 애썼던 것과 고통을 견딘 너의 노력을 생각하니 참 대견스럽게 보인다."

우리는 고통, 슬픔, 어려움을 당했을 때 그보다 더 나쁜 상황과 비교하여 감사, 축하, 위로하는 일에 익숙하다. 그러나 비교하는 일은 상대를 전인격적으로 보는 일을 방해하여 위로의 힘이 그리 크게 나타나지 않는다. 참대화에서 위로는 상대가 원하고 기대하던 심정을 챙겨주는 데에서 시작한다.

| 공감 종합 |

골목에서 공감

퇴근길 골목에서 여중생과 중년여성이 다투고 있는데 그 주위에는 학생 몇 명이 함께 있다. 여학생의 날카로운 목소리가 들린다.

여 중 생 : 에이! ㅆ ㅍ! 어쩌라구!

중년여성 : 이게 학생이 할 짓이냐!

여중생의 어머니가 퇴근길에 딸아이가 또래 친구들과 담배를 피우고 있는 모습을 목격하였다. 그녀는 놀라기도 하고 화도 나서 딸이 피우고 있던 담배를 빼앗아 든 채 야단을 쳤다. 그러자 딸 친구들이 한꺼번에 덤벼들었고, 딸은 친구들을 화나게 한 어머니의 행동에 대해 항의하면서 다투는 중이었다. 필자는 학생에게 조용히 물었다.

나 : 학생! 나는 학교 선생인데 좀 심한 것 같아서……. 무슨 일이죠?

학 : 신경 쓰지 마요. 우리 일이니까

모 : 넌 어른한테 그게 무슨 말버릇이냐!

학 : (침을 찍 뱉는다.) 내가 뭘~ ㅆㅂ~ ㅈㄴ 재수 없어…….

함께 있던 학생들을 타일러서 먼저 보내고, 어머니와 그 딸아이만 남았다.

나 : 선생님이 너랑 좀 얘기하고 싶은데 잠깐만 시간을 내줄 수 있을까? 너, 아까 엄마가 친구들 앞에서 화를 내서 얘들한테 창피해서 화난 거니?

학 : (침묵)

나 : 엄마는 걱정이 되어서 그러시는 모양인데…….

학 : ㅆㅂ, 저런 ㄴ한테 그딴 거 바라지도 않아요. ㅈㄴ 재수 없어!, 귓구멍이 처먹었나. 사람이 말을 하면 알아 들어야 할 거 아냐! 저ㄴ은 욕먹어도 싸요! ㅆㅍ!

얼핏 보면 독기 서린 눈빛이었지만 자세히 바라보니 눈동자가 초점 없이 계속 흔들리고 있었다. 필자는 아이의 그런 모습에서 뭔가 불안해하는 아주 가녀린 아이의 마음을 읽을 수 있었다. 순간 엄마에게 그토록 험한 욕을 할 만큼 분노에 떠는 어린 영혼의 아픔이 느껴졌다.

나 : 흠, 그렇게 말할 만큼 엄마한테 많이 화났나 보구나.

학 : 네…….(갑자기 두 손을 앞으로 모으면서 아주 낮고 부드럽게 한숨 섞인 목소리로 가늘게 대답을 한다.)

나 : 흠~ 그래. 그 이유야 난 모르지만 그렇게 화날 땐 욕이라도 하고 싶은 거지 뭐. 참 애쓴다.

학 : (눈물)

아이와 얘기를 나누고 있는데 우람한 체격의 남자가 차를 몰고 나타나 차문이 부서지도록 쾅 닫고 아이 앞으로 오더니 다짜고짜 작고 가냘픈 아이 뺨을 사정없이 때렸다. 아이는 무기력하게 눈물만 흘리고 있었다. 그 남자는 학생 아버지였다. 흥분한 아버지를 일단 말리고 대화를 하는 중에 아버지는 거래처 전화라며 계속 통화를 했다. 그 사이 기세가 등등해진 엄마는 아이의 행동을 쉼 없이 나열하며 비난하고 서 있다. 아빠를 외면하고 있는 아이를 따로 불러 마음을 읽어줬다.

나 : 많이 아프지, 네가 참 힘들겠다. 화가 나기도 하고…….

그 : 전 오늘 아빠한테 (맞아)죽을 거예요. 그리고 선생님, 아빠하고 싸우지 마세요.

나는 그때, 불안한 중에도 아버지와 필자 사이에 다툼이 생길까봐 걱정하는 아이의 따뜻한 마음을 보았다. 나는 힘들 때 꼭 연락하라며 명함을 주고 차에 탔다. 아이가 민망한 웃음과 함께 차 뒤에 대고 고개를 숙였다. 아이는 차가 골목을 돌 때까지 거기 서 있다. 따뜻하고 듬직한 부모의 사랑이 그리워 울고 있는 한 영혼의 처연함이 붉은 석양빛과 함께 가슴에 파고들었다. 한번만이라도 무조건적 수용과 존중, 그리고 배려를 경험할 수 있다면 얼마나 아름다운 사람이 될까.

상담에서 공감

31세 최부란 씨는 고뇌에 찬 얼굴로 이렇게 말했다.

"전 정신분석을 20여 차례나 받았고 다른 상담도 받았습니다. 내가 무엇이 문제인지 압니다. 하지만 평소에는 적용이 되다가 어떤 문제가 생기면 또 다시 분노가 치밀어 오릅니다. 도와주실 수 있겠습니까?"

나 : 에피소드는 말하지 않아도 됩니다. 최부란 씨가 그동안 어떻게 살아오셨고 어떤 경험 때문인지는 중요하지 않습니다. 불편한 상황에서 기분이 어떤가요?

그 : 나쁘죠.

나 : 좀 더 구체적으로, 화가 나나요?

그 : 예. 그리고 또…… 찝찝하고 서글퍼요.

나 : 서글프다는 말은 뭔가 기대했는데 이루어지지 않았다는 말씀인가요?

그 : 그거 알아요? 스페어 처리된 기분이에요. 최근에 그걸 느꼈거든요.

나 : 그러니까, 뭔가 아웃사이더 같은 기분이라면 중심에 서고 싶다는 말인가요?

그 : 네, 핵심! 그거에요. 중심에서 주목받고 싶어요.

나 : 중심에 서면 무슨 일이 생기나요?

그 : 글쎄요.

나 : 사람들이 인정해주나요? 관계가 좋아지나요?

그 : 아뇨. 관계는 상관없어요. 나 자체에요. 뭐랄까 중요한 사람이고 싶은 거죠.

나 : 중요한 사람이란 게 어떤 말이죠?

그 : 그러니까 가치 있는 사람. 존재 자체에 대해서 인정받는 거요.

나 : 존재감이나 가치 있는…… 뭐 그런 건가요?

그 : 그래요. 그거에요. 존재감! 존재감이에요. 바로 그거에요.

나 : 그럴 때를 상상하면 어떤 기분이 드나요?

그 : 평화롭고 편안해요.

나 : 제가 제대로 들었는지 확인해볼게요. 사람들이 중요한 사람으로 인정해주면 편안한데 그렇지 않은 것으로 여겨지면 분노가 치밀어 오르는 거군요.

인질범 공감

경찰관 대상 워크숍에서 인질범을 담당하는 특수직 경찰이 이런 질문을 했다.

"피의자를 조사하는 과정에서 경찰관의 경험적 직감으로 틀림없이 나쁜 사람인데 순순히 불지 않고 버티는 일이 우리를 힘들게 합니다. 조서 꾸미는 일도 대화일 텐데, 그때 좀 순순히 불게 할 수 있는 방법을 알려주세요. 특히, 인질범이나 대테러 작전에서 그들을 설득할 수 있는 방법이 있다면 좋겠습니다."

질문한 경찰관과 시연을 통해 방법을 찾아볼 것을 제안했다.

나 : 당신의 생각을 알리고 싶거나 안전을 보장받고 싶고, 억울한 마음이 있을 수 있겠습니다.

그 : 뭐, 대체로 그런 것들입니다.(칼을 버리고 두 손을 내미는 인질범 역할을 리얼하게 해낸다.)

나 : '당신은 지금 ~~ 한가요?' 라고 질문하세요. 그리고 있는 그대로

보아야 하고, 심정을 바라보고 말해야 합니다. 그들의 심정을 추측해보면 불안하고 초조하고…….

시연이 끝난 뒤 토의시간에 그 경관은 낮은 목소리로 말했다.

그 : 나는 지금까지 선을 분명히 하면서 살았습니다. 맞으면 맞고, 틀리면 틀리다. 되면 화끈하게 되고, 안 되면 절대 안 되는 것을 정확하게 표현했죠. 그래서 사람들이 시원하다고 하고 그게 편하다고 해요. 그래서 나를 좋아하는 사람과 싫어하는 사람이 확실히 구분되죠. 그런데 걱정은 참대화를 하면 사람들이 나를 약하게 볼까봐 염려됩니다. 약한 모습을 보이는 건 좀 그렇잖아요.

나 : 전에 사용하던 대로 옳고 그름을 분명히 말하는 것이 아니므로 약하게 보일 것이라는 걱정을 이해합니다. 법을 집행할 때는 분명한 기준으로 말해야 합니다. 그러나 그의 가슴에 연결할 때는 분명한 기준을 갖다 대고 추궁하듯 말하는 것이 단절을 가져옵니다. 그럴 땐 아무리 잘못을 저지른 사람일지라도 말하고 싶지 않을 수 있겠지요. 그동안 살아온 당신의 삶을 부정하는 것이 아니라 연결이 필요할 때 상대의 마음을 읽어주자는 것입니다.

그 : 그 말을 들으니 마음이 가벼워지네요. 내가 죄인에서 갑자기 괜찮은 경찰이 된 것 같아요.

침묵 공감

TV바둑채널에서 프로기사들이 바둑을 두고 있다. 그 대회는 승자연승 게임 방식으로 진행이 되어 승자는 계속해서 다음 사람과 경기를 하고 패한 사람은 탈락한다. 바둑게임은 한 수를 두고 나서 다음 사람이 둘 때까지 긴 시간 동안 침묵이 흐른다. 이때 진행자들은 기사들의 일상이나 성적, 개인적인 친분 관계 등 소소한 주제들을 가지고 대화를 나눈다. 아나운서가 해설자인 여류기사에게 이렇게 질문했다.

아 : 프로기사들은 경기가 끝난 뒤에 어떻게 축하해주는지 궁금해요. 오늘은 친구로서 어떻게 할 계획이신가요?

박 : 늘 그래왔던 것처럼 저 경기에서 제 친구가 승리하면 그냥 집에 보내주고 패배하면 말없이 옆에 있어줄 거예요.

아 : 네? 이해가 좀 안 되는데요?

박 : 오늘 경기에서 이기면 다음 경기 준비를 해야 하니까 빨리 보내주고, 패배하면 말없이 그냥 옆에 있어주는 것이죠. 그게 제일 좋아요.

자녀가 시험을 망치고 안타까워할 때 부모가 할 수 있는 일은 그냥 옆에 있어주는 것이다. 이때 자녀에게 관심을 집중하고 안타까운 마음 그대로 옆에 있어주는 것만으로 훌륭한 공감이 된다.

04

분/노

우리의 마음은 밭이다.
그 안에 기쁨, 사랑, 즐거움, 희망과 같은 긍정의 씨앗이 있는가 하면
미움, 절망, 좌절, 시기, 두려움 등과 같은 부정의 씨앗이 있다.
어떤 씨앗에 물을 주어 꽃을 피울지는 자신의 의지에 달렸다.

틱낫한의 《화》 중에서

제4장 분노

장한남씨는 필자의 절친한 고향 후배이다. 그가 중학교를 졸업할 무렵, 재래시장에서 생선장사로 생계를 책임지던 어머니가 갑자기 돌아가시고 아버지는 지병으로 몸져누우셨다. 그 후로 후배는 성실하게 가장 역할을 하였고, 결혼 후에도 어려운 형편이지만 4명의 여동생을 결혼시켰고, 불편하신 아버지를 모시고 살면서도 학업을 멈추지 않았다. 그리고 마흔 살이 넘어서 공학박사 학위도 취득했다.

어느 날 후배로부터 전화가 왔다.

"형님, 이제 더 이상 못 참겠어요. 이혼하려고요. 다른 건 다 참겠는데 아내가 우리 가족을 무시하는 건 도저히 용서할 수가 없어요."

퇴근 후 현관문을 연 그는, 누워계신 아버지를 향해 소리 지르는 아내의 모습을 목격했다. 그 장면을 목격한 순간, 그는 분노가 치밀어 아내의 뺨을 때리고 만 것이다. 넉넉하지 못한 살림과 시아버지의 병수발을 20년간이나 묵묵히 해오던 아내의 수고를 알고 있던 그였지만, 순간 끓어오르는 분노를 참기 힘들었다고 했다.

화가 나면 장한남씨처럼 순간 이성기능이 마비될 수 있다. 이런 상황에서는 일단 모든 행동을 멈추는 습관과 자신의 감정을 자기와 분리하는 일이 무엇보다 중요하다 어떤 상황을 효과적으로 보기 위해서는 조금 물러 서서 객관적으로 바라보는 것이 필요하다. 관조하는 여유를 갖는 것이다.

| 분노의 양상 |

브렌다 쇼샤나는 '마음의 불을 꺼라' 에서 다양한 모습으로 표현되는 분노의 양상을 아래와 같이 정리했다.

분노 표현 24가지

1. 직접적 화	9. 비난	17. 순교
2. 위선	10. 중독	18. 정신 · 신체장애
3. 도둑질	11. 자기파괴	19. 마조히즘
4. 거짓말	12. 낮은 자존감	20. 사디즘
5. 우울	13. 강박행동	21. 칩거
6. 지나친 비판	14. 강박관념	22. 절망
7. 수동 공격	15. 복수심	23. 자살
8. 뒷담화	16. 탈진	24. 파국적 기대

위에 기록한 것들 중에서 몇 가지를 살펴보자.

수동 공격이란 마음에 공격적인 화가 있는데 겉으로는 수동적인 자세로 대하는 것을 의미한다. 부모가 자녀의 행동을 제지했을 때 꿈쩍하지 않고 버티고 있거나 마지못해 대답을 해놓고 약속을 지키지 않을 경우, 이런 자녀의 태도에서 부모는 화가 난다. 이런 모습을 보고 고집 피운다고 표현을 하는데, 이처럼 적극적으로 표현되지 않았더라도 이런 태도로 상대를 화나게 하는 행동은 자신의 욕구가 좌절된 것에 대한 분노 표현이라 할 수 있다.

중독도 분노 표현 중 하나로, 자신의 화를 비교적 안전한 대상에게 표현하는 경우이다. 분노는 폭력적인 인터넷게임 중독이나 음주, 흡연, 마약 등 약물중독의 원인이 되기도 한다.

자기 파괴적 태도는 화가 나는데 그것을 외부로 표출하기보다 일부러 밥을 굶는다든지, 몸에 상처를 내는 등 여러 물리적 방법으로 자신의 신체를 훼손시키는 자해행위를 말한다.

낮은 자존감은 우울과 유사한 것으로 어떤 결과에 대해 스스로 책임을 지는 일이 두려울 때 나타난다. '나는 바보 같다' '나는 부족하다' '나는 ~할 능력이 없다' 등의 생각을 만들어내어 합리화함으로써 심리적 편안함을 추구하기도 한다.

강박행동은 자신이 원하는 것들이 이루어지지 않았을 때 더욱 강력한 통제선을 만들어 성취하고자 하는 마음에서 비롯되기도 한다. 이웃집 상점 주인에게 화가 난 아이가 '앞으로는 절대로 그 가게에 가지 않을 거야!' 라고 말하는 것처럼 '당신이 그렇게 했다면 앞으로 더 이상 수용하지 않겠어요' 라고 말하는 것이다.

브렌다 쇼샤나가 말하는 순교는 종교적 의미가 아니라 자살이나 파국적 기대와도 유사한 분노 표현 방식이다. 얼마 전 따돌림을 당해 자살한

여중생은 유서에 "내가 죽어서 나를 괴롭힌 아이들이 평생 죄책감 속에서 살아가도록 할 것이다"라고 썼다. 자신이 죽은 원인이 친구들의 괴롭힘 때문이라고 밝혀지면 그 친구들은 여러 사람들에게 손가락질 받게 되고 스스로도 죄책감이 들 것이라 여기고 죽음으로써 그들에게 분노를 표출한 것이다.

마조히즘은 자신이 상대에게 기꺼이 고통을 당함으로써 자신의 분노 감정을 해소하는 태도를 말한다. 예를 들면, 오랫동안 가정폭력에 노출된 사람이 매를 맞아야 편안한 마음이 생기는 안타까운 마음 상태로, 오히려 잘 대해줄 때 안절부절 못하는 경우이다. 언제 다시 불똥이 튈까 늘 불안해하는 마음 상태라고 볼 수 있다.

사디즘은 마조히즘과 반대로 공격적인 행동으로 분노를 표현하는 것을 말한다. 엄마에게 꾸중을 들은 아들이 자기 의자를 집어 던져 화분을 깨는 일이라든지 맨손으로 벽을 쳐서 깁스를 하고 다니는 경우에 해당된다. 화가 나면 반드시 폭력적인 공격 행동으로 자신의 감정을 표출하는 것을 의미한다.

침묵이나 칩거처럼 밖으로 드러내지 않는 것도 분노의 또다른 양상이다. 분노를 표현하지 않을 방법이 있는가? 오랫동안 곁에서 조언과 새로운 관점들을 제시하고 참대화를 정리하는 데 크게 공헌한 도반인 정무훈 선생이 쓴 글을 인용한다.

"내가 화를 잘 못 내는 이유는 뒷감당을 못하기 때문이다. 화를 낸 다음 죄책감을 느낀다면 화를 낼 수 없다. 죄책감보다 더 큰 것은 상대방에게 거부당하는 것에 대한 두려움이다. 내가 상대를 거부하는 것보다 상대가 나를 거부하는 것에 대한 두려움이 더 큰 것이다. 상대방에게 화를 내지 않는다고 해도 관계의 단절을 피할 수는 없다. 겉으로는 성인군자인 척할 수 있지만 마음의 평온을 유지하는 것은 어렵다. 또 화가 나 있는 상태에서 자신이나 타인을 연민으로 바라보는 것은 불가능하다. 화는 시간이 지나면 사라지는 것처럼 보이지만 사실 우리는 화를 회피하기 쉽다. 화는 무의식 속으로 숨어 들어가 또 다른 화의 근원으로 남겨져 있다. 그 화의 근원은 우리를 불안하게 한다. 화는 자신을 소외시키고 타인과의 관계를 점점 멀어지게 한다."

겉으로 드러내지 않고 침묵하는 것도 엄연히 분노를 표현하는 하나의 모습이다. 다만 상대가 쉽게 알아차리지 못한다는 점이 다를 뿐이다. 화를 겉으로 표현하지 않는 사람들은 좀 더 부드럽게 보이고 그런 긍정적인 태도 때문에 점점 더 화를 감추는 행동을 할 수 있다. 그러한 행동은 마침내 우울증, 칩거, 자살과 같은 행동으로 발전하기도 하지만 그렇게 드러나기 전에는 주위사람이 알아차리기 어렵다. 그들은 천사의 얼굴을 하고 있기 때문에 속으로는 불편한 마음이 있는데도 불구하고 상대는 다른 방법으로 접근하거나 새로운 대안을 제시할 수 있는 기회조차 얻지 못할 수 있다.

45세 나조용 씨는 며칠 전 황당한 일을 당했다. 고2 딸아이가 편지 한 장을 써놓고 집을 나가버린 것이다. 그동안 사소한 일로 말썽 부린 적은 있지만 가출은 처음이었다.

"엄마는 언제나 천사셨어요. 나는 늘 엄마의 마음을 아프게 하는 것을 알고 있었지만 엄마는 아무 일 없다는 듯 웃고 계셨죠. 그런 엄마 모습이 처음에는 편안했지만 언제부터인가 전 엄마 눈치를 보게 되었어요. 엄마가 괜찮다고 말해도 그게 정말 괜찮은지 몰라서 항상 엄마 기분이 어떨지를 살펴야 했어요. 이젠 지쳤어요. 전 원래 나쁜 애니까 저 생각하지 마시고 엄마는 편안하게 사세요. 내 걱정 때문에 엄마가 감정표현도 제대로 하지 못한다고 생각하니 그렇게 만든 내가 참 한심스럽게 느껴지고, 그런 딸로 산다는 것이 참 고통스러워요."

편지 내용을 보면 어머니는 평소에 화가 나는 상황에서 딸에게 표현을 하지 않은 듯하다. 이런 경우에도 단절을 부르게 된다. 내가 표현하지 않으면 상대는 내 속마음을 알 수 없기 때문에 어떻게 처신해야 좋은지 눈치를 보거나 마음이 불편할 수 있다.

아픔과 슬픔을 솔직하게 전하는 것이 침묵보다 아름답다. 다만, 그러한 감정을 전할 때는 상대가 상처받지 않도록 배려하는 것이 중요하다. 우리는 모두 함께 살아갈 사람들이기 때문이다. 사람마다 각각 다른 경험과 성장환경 혹은 심리적 특성에 따라 분노 표현 방식이 다양하게 나타난다. 당신은 어떤 모습으로 화를 표현하고 있는가?

| 분노의 원인 |

마음속에 분노가 생기는 원인은 사회문화적 특성 뿐 아니라 개인의 심리적 특성이 작용하므로 매우 다양한 설명이 가능하다. 여기서는 분노가 생기는 이유들 중에서 흔히 볼 수 있는 몇 가지를 살펴보고자 한다.

나를 무시했다는 생각

방학이 시작된 첫날부터 어머니는 중2 아들에게 매일 아침 여덟 시부터 공부하라고 말했다. 그러나 일주일이 지나도록 아이는 열 시가 되어도 일어나지 않는다. 오늘 아침에도 일어나라고 깨우는 어머니에게 아들은 "에이, 좀 그냥 내버려 둬요!"라며 돌아누웠다. 순간 어머니는 '저 녀석의 행동은 나를 무시하는 것이다' 라는 생각이 들어서 "너, 당장 일어나!"하고 소리를 질렀다. 더 자고 싶은데 억지로 일어난 아들은 뿌루퉁한 표정이다.

과연 아들이 어머니를 무시했다고 볼 수 있을까? 그럴 가능성이 있기는 하지만, 대체로 이런 경우 방학 동안 늦잠을 실컷 자고 싶어 하는 아이들 마음에서 나타나는 자연적 반응이라 볼 수 있다. 어떤 아들이 어머니의 인격을 '일부러' 무시하겠다고 작정하고 그런 행동을 하겠는가? 그럼에도 불구하고 우리는 자녀의 무례한 행동이 엄마인 나의 인격을 하찮게 여겼다는 생각 때문에 분노를 느낀다.

학생이 지시를 어기면 교사는 순간 '저 학생이 나를 무시하고 있다' 는 습관적인 생각을 한다. 이런 생각은 분노를 유발한다. 즉, 학생의 행동이 아니라 학생에 대한 '나의 생각'이 분노의 원인이 된다는 말이다. 다시 한 번 분명하게 밝히고 싶은 것은 그 누구도 아무 이유 없이 우리를 일부러 무시할 만큼 한가한 사람은 없다는 점이다. 내가 상대를 일부러 무시해서 그가 화를 내도록 만들만큼 한가하지 않은 것처럼.

행동에만 관심 집중

세상에는 언제나 동전처럼 양면이 존재한다. 나를 화나게 한 행동이 동전의 한 면이라면 그 반대편에는 그런 행동을 하게 된 이유가 함께 존재하는 것이다. 앞에 나타난 행동의 표면만 바라보지 말고 그가 그런 행동을 하게 된 이면의 심정을 바라보면 화가 줄어든다. 이것은 인간의 행동이 언제나 자신의 내적필요를 충족시키기 위한 수단이라는 것도 함께 인식하자는 것이다.

고1 딸아이가 부모와의 약속을 어기고 밤늦게 귀가했다고 하자. 그 행동에서 우리는 사실과 심정을 따로 살펴 볼 수 있다. 그가 부모의 말을 따르지 않고 약속을 어긴 것은 사실이지만, 또 한편으로는 친구들과 좋은 관계를 유지하고 싶고 즐거운 시간을 갖고 싶었던 마음 즉, 심정에 대해서도 추측할 수 있다. 이때 부모는 약속을 어긴 것만을 바라볼 것이 아니라 친구와 즐거움-친밀감을 추구하려는 딸의 심정도 함께 바라보아야 한다. 이 말은 약속을 어긴 딸아이의 행동을 덮고 넘어가 주자는 의미가 아니다. 그런 행동 이면에 있는 아이의 마음을 알아주어야 비로소 마음이 소통하는 대화를 시작할 수 있다는 것이다.

고1 공정한 학생은 선생님께 욕설과 폭력을 행사하여 학생부에서 징계를 받게 되었다.

공 : 담임선생님은 저만 미워해요. 어제, 네 명이 지각을 했는데 저희 엄마한테만 전화를 한 거 있죠. 그래서 엄마한테 엄청나게 혼났어요. 화가 나서 선생님께 전화를 했는데 선생님이 "네 맘대로 해라. 욕 하려면 해봐." 이렇게 말했어요.

나 : 선생님께 욕을 할 만큼 화가 치밀어 올랐다는 이야기네. 네가 화났던 이유들을 내가 한번 추측해봐도 될까?

공 : 네

나 : 1. 네 명이 지각했는데 너한테만 전화한 것이 공정하지 않다는 생각이 들었기 때문일 것 같다. 2. 너를 직접 교육하지 않고 엄마에게 전화해서 또 혼나게 된 것이 부당하다. 3. 지각한 것이 그렇게 큰일도 아닌데 선생님이 너무 심하게 대하신 것 같다. 4. 선생님께서 네 말을 들어주지 않아서 화가 났다. 아니면 또 다른 이유가?

공 : 첫 번째 요!

나 : 공평한 대우를 받지 못했다고 생각하면 누구나 화가 날 것 같다.

공 : 네, 전 특히 그래요. 엄마가 동생만 귀여워해주는 것이 너무 싫었거든요.

공정한 학생이 선생님께 욕설과 폭행한 행동만을 바라본다면, 그에게 공평한 대우가 얼마나 큰 문제로 받아들여지는지 알 수 없다. 도무지 이해가 안 되는 행동을 한 사람이라도 그 행동의 이면을 바라보면 아픔의 상처를 찾을 수 있고, 분노 대신 연민으로 그를 바라볼 수 있을 것이다.

내 안의 아픔과 두려움

갓 태어난 어린아이는 자기중심적이어서 오직 자기 자신만 볼 수 있다. 배고프면 울고, 엄마 체온만큼 포근하지 않으면 울음을 터뜨린다. 아이는 성장하면서 수많은 시행착오, 처벌과 지지 등 여러 가지 경험을 한다. 그러한 경험은 세상에 자기만이 전부가 아니고 자신 이외의 또 다른 존재가 있다는 사실을 알게 한다. 공존하기 위해서는 자기 기분대로 사는 것이 아니라 상황에 따라 적절한 행동을 해야 한다는 것을 깨닫게 된다. 자아가 형성되면서 나약한 인간은 홀로 세상에 던져졌다는 불안을 느끼게 된다.

자기 안에 있는 불안을 극복하기 위해서 다양한 대처 행동을 하게 된다. 예를 들면, 주어진 자극에 대해서 습관적으로 판단하거나 특정 대상에 집착하며 자기의 의지대로 되지 않았을 때 비난하기도 한다. 또 고통을 피하기 위해서 소극적으로 회피하거나 적극적으로 공격하는 행동을 학습하게 된다.

고1 나홀로 학생은 집단 따돌림 가해학생으로 상담에 의뢰되었다. 괴롭힘을 당한 학생은 중3 때까지 단짝이었던 같은 반 학생으로 어머니끼리 서로 친구사이이다. 그동안 나홀로 학생은 피해학생의 도시락 반찬을 마음대로 먹어치우고 지나가면서 일부러 노트에 낙서를 하는가 하면 체육시간에 체육복을 허락 없이 가져다가 입기도 했다. 그 아이는 상담을 하면서 이렇게 말했다.

"사실 미안하긴 해요. 처음에는 그 애가 미워서 그런 건 아니고요. 나도 왕따였는데 벗어나고 싶었어요. 또 다시 왕따가 될까봐 그게 너무 무서웠어요. 그래서 고등학교에 입학한 뒤부터는 다른 애들과 적극적으로 놀려고 노력했죠. 애들도 좀 놀리고 그러면서……. 그런데 그 친구는 여전히 바보처럼 당하기만 하는 거예요. 친구의 그런 약한 모습 때문에 화가 나기도 했어요. 그 친구를 놀리고 무시하니까 다른 애들이 저를 그렇게 괴롭히지 않더라고요. 사실, 처음에는 그 친구에게 그런 행동을 할 때는 미안했는데 좀 지나니까 익숙해져버린 거예요. 제가 잘못한 건 알아요. 하지만 그 친구도 책임이 있다고요."

예전에 왕따를 경험하며 겪었던 고통과 아픔, 그리고 그 아픔을 다시 겪을 수도 있다는 두려움이 이 아이를 따돌림 피해자에서 가해자로 만든 것이다.

내게 고통을 주었다는 생각

상대가 내 고통의 원인을 제공했기 때문에 반드시 처벌받아야 한다는 생각은 분노를 유발한다. 이 말을 수용하기 위해서는 그동안 가지고 있던 사고방식의 전환이 필요하다.

반 학생이 무단결석으로 며칠째 연락이 없다면 담임으로서 마음이 불편하다. 이럴 때 교사는 '그 녀석 때문에 속상해 죽겠어. 연락도 없이 며칠째 결석이라니. 학교에 오기만 해봐라. 엄벌에 처할 거야' 라고 생각할 수 있다. 하지만 아이가 세균이나 바이러스가 아니라면 어떻게 교사의 머릿속에 들어와서 속을 상하게 할 수 있는가? 아이는 단지 자신이 좋은 것을 했을 뿐이고, 교사의 기대와 그의 행동이 맞지 않았던 것뿐이다. 조금만 여유를 갖고 생각해보면 아이에게 담임교사를 속상하게 하려는 의도보다 다른 이유가 있을 것이다. 그 아이는 단지, 무관심한 부모에 대한 불만을 결석으로 표현하고 있을 수 있다. 또, 학교 밖에서 또래 친구들의 지지를 받으며 일탈행동을 함으로써 우쭐함을 맛보고자 결석을 한 것일 수도 있다. 이 두 가지 외에도 다양한 추측이 가능하다.

아이의 행동만을 보고 담임교사를 속상하게 하기 위해 결석했다고 자신의 판단기준에 맞추려 한다면 당연히 분노가 생길 것이다. 마음이 불편한 원인을 자신의 판단기준으로 보지 않고 학생의 행동 탓으로 돌려 처벌로 해결하려 한다면 그 학생과는 매우 불편한 관계에 놓일 수 있다.

우리는 자신의 마음이 왜 불편한지를 좀 더 객관적으로 볼 필요가 있다. 사람들은 어떤 상황에서나 각자가 원하는 것을 얻기 위해 다양한 행동으로 표현을 한다. 원하는 것이 서로 같다면 얼마나 즐겁고 행복하겠는가. 그러나 안타깝게도 원하는 것이 서로 다를 때 불편한 감정이 일어난다. 이럴 때 각자가 원하는 것이 무엇인지 마음의 여유를 갖고 생각해보자는 것이다.

위 상황에서 교사가 여유를 갖는다면 다음과 같이 생각할 수 있다.

'그 아이는 원하는 것을 얻기 위한 방법으로 무단결석을 선택했을 뿐이고, 내가 원하는 것은 그 학생이 학교에 정상적으로 나오는 것인데 서로 원하는 것이 일치하지 않았다.'

'너와 내가 원하는 것이 다르다' 고 인정한다고 해서 그의 행동에 대해 무관심해도 된다는 말은 아니다. 나의 고통은 내가 가지고 있는 생각의 틀 때문이라는 점을 수용하자는 것이다. 이때 우리의 마음속에는 분노 대신 연민이 자리 잡게 되고 마음이 소통하는 아름다움을 경험할 수 있을 것이다.

처벌이 해결책이라는 생각

죄를 뉘우치게 하고 사람을 바꾸어야 한다는 생각이 자신과 상대를 괴롭힌다. 앞에서 우리는 강요에 대해서 살펴보았다. 강요에 의해서 어떤 행동을 하게 된다면 마음속에 분노, 죄책감, 수치심, 좌절감 등이 생기고, 그 마음은 언젠가는 분출되어 그 대가를 치르게 된다. 따라서 강요는 결코 생산적이지 않으며 관계에서 단절을 초래하게 된다. 분노가 지배하면 그 힘을 생산적인 것에 사용하지 못하고 남을 처벌하는 데 사용하게 된다. 쌓아왔던 감정을 표출하는 것을 통해 순간의 통쾌함을 느꼈을지는 모르겠지만, 소통의 단절 때문에 생기는 외로움과 어색함, 그리고 새로운 관계형성을 위한 또 다른 노력을 기울여야 할 상황을 각오해야 한다.

고1 서문신 학생은 학교를 그만두고 탤런트가 되겠다며 5일째 결석을 하고 있다. 그동안 여러 가지 방법으로 설득을 해보았으나 소용없는 일이었다며 부모가 상담실로 직접 찾아왔다. 아버지는 앉자마자 비뚤어진 휴지통을 바로 놓으며 이렇게 말했다.

부 : 요즘 세상이 아무리 편법이 통하는 세상이라고 해도 공평해야 한다고 생각해요. 열심히 한 사람은 대우를 받고 그렇지 못한 사람은 손해봐야 당연한 것 아니겠어요? 아이가 잘못을 했으면 당연히 벌을 받아야 하는데 아내는 무조건 감싸려고만 해요. 전 그것이 아이를 망치고 있다고 생각하기 때문에 아내의 교육방법이 참 마음에

안 듭니다.

모 : 그렇게 강압적으로 아이들을 교육하니까 불화가 생기고……. 전 갈등상황이 너무 불안해요. 좀 조근조근 이야기했으면 좋겠어요.

부 : 잘못된 것을 그대로 두는 것은 이치에 맞지 않아요. 어떤 애들은 5분 늦었다고 운동장에서 벌을 받는데, 우리 애는 한 시간 늦게 가면서 편안하게 들어가는 게 말이 안 되는 거죠. 잘못한 것을 그대로 덮어두는 것은 지금처럼 개념 없이 행동하게 만들 뿐이에요.

모 : 그런 생각 때문에 아빠하고 아이들이 대화가 안 되고 자꾸 빗나가는 거잖아요.

나 : 공평해야 한다는 말씀도 일리가 있고, 어머니의 염려하시는 마음도 이해가 됩니다. 사람의 행동을 변화시키기 위해 그 행동에 준한 고통을 가해야 뉘우친다고 생각하고 그 대가를 줬을 때, 일시적인 행동의 변화는 보일 수 있습니다. 그렇지만 그건 일시적일 뿐 완전히 변화시키지는 못한다고 생각합니다. 중요한 것은 이 시점에서 부모님과 문신이가 어떻게 하면 협력적인 분위기를 만들지 고민해 보는 것이라 여겨집니다. 제가 드린 말씀에 대해 어떻게 생각하시는지요?

| 분노 초기 대응 |

마음속에서 순간적으로 불길처럼 일어나는 분노를 어떻게 잠재울 것인가? 분노로 자신이나 상대를 공격하여 돌이킬 수 없는 사태를 만들기 전에 분노를 초기에 진압할 수 있는 노력을 기울여야 한다. 동작치료 전문가 리나 코른브룸은 '폭력예방 프로그램'에서 4B동작(Break, Breathe, Brain, Body)을 개발하였다. 단순한 동작이지만 분노를 다스리는 데 많은 효과가 있다.

1. 중지

양 손을 마주 잡고 깍지를 끼우면서 '중지'라고 소리친다. 주위 여건이 허락하지 않는다면 속으로 속삭여도 좋다. 이때 호흡도 함께 멈춘다. 눈도 멈추고 걷던 걸음도 멈춘 채 얼어붙은 모습으로 외친다. 분노감이 올라올 때 생각과 감정의 흐름을 행동으로 정지하는 것은 심리적 안정을 찾는 데 큰 도움이 된다.

2. 심호흡

천천히 양손을 하늘로 향해 들어 올리며 숨을 들이쉬면서 심호흡을 한다. 손을 올리기가 여의치 않다면 손을 늘어뜨린 채 호흡에 집중하는 것도 효과가 있다.

3. 진정

천천히 손을 내려 머리를 감싸 쥐면서 '나는 가라앉힐 수 있어!', 혹은 '진정' 이라고 중얼거린다. 반드시 머리를 감싸 쥐어야만 하는 것은 아니지만, 처음 훈련할 때는 머리를 감싸 쥐고 하는 것이 좋다. 습관이 된다면 단지 중얼거리는 것만으로도 진정효과가 있으며 자신만의 독특한 다른 동작을 만드는 것도 효과적이다. 예를 들어 턱을 감싸 쥔다든지 한쪽 팔꿈치를 쥐는 것도 괜찮을 것이다.

4. 박동

가슴에 양손을 대고 심장의 박동과 몸의 움직임을 느끼는 단계이다. 이 단계가 익숙해져서 몸의 움직임이나 어떤 반응을 민감하게 알아차리면 자신이 화가 난 상태를 쉽게 알아차릴 수 있게 된다. 신체반응은 다양한 형태로 나타난다. 눈꺼풀이 떨리는 것을 알아차리거나 가슴이 답답할 수도 있다. 그 외에도 사람마다 다양한 현상들이 몸에서 나타나는데, 이러한 반응들을 자각하면 미처 깨닫지 못한 불편한 마음을 알아차리는 데에도 도움이 된다.

이 방법 외에도 분노를 다스리는 방법은 여러 가지가 있다. 분노가 일어나는 순간 3회 정도 심호흡하기, 일단 그 자리를 벗어나기, 시원한 물로 세수하기, 낙서하기 등이 그것이다. 평소 자신의 감정을 알아차리는 훈련이 되어 있다면 분노 상황에서 효과적으로 대처할 방법 또한 마련할 수 있다.

| 분노 표현 |

우선 들어주어야 한다

내가 화가 났을 때 상대의 말을 들어주기 어려운 것처럼 상대도 화가 났을 땐 내 말을 들어줄 만큼의 여유가 없다. 그런 이치로 내가 상대의 말을 들어주면 상대도 '이제 네 마음이 어떤지 알고 싶어' 라며 내 말을 들어줄 자세를 취할 것이다. 지금 밀리면 끝장이라는 생각이나 상대가 내 말을 들어주지 않을지도 모른다는 두려움이 우리를 조급하게 만든다. 충분히 수용하면 상대도 방어적인 자세를 내려놓고 내 말을 기꺼이 들어줄 것이다. 이때 우리에게는 또 다른 염려가 떠오를 수 있다. 그렇게 수용적인 태도를 취하다가 내 아이가 버릇만 나빠지는 것은 아닐까? 나를 우습게 여기고 막무가내로 행동하면 어떻게 감당하지?

워크숍에 참석했던 한 경찰 간부는 우려 섞인 목소리로 이렇게 말했다.

그 : 강사님 말씀은 참 좋은 이야기입니다. 하지만 우리가 만나는 사람들은 언제나 자신이 유리한 쪽으로만 말하거든요. 어떻게든 자기 책임을 줄이려고 노력할 뿐이죠. 그런데 자칫 경찰이 약한 모습으로 대하면 공정하지 못한 일처리가 될 수 있을 것 같아서 걱정이 되는군요.

나 : 경찰관님은 상대의 말을 들어주면 그가 원하는 대로만 해주어야 한다고 들리시나요?

그 : 꼭 그런 건 아니지만 사건의 진실과 원칙이 중요하지 않겠습니까?

나 : 진실을 밝히고 원칙을 준수하는 건 경찰관으로서 중요한 책무일 것입니다. 하지만 상대의 말은 듣지 않고 내 말만 하는 것은 오히려 이치에 맞지 않을 뿐 아니라 공정하지도 않을 것 같은데요. 어떻게 들으셨나요?

그 : 그러니까, 강사님 말씀은 공정하게 일처리를 하되 상대의 말도 들어주라는 말씀이군요.

나 : 상대에게 부정적 감정에 휩싸여서 조사를 한다면 더 편파적이 될 수 있을 것 같습니다. 우리에게는 작은 용기가 필요합니다. 모든 사람에게는 연민이 있으며, 내가 공격적이지 않다면 결코 공격적인 행동을 하면서 힘을 낭비할 사람은 없다고 봅니다.

내가 원하는 것을 찾는다

우선 화가 난 이유를 진지하게 생각해봐야 한다. 그리고 그 이유가 사실은 외부에서 시작된 것이 아니라 내 안에서 시작된 것이라는 것을 인정해야 한다. 얼핏 생각하기로는 도덕, 권위, 원칙, 질서, 규율, 존중, 상식에서 벗어난 행동이 우리를 화나게 한다고 생각한다. 하지만 진정한 이유는 나의 평온을 깬 것에 대한 분노이다. 타인이나 환경의 영향을 받고 싶지 않은 나의 고유성, 자율성, 평화로움, 균형이 흔들리고 깨진 것에 대한 분노이다. 그것은 내가 원하는 세상이 이루어지지 않은 것에 대한 슬픔이자 아픔이다.

화가 났을 때 자신에게 이런 질문을 던져보자.

• 나는 왜 화가 났는가?
• 나는 진정으로 무엇을 원하는가?
• 무엇이 이루어지지 않아 화가 났는가?

건물에 불이 났다고 가정해보자. 불이 났을 때 가장 먼저 해야 할 일은 불을 끄는 일이다. 불을 끈 다음 우리는 그 건물을 원래 모습으로 복구시키려고 한다. 그런데 다 타버리고 아무 것도 남지 않았다면 원래대로 복원시키는 데 많은 수고로움을 감당해야 할 것이다. 마찬가지로 분노를 표출해 단절된 상태라면 예전의 관계로 회복하기가 결코 쉬운 일은 아니다. 분노를 표출하기 전에 스스로에게 위의 질문들을 던지고 답을 찾아 표현해보자. 진정으로 내가 원하는 것이 무엇인지 안다면 화를 내기 이전에 상대에게 원하는 바를 말함으로써 연결을 할 수 있다.

상대를 동정심으로 바라본다

동정심은 앞에서 '연민' 을 설명할 때 구체적으로 설명한 바와 같이 도움이나 안타까움, 보살핌을 주고받는 수직관계가 아니라 대등한 위치에서의 동정심을 의미한다. 모든 사람에게 내적필요나 욕구, 기대, 바람은 보편적인 모습으로 자리 잡고 있다. 내 안에 인정받고 싶은 마음이나 존중 받고자 하는 마음이 있듯이 다른 사람에게도 그런 마음이 있다는 것이다. 이렇듯 내가 바라고 기대하는 것을 상대도 가지고 있다는 사실을 알아차리는 순간, 우리의 소중한 에너지는 긍정적이고 생산적인 방향으로 작용하기 시작할 것이다.

분노를 표현하는 4단계

마음에 분노가 가득하다면 미소 띤 얼굴이라 할지라도 상대는 말하는 사람의 마음을 알게 된다. 의사소통에서는 언어보다 비언어적 메시지가 훨씬 더 많은 정보를 제공하기 때문이다. 물론 화가 나서 상대를 불안하게 하는 말보다 부드러운 표현이 낫지만, 지금 자신의 마음상태를 진솔하게 표현하는 것은 협력적인 관계를 만드는 데 더 중요하다. 진솔하게 자기 마음을 표현한다는 의미는 앞에서 살펴본 진솔성에서 충분히 설명되었으니 참고하기 바란다. 여기에서는 자신의 화난 감정을 바라보고 충분히 다스린 후 진솔하게 표현하는 방법을 4단계로 요약하고자 한다. 이 과정은 새로운 것이 아니고 앞에서 살펴본 '진솔성'에서 충분히 다룬 내용을 간단히 소개하는 것이다.

1. 비판적인 생각

나의 분노의 원인이 되는 비판적인 생각을 확인하는 단계이다. '딸아이가 말을 듣지 않아서 속상하다' '너는 무책임한 녀석이다' 와 같이 우리를 분노하게 만드는 비판적인 생각들을 바라보는 단계이다.

2. 심정 바라보기

그 생각 뒤에 있는 충족되지 않은 나의 심정이 무엇인지 바라보는 단계이다. 딸아이가 말을 듣지 않아서 속상하다는 생각 뒤에는 '나는 엄마로서 존중 받고 싶다' '신경을 쓰지 않고 편안하고 싶다' '평화로운 분위기에서 생활하고 싶다' 등의 심정이 있을 것이다.

3. 자기 위로

충족되지 않은 심정에 주의를 기울이고 머무르며 위로하는 단계이다. 이 과정은 처음 경험하는 사람에게는 좀 어려울 수 있으나 새로운 세상으로 안내하는 기초가 될 것이다. 우선 자신을 '말하는 나'와 그 말을 '듣는 나'로 분리한다. 그리고 말하는 나'가 '듣는 '나'에게 '나는 ~을 원하는데 그것이 안 되어 참 안타깝다'라고 자신에게 말한다. 이때 비참한 상상을 하거나 자학적이고 모멸적인 감정으로 빠져들지 않는 것이 중요하다. '말하는 나'는 그저 담담하게 간절히 무엇인가를 원하는 자신을 챙겨주고 위로하는 마음으로 머무른다.

4. 심정 표현하기

나의 심정을 상대에게 그대로 표현한다. 딸아이가 말을 듣지 않아서 마음이 불편할 때, 유의해야 할 점은 딸아이를 통제하거나 조정하려는 의도를 내려놓는 것이다. 오직 시선을 나 자신에게 돌리고 내 심정을 표현한다.

- 나는 엄마로써 존중 받고 싶은데 서운하구나.
- 엄마는 좀 쉬고 싶은데 자꾸 신경 쓰게 되어 불편해.
- 평화로운 분위기에서 지내면 좋겠는데 아쉬워.

다음 사례로 분노 표현 4단계를 적용하여 연습해 보자.

15세 아들을 둔 최인내 씨는 아침에 일어나서 집 앞에 둔 자전거가 없어진 것을 발견했다. 전에도 두 번이나 잃어버린 경험이 있으므로 이번에도 아들이 자물쇠를 채우지 않았으리라 직감했다. 신발장 위에는 자물쇠만 덩그렇게 놓여 있다. 습관적으로 아들 방에 대고 소리를 지르려다 문고리 잡은 손을 잠시 멈추고 생각했다.

1단계 : 비판적인 생각

① 아들은 물건을 아낄 줄 모른다.
② 아들은 엄마인 내 말을 주의 깊게 듣지 않고 무시했다.
③ 자전거를 또 사는 것은 불필요한 낭비를 하는 것이다.

2단계 : 심정 바라보기

① 아들이 좋은 습관을 갖도록 가르치고 싶다. **기여, 양육**
② 엄마로서 존중받고 싶다. **존중, 인정**
③ 돈을 아끼고 싶다. **풍요, 효율적인 경제활동**

3단계 : 자기 위로

① 나는 아들을 좋은 습관을 가진 사람으로 키우고 싶은데, 안타깝다.
② 나는 존중받고 싶었는데 아쉽다, 안타깝다, 섭섭하다.
③ 나는 절약해서 풍요로운 삶을 기대하는데 아쉽다, 안타깝다.

자신을 위로하는 부분에서 한참을 중얼거리다 보면 화난 감정이 가라앉으면서 다른 마음이 드는 것을 경험한다.

4단계 : 심정 표현하기

방문을 열고 아들과 대화를 시작한다.

"얼마 전에 엄마가 자물쇠를 반드시 채우라고 얘기한 적이 있었는데, 아침에 자전거가 없어진 것을 보니**상황**, 엄마가 한 말이 수용되지 않은 것 같아서 화가 난다**심정**. 넌 어떻게 생각하니**제안**?"

듣기 힘든 말을 들었을 때 네 가지 선택

한 학기 수업을 마치면서 그동안 수업에 대한 평가를 듣고 싶었다. 학생들에게 강의 평가서를 작성하게 한 뒤에 수업에 참여하면서 느낀 점이나 선생님이 개선하기를 바라는 점이 있으면 이야기해보라고 했다. 선생님 앞이라서 그랬겠지만, 대체로 선생님이 가르치는 수업이 의미있고 재미있었다는 등의 말이었다. 그런데 한 학생이 단호한 표정으로 이렇게 말했다.

'솔직히 선생님 시간은 별로예요. 재미도 없고 피곤하기만 하거든요.'

감정을 자극하는 듣기 힘든 말을 들었을 때 우리는 보통 네 가지로 반응한다.

1. 타인공격 타인을 공격하는 것을 선택하는 경우이다.

학생이 한 말에 대해서 불편한 마음과 함께 습관적으로 이런 생각이 떠오른다.

'수업 중에 늘 졸기만 하던 아이가 무슨 자격으로 저런 말을 하는 거지? 양심도 없네. 네가 성실하게 참여하지 않아서 그렇게 말하는 거야.'

듣기 힘든 말을 들었을 때 상대를 비판 · 판단하는 눈으로 바라보면 '졸기만 하던 아이' '양심 없는' '불성실한' 처럼 그를 공격할 구실을 찾게 되고, 우리의 힘은 점점 소진되며 관계는 단절된다.

2. 자기공격 자신을 공격하는 것을 선택하는 경우이다.
자신의 행동에 대해서 비난하고 판단하는 태도를 취하는 것이다.

- 아이고 내 팔자야. 이 나이에 이런 취급을 받다니 한심하구나.
- 운이 없어서 내 노고를 알아주는 학생을 만나지 못한다니까.
- 물어보지 말았어야 했는데, 이번에도 나는 바보 같은 짓을 했구나.

문제의 원인을 자신에게 돌려서 자기를 공격하면 더 이상 풍요롭고 창의적인 생각이 나오는 것을 기대할 수 없을 뿐 아니라 긍정적인 방향으로 힘을 사용할 수 없게 된다.

3. 자기 심정 표현 자신의 심정을 바라보고 진솔하게 표현하는 경우이다.

자신이 진정으로 원했던 것이 무엇이었는지를 바라보자. 학생에게 수업 평가를 받는 일은 학생들의 진정한 피드백을 통해서 교사의 단점을 보완하고, 더 나은 수업방법을 연구하기 위한 목적이 있다. 또 한편으로는 학생들로부터 좋은 수업을 진행해주어서 감사하다는 말을 듣고 싶은 마음도 있다.

교사 : 나는 여러분들에게 좀 더 재미있고 인생에 유익한 것들을 전해 주고 싶었고, 여러분에게 좋은 평가를 받고 싶었는데, 재미없고 피곤하게만 했다는 말을 들으니까 섭섭하고 민망하군요. 괜찮다면 구체적으로 어떻게 해주길 바라는지 말해줄 수 있겠어요?

학생 : 피곤하게만 했다는 말은 제가 흥분해서 잘못 표현했습니다. 죄송합니다. 제가 하고 싶었던 말은 수업내용 말고 사회에 나가서 필요한 이야기도 좀 많이 해주길 바라는 것이었습니다.

4. 타인 심정 읽기 상대의 심정을 바라보고 공감하는 경우이다.

상대방의 심정을 추측하며 바라본다는 말은 그가 무엇을 기대하고 원하는지 혹은 그의 기분이 어떨지를 추측하고 확인하는 것이다. 여기에서 추측이라는 말은 주의를 기울이는 것이지 근거 없는 상상을 의미하는 것은 아니다. 만약 더 이상의 추측이 어렵다면 직접 물어보는 것이 좋다.

- 수업이 좀 즐거운 시간이 되길 바랐던 거니?
- 수업시간에 좀 여유롭고 싶었던 거니?

재미있고 싶고, 편안하고 싶은 것은 인간의 기본적인 욕구이다. 듣기 힘든 말에 주목하기보다 그 마음속에 있는 욕구에 귀 기울이면 불편함 없이 상대와 소통을 할 수 있다. 마음을 헤아려주는 일은 그와 연결-소통하는 데 결정적인 역할을 한다.

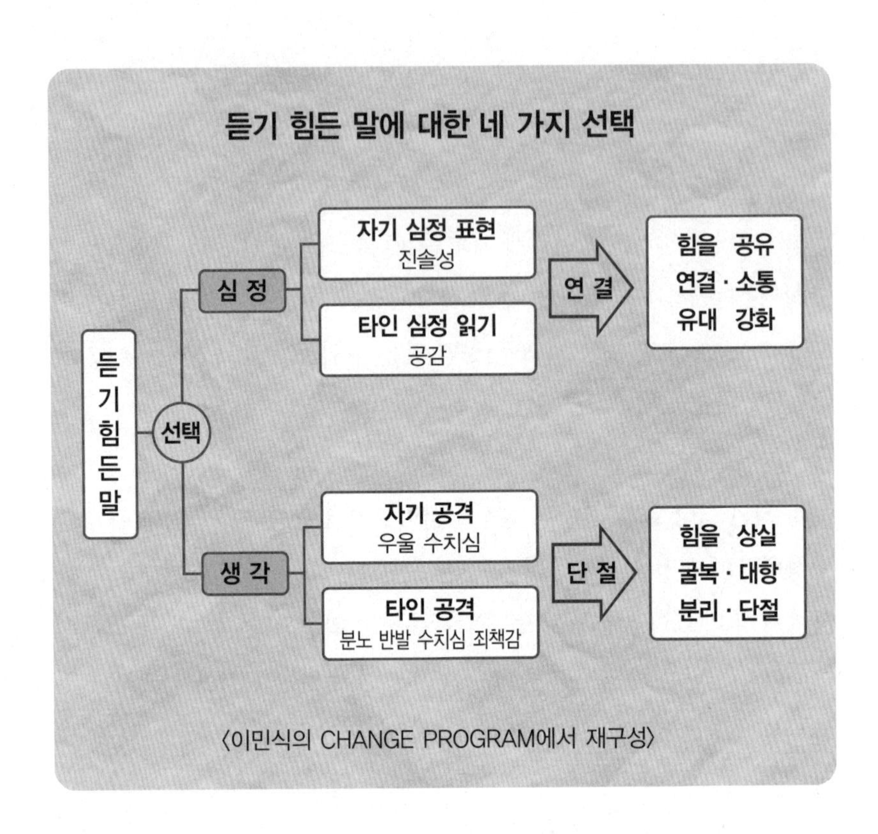

〈이민식의 CHANGE PROGRAM에서 재구성〉

05

감/사/칭/찬

범사에 감사하라. 항상 기뻐하라.

(데살로니가전서)

제5장 감사 · 칭찬

| 위험한 칭찬 |

관계를 단절하는 칭찬

일반적으로 부모들은 자녀를 칭찬함으로써 그들이 긍정적인 마음과 자신감을 갖도록 돕고자 한다. 인간은 본능적으로 자신의 존엄성과 가치가 인정되면 행복하며 기꺼이 협력하고 사랑할 마음이 생긴다. 그래서 대부분의 부모들은 '칭찬은 고래도 춤추게 한다' 는 주장을 수용하여 칭찬을 아끼지 않는다. 그러므로 '칭찬이 단절을 초래한다' 는 말에 대해 많은 사람들이 의아해 하고, 이 말을 선뜻 수용하기 힘들어한다.

칭찬이 다른 폭력적인 말보다 좋은 것은 당연하지만 전제해야 할 부분이 있다. 만약 누군가의 칭찬 의도가 나를 이용하기 위한 것이라는 점을 알아차렸다면 기분이 어떨까? 하임G. 기너트는 '판결을 내리는 칭찬은 파괴적이다' 라고 칭찬을 소통의 걸림돌로 표현했다. 만약 당신이 다음에 제시된 말을 들었다고 가정해보자.

- 너는 착한 아이이다.
- 너는 훌륭한 학생이다.
- 넌 우수한 아이구나!

얼핏 들으면 칭찬이므로 기분이 좋을 수 있다. 하지만 시간이 지나고 흥분이 가라앉은 다음에는 이런 생각이 들지 모른다.

- 아, 다음에도 착한 학생이 되기 위해서 하기 싫은 청소를 또 해야 하는구나.
- 다음에는 어떤 일을 해야 훌륭한 사람이란 칭찬을 받을 수 있지?
- 그건 우연히 내가 암기하고 있던 문장이어서 쉽게 답변을 했지만, 다음엔 자신이 없는데 어쩌지.

학생회 간부로 활동하던 인선이는 학교가 부담스러워서 다니기 힘들다며 상담실을 찾아왔다. 그의 말은 칭찬이 사람을 얼마나 단절시키는지 단적으로 보여주는 말이어서 잊을 수가 없다.

"선생님들은 제가 밤을 새워서 과제를 하고, 암기한다는 사실은 모르고 우수한 아이로만 알고 계시죠. 그래서 전 그 부담을 견딜 수가 없어요."

감사에 대해서도 마찬가지이다. 지난 해 연하장을 받고 마음이 불편했던 적이 있다. 연하장 안에는 다음과 같은 내용의 글이 정성스럽게 친필로 쓰여 있었는데, 짧은 그 글귀는 여러 가지 생각을 하게 만들었다.

'항상 물심양면으로 도와주신 노고에 머리 숙여 깊이 감사드립니다.'

- 아무리 생각해봐도 그 분을 도와드린 기억이 나질 않는데, 도대체 무

은 도움이 되셨을까?

- 물심양면이라면 물질적으로 도움이 되는 행동을 했다거나 그에게 위로와 힘이 되는 등 뭔가 마음으로 챙겨줬다는 건데, 생각이나질 않는 걸 보니 가식적인 행동을 했다는 건가?
- 마음이 담기지 않은 가식적인 행동에 감동을 받으셨다면 민망한 일이군.
- 내년에는 마음먹고 뭔가를 도울 수 있도록 노력해야 하나?

이쯤 생각이 진행되다 보니 슬그머니 짜증이 났다. '왜 사람을 이렇게 불편하게 하는 거야?' 하는 생각도 들었다. 필자의 사례처럼 독자 여러분도 한번쯤 이런 감사의 글을 받았거나 말을 들었을 때 민망함을 감추기 어려웠던 경험이 있을 것이다. 감사할 때도 평가나 판단이 섞이면 상대는 부담을 갖거나 민망해 할 수 있으므로 유의해야 한다.

상대를 조작하기 위한 칭찬

인간은 사회적 존재이므로 원만한 사회생활을 위해 다양한 학습활동이 이루어진다. 이러한 활동을 강화하기 위해선 격려, 지지, 칭찬, 감사의 표현을 한다. 그러나 우리의 행동을 강화시키려는 의도로 격려하고 지지하며 칭찬 또는 감사하는 일을 한다면 그것은 마음과 마음을 연결시키는 것이 아니라 관계의 단절을 초래한다.

집단상담에서 만난 50대 여성이 이런 말을 한 적이 있다.

"나는 착한 딸이었어요. 한 번도 부모님 말씀을 거역한 적이 없었고, 학교에서도 언제나 모범적인 아이였죠. 결혼해서 아이들 낳아 키우면서도 그들에게 언제나 좋은 아내, 좋은 엄마였지요. 그동안 나는 온전하게 나 자신으로 살지 않았다는 것을 내 나이 마흔을 넘기면서 깨달았어요. 그러기 전까진 내 인생은 다른 사람들을 위해 살았던 거지요. 그들이 원하는 모습으로 조종당했다고나 할까요? 지금은 부모나 남편이나 아이들이 좋은 사람이라고 말하는 것이 불편해요. 착한 사람이라고 평가하는 말이 저를 화나게 해요."

나는 그녀에게 이런 말을 해주었다.

"나뿐이로 사세요. '오직 나뿐이다' 라는 마음으로 평가나 칭찬에 휘둘리지 말고, 자신의 내적필요를 잘 알아차리고 챙기시라는 말씀을 해드리고 싶습니다."

필자가 진행하는 워크숍에 '자신의 인생이 칭찬 때문에 손해 본 사람 손들어보라' 고 요청을 하면 자신이 부모나 주위사람으로부터 들은 칭찬 때문에 자신의 삶이 구속되었다고 생각하는 사람이 경험적으로 10~20%는 되는 듯하다.

칭찬이 효력을 발휘하는 것은 상대가 칭찬한 의도를 알아차리기 전까지이다. 칭찬 속에 숨은 의도를 알게 되면 그것은 곧 의미를 잃고, 오히려 반발심이 생길 수 있다. 그리고 이렇게 생각할 수 있을 것이다.

'날 칭찬한 이유가 자신이 원하는 것을 얻기 위했던 거였어? 이젠 절대

로 당신에게 속지 않겠어.'

아직 판단 능력이 덜 발달된 어린 자녀들은 칭찬받는 것을 무척 기뻐한다. 자신이 인정받는 일이나 작은 칭찬에도 민감하게 반응하며 부모의 의도대로 행동한다. 하지만 사춘기가 되어 판단능력이 점차 향상되면 부모가 말하는 칭찬이 자신을 조종하기 위한 의도라는 것을 금방 알아차리게 되고, 이후에는 더 이상 칭찬에 반응하지 않게 된다.

인색한 감사 · 칭찬

의도를 가진 과도한 칭찬이 문제가 되는 것은 물론이고 칭찬에 인색할 경우에도 단절을 가져온다. 사람은 누구나 진심 어린 감사 · 칭찬을 들으면 기분이 좋아진다. 그럼에도 불구하고 우리가 감사 · 칭찬을 잘 표현하지 못하는 이유는 무엇인가? 성향에 따라 다양한 이유가 있을 것이다. 이에 대해 워크숍에서 나눈 몇 가지 이야기를 독자 여러분과 나누고자 한다.

첫째, 칭찬을 하면 부정적 행동이 강화될 것에 대한 우려가 있기 때문이다.

이염려 : 선생님, 저도 칭찬해주고 싶죠. 하지만 제 아들은 제가 잘 아는데요. 아마 제가 칭찬을 해주면 아들은 더 의기양양하고 기고만장할 걸요? 아마 지금보다 더 말을 안 들을 거예요.

나내조 : 맞아요, 남편은 그렇지 않아도 평소에 늘 자기 말만 옳다고 하는데, 칭찬을 해주면 아마 그 위세가 하늘을 찌를 거예요. 그

꼴을 어떻게 봐요.

참대화 : 그들의 행동이 칭찬할 만한 것이 아닌데 칭찬하는 것은 거짓이지만, 정말로 칭찬을 해야 할 때 침묵하는 것도 거짓입니다. 거짓된 칭찬을 습관적으로 자주 하게 되면 염려하신 일이 생길 수도 있습니다. 그러나 칭찬을 해야 할 때 침묵으로 지나쳐 버린다면 그 또한 상대를 존중하고 있지 않다고 할 수 있겠지요. 혹시 칭찬을 꺼리는 이유가 원하는 대로 통제가 되지 않을까봐 염려되어서인가요?

둘째, 내 칭찬이나 감사표현에 대해 상대가 무안해할 것이 염려되기 때문이다.

고1 송지휘 학생은 교내 합창경연대회를 위해 자기 반의 지휘자로 추천을 받았을 때, 떨리지만 반을 위해 잘 해보고 싶은 마음에서 지휘를 맡았다. 그런데 대회 날에 너무 긴장한 나머지 노래를 부르기 전에 인사하는 것을 잊어버렸고, 공연 도중에도 두어 번 박자를 놓치는 실수를 했다. 결과는 3등이었다. 송지휘는 자신의 실수 때문에 더 좋은 성적을 거두지 못하게 되었다고 자책하고 있었다. 다음 날 송지휘 학생은 친구들과 선생님에게 민망하고 미안한 마음에 낯을 들 수 없어서 결석을 했다. 한참이 지나서 담임교사는 송지휘 학생이 보낸 이메일을 받았다.

'대회가 끝나고 선생님께서 뭐라고 격려해주시길 기대했습니다. 그런데 선생님께서는 제게 아무런 말씀도 해주시지 않아서 많이 섭섭했습

니다.'

아마 담임교사는 송지훠 학생에게 칭찬을 해주고 싶었을 것이다. 그러나 일의 긍정적인 결과에 대해서만 칭찬하는 것이 우리 안에 습관으로 남아 있다 보니 실수한 학생에게 어떤 말로 칭찬을 해야 편안하게 받아들일지 고민이 되었을 것이다. 자칫 가벼운 칭찬이 학생을 더 민망하게 할지 모른다는 염려도 있었을 것이라 짐작할 수 있다. 칭찬에 대한 우리의 고정관념이 변화되지 않는 이상 칭찬받을 상황은 그리 흔치 않을 것이다.

| 풍요로운 감사 · 칭찬 |

학부모와의 면담이 길어져서 수업에 십 분 정도 늦게 들어가게 되었다. 교실이 소란스러워 옆 반 수업을 방해할 것을 염려하며 교실에 들어섰는데, 예상과 달리 학생들이 조용히 자습을 하고 있었다. 학생들의 행동을 칭찬해주고 싶었다.

"선생님이 늦게 들어왔는데도 조용히 공부하고 있네요. 나는 여러분에게 성숙한 태도로 수업 준비를 하는 지성인의 모습을 기대하면서도 한편으론 떠들어 옆 반 수업에 방해가 되고 있지는 않을까 염려하는 마음도 있었어요. 그런데 내가 기대했던 모습을 보니 뿌듯하고 기뻐요. 여러분 고마워요."

참대화에서는 감사 · 칭찬도 여전히 '상황'과 '심정'으로 표현한다. 상황은 나의 만족과 행복에 기여한 상대의 행동을 사실대로 말하는 것이다. 상대의 어떤 행동 때문에 내가 감사하게 되었는지를 구체적으로 기술하는 것이다. 이것은 앞에서 말한 참대화의 진솔성에서 다룬 상황표현과 같은 내용이다. 심정은 상대의 행동으로 인하여 얻게 된 나의 만족과 기분을 표현하는 것이다.

- 네가 지난 학기에 반장 역할을 해줘서**상황**, 참 고맙구나**심정**. 수고했어.

- 휴일에 집안청소를 도와주니까**상황**, 엄마가 편하고 배려 받는 마음 **심정** 이 들어 좋다. 고마워.
- 당신이 여름휴가 계획을 이야기해주니까**상황**, 기대되고 즐거워요**심정**. 고마워요.

이렇게 구체적으로 감사하게 된 사실을 열거해주어야 상대는 다른 의미로 받아들이지 않고, 자신이 한 일에 대한 감사로 받아들이게 되어 편안한 마음을 갖게 된다.

이 글을 쓰고 있는 중에 K시 초등학교에 근무하는 선생님의 전화를 받았다.

"전 아이들이 제출한 숙제에 〈참 잘 했어요〉 스탬프 도장을 열심히 찍어주면 잘 할 것이라고 생각했어요. 그런데 참대화 워크숍을 다녀온 후 의식적으로 내 마음을 말로 표현하는 노력을 했어요. 내 말을 듣고 아이들이 스스로 생각하고 행동하는 걸 보면서 놀랐어요. 아이들과 마음이 통하는 것은 물론이고 칭찬 효과도 더 있어 보여요. 제가 그동안 원하던 교사의 모습이 이것이다 싶은 거 있죠. '참 잘했어요' 라고 찍힌 스탬프 도장보다 진솔하게 마음을 표현하는 내 말이 아이들과 마음 연결하는 데 더 효과적이라는 거지요."

| 감사 · 칭찬 듣기 |

감사 · 칭찬을 듣기 어려운 이유

우리가 감사의 말이나 칭찬을 들었을 때 받아들이기 어려운 이유는 다양하다.

첫째, 내가 한 행동이 '감사, 칭찬을 받을 가치가 있는가?' 하는 우려가 있기 때문이다. 성장과정에서 충분한 지지를 받지 못하고 자란 사람이라면 자신이 칭찬을 듣기에는 부족한 존재라고 생각하여 어색할 수 있다. 더욱이 우리 문화는 감사를 표현할 때 일반적으로 과장하는 경향이 있기 때문에 받는 입장에서는 부담스러울 수 있다. 어떤 사실만 콕 찍어서 감사를 표현하는 것이 인색하게 느껴져서 대체로 두루뭉술하게 '늘, 감사합니다' '정말 훌륭하십니다' '대단해요' 라고 표현한다. 이러한 표현도 듣는 사람의 입장에서 고려해 볼 일이다.

오래 전에 졸업한 제자들이 찾아와서 함께했던 학창시절을 이야기하는 중에 한 제자가 감사를 표현한다.

"그때 선생님께 받은 감동을 지금도 간직하며 살고 있어요. 선생님께서는 지금 생각이 나지 않으시겠지만, 제 인생에서 선생님은 가장 큰 은인이세요."

그 말을 들을 때 나는 민망하기 그지없다. 내가 그에게 무엇을 해주었는지 명확하게 기억나지도 않는데 은인이라고 하니 난감했다. 물론 특별한 경우의 제자였다면 무엇이 그를 변화시켰는지 쉽게 기억나지만, 본인도 내가 기억하지 못할 것이라 예상하면서 감사하다고 하니 더욱 그렇다. 그때 민망한 마음을 이런 말로 웃으며 넘겼다.

"아이고, 별말 다 하네. 내가 해준 게 뭐 있다고……."

둘째는 겸양지덕謙讓之德이라 하여 '사양하는 모습'을 겸손한 태도로 생각하는 우리의 문화적 특성 때문이다.

- 뭘 그까짓 것을 가지고
- 그건 아무것도 아니야.
- 그 정도는 아닙니다.
- 과찬이십니다.
- 엄마는 그보다 더한 것도 해줄 수 있어.

다른 측면에서 보면 이런 표현은 진심으로 감사나 칭찬을 전하고자 하는 사람의 마음과 달리 상대가 이런 반응을 보인다면 무시하는 것으로 보여 섭섭하고 민망한 마음이 생길 수 있다. 이로 인해 '내가 별 것도 아닌 일을 부풀려서 표현했단 말이야?' '내 성의를 무시하는 군' 처럼 이중적인 표현이 관계를 단절시키는 요인이 될 수 있다.

셋째, 감사나 칭찬 표현 뒤에 있을 의도가 부담스럽기 때문이다.

평소와 다르게 남편(아내)이 여러 가지 감사의 말을 표현한다면 우리는 슬그머니 '저 사람이 무엇을 원하는 거지?' 아니면 '뭐 잘못한 것이 있나?' 라는 의구심이 생긴다. 상대가 칭찬을 할 때 그 뒤에 있을지도 모르는 어떤 의도나 기대가 부담스러워 칭찬을 외면하는 경우도 있는데, 이것은 앞에서 살펴본 것과 같이 의도가 포함된 칭찬을 많이 들어 본 사람이라면 더욱 그럴 것이다.

상담실에 찾아왔던 고1 최우랑 학생은 아버지의 칭찬이 무섭게 들린다고 말한 적이 있다.

"우리 아빠는 칭찬을 참 잘하세요. 하지만 부담스러울 때가 많아요. 왜냐하면 칭찬을 한 뒤에 항상 '하지만 너는 ~이 문제다' 라고 말씀하시면서 아빠 의도대로 제가 따라주기를 바라시기 때문이죠. 저는 칭찬을 들을 때 이미 그 다음 '지적 할 내용'에 관심이 집중되어 있기 때문에 다른 말은 더 이상 들리지 않아요."

넷째, 의례적이거나 새삼스러운 감사표현은 듣기에 민망할 수 있다.

서양 사람들은 작은 신체접촉에도 'I' m sorry!' 를 연발한다. 요즈음 우리 사회에서도 서구문화처럼 의례적인 감사나 공감이 많아졌다는 생각이 든다. 누군가가 내게 마음이 들어 있지 않은 형식적인 칭찬을 늘어놓는다면 그것에 반응하는 것이 오히려 머쓱할 수 있다.

또 새삼스러운 감사 표현은 상대를 어색하고 쑥스럽게 만든다. 적절한 시기에 마음을 표현하는 것이 중요하다는 것은 누구나 잘 알고 있다. 아무리 좋은 말이라도 상황이 한참 지난 후에 표현하면 어색하고 새삼스럽다는 느낌이 든다. 그리고 뜬금없다는 생각과 함께 그다지 감동적이지도 않다. 독자 여러분도 한번 생각해보라. 오래된 일이라서 잊고 지내고 있는데, 누군가 생각지도 않을 때 칭찬이나 감사를 표현한다면 어떤 기분이 들겠는가?

편안하게 감사 · 칭찬 듣기

감사의 말을 들을 때 상대가 어떤 것에 대해 감사하고 있는지 알아차리는 것이 우선이다. 그다음에 상대의 심정이 어떤지 짐작한다. 대부분의 가정에서는 가족 간의 감사 표현을 쑥스럽게 여긴다. 그러다보니 일상에서는 가족 또는 가족처럼 친밀한 사이에서는 '고맙습니다' '감사합니다'라는 말보다 비언어적인 표현이 주로 사용된다. 이때에도 우리는 여전히 민감하게 상대의 마음을 살펴서 그가 나의 어떤 행동 때문에 감사함을 느끼는지를 살피고 **상황**, 그 결과로 어떤 마음이 생겼는지**심정**를 짐작해야 한다.

나감사 씨는 오늘 아침에도 분주하게 중3 딸아이 등교준비를 도왔다. 아래는 버스정류장까지 바래다주며 모녀가 나눈 대화 내용이다.

딸 : 엄마, 고마워요.

모 : 그래, 고맙다고 하니 기분이 좋구나. 구체적으로 어떤 얘기인지 궁금하네?

딸 : 아침에 챙겨주고 정류장까지 데려다 주는 것이요.

모 : 챙겨주면 너한테 뭐가 좋은데?

딸 : 편하고 엄마가 내게 신경써주시는 것을 느끼니까 좋지요.

모 : 그렇구나. 엄마는 네가 힘들게 공부하는데 좀 힘이 되어주고 싶었는데**심정** 네가 편하다고 하고 엄마 마음을 알아주니**상황** 흐뭇하구

나. 엄마도 기쁘네**심정**.

아래는 워크숍이 끝났을 때 참가자와 나눈 대화 내용이다.

그 : 선생님 참 고맙습니다.

나 : 아, 그래요. 그런데, 어떤 점이 그런가요?

그 : 제가 그동안 강요적이었던 것들을 알게 되었어요. 그리고 상대를 용서하는 마음도 생겼어요.

나 : 제가 전하고자 한 내용이 제대로 전달되었다는 것을 알도록 말씀해주시니**심정** 기뻐요. 좀 더 좋은 관계를 만드시리라는 기대를 갖게 하는군요. 저도 뿌듯합니다.**심정**

모든 일에 감사하기

언제나 축하와 감사할 일만 있다면 세상은 얼마나 아름다울까? 다음에 제시되는 원리를 잘 이해한다면 어떤 상황에서도 축하와 감사할 일이 있다고 생각한다.

세상일에는 언제나 '잃는 것' 과 '얻는 것' 이 동시에 존재한다. 어느 한 쪽으로 얻는 것만 있거나 잃는 것만 존재하는 것이 아니다. 예를 들어서 천 원을 주고 빵을 하나 사 먹었다고 가정하자. 이때 내가 얻은 것은 빵이고 잃은 것은 현금 천 원이다.

다른 예를 들어보자. 모처럼 휴일이어서 맞벌이 부부가 늦게까지 잠을 자고 있다. 11세 딸아이는 혼자 놀다가 배가 고프다며 엄마를 깨운다. 부부는 좀 더 자고 싶었지만 포기하고 무거운 몸을 일으켜서 늦은 아침식사를 준비한다. 좀 늦었지만 행복한 아침식사였다. 이때, 부부가 잃은 것은 달콤한 늦잠에서 오는 여유, 편안함이었지만, 얻은 것은 딸아이에 대한 기여, 공헌과 보살핌, 그리고 가족의 행복이다. 그러니 이 부부는 딸에 대한 기여, 공헌과 보살핌, 그리고 가족의 행복에 대해서 감사할 수 있다.

한 가지 더 예를 들어보겠다.

친구와 만날 약속을 하고 약속 장소로 나갔는데 그가 나오지 않아 헛걸음을 하게 되었다면 나는 친구에게 존중받지 못한 섭섭함, 분노, 짜증 등을 경험하게 될 것이다. 그러나 내가 원했던 것들을 떠올려 보면 섭섭함, 분노, 짜증 등 부정적 감정을 내려놓을 수 있다. 즉, 친구가 약속을 어긴 것은 안타까운 상황이지만 즐거운 시간을 기대한 것과 친구와 좋은 관계를 유지하려고 노력한 나의 기대에 대해 감사하고 위로할 수 있다. 친구가 약속을 어겨 실망스러웠지만 '친구와 좋은 관계를 유지하고자 하는 바람' '함께하고자 하는 기대' 등이 내가 원했던 것이었음을 생각하자는 것이다. '좋은 관계를 원하는 나' '함께하고자 하는 나' '친구로부터 존중받고자 하는 나' 에 대해서 감사하고, 그것을 알아주는 것이 감사하는 방법이다.

여러분에게 아직도 감사하는 일이 익숙하지 않다면 모든 것에 감사할 수 있는 '참대화 감사 방법' 을 차근차근 숙지하면 좋겠다. 우선, 자신의 삶을 통해서 얻은 업적에 대해 감사해보자. '나는 구구단을 외울 수 있어서 감사한다' '한문으로 내 이름을 쓸 수 있음에 감사한다' 같은 사소한 것에서부터 시작해보자. 몇 주간 매일 이렇게 자신이 이룬 일들에 대해 감사함을 적어 나가다 보면 헤아릴 수 없이 많은 감사가 나를 감싸고 있음을 깨닫게 될 것이다.

그러나 이때 주의할 점이 있다. 비교에 의한 감사인데 옆집 아이보다 더 높은 점수를 받았으니까 감사한다든지, 앞 동보다 평수가 더 큰 아파트에 사는 것을 감사하는 일은 적절하지 않다. 옆집 아이가 더 높은 점수를 받는 날도 있을 텐데 그럴 때에는 어떻게 할 것인가? 우리 집보다 더 넓은 평수도 많은데 그것을 바라보는 날에는 또 어떻게 할 것인가? 이렇게 비교해서 감사하다고 생각하면 쉽게 좌절할 수 있다. 비교는 판단의 일종이며, 그것은 조건부적인 감사이기 때문에 조건이 소멸되었을 때 감사가 좌절로 바뀔 수 있다. 감사는 있는 그대로의 상황을 바라보고 그 자체로 받아들이는 일이 중요하다.

이제 당신 앞에 있는 어떤 물건이든, 사람이든, 동물이든 그 중 하나를 선택하고 그것에 대해 감사해보자. 예를 들어 물 컵이 있다면, 물을 담을 수 있음에 감사하고, 컵에 그려진 예쁜 그림이 나를 즐겁게 하니 감사하고, 손잡이가 있어서 뜨겁지 않게 잡을 수 있으니 감사할 수 있다.

이렇게 감사함을 찾는 연습을 한 후, 어느 정도 익숙해지면 다음 단계로 최근에 있었던 아쉽고, 안타까웠던 상황을 떠올려 '잃는 것' 과 '얻는 것' 을 바라보고 알아차리자. '얻은 것' 에 대해 관심을 기울이는 것이 범사에 감사하는 길이다.

지난 겨울 어느 날 필자는 약속 장소로 가기 위해 서둘러 주차장을 빠져나오고 있었다. 며칠간 폭설이 내려 골목에는 치운 눈 더미가 얼어붙어 있었다. 급하게 코너를 도는 순간 눈 더미에 부딪혀서 범퍼가 깨져버렸다. 나는 습관적으로 자책하고 있었다.

• 운전을 20년 넘게 하고도 이런 하찮은 일로 실수를 하다니, 참 한심하다.

• 구청은 뭘 하는 거야. 눈이 내린지 며칠이 지났는데도 얼어붙은 눈을 방치하다니.

그러나 잠시 후 생각이 달라졌다.

• 나는 친구와의 약속시간을 지키기 위해서 서둘렀고, 그 때문에 주의력이 떨어져서 눈 더미를 발견하지 못한 것이다. 약속시간을 지키려고 노력했던 당시의 내 마음에 대해 감사한다.

비록 자동차의 범퍼가 깨져 속상하지만 친구와의 약속을 지키려고 서둘렀던 나 자신의 행동에 대해 긍정적으로 생각하니 감사한 마음이 올라온다.

감사에 보답하기

가족에게 한없이 희생하고 최선을 다하는데도 그들이 감사할줄 몰라 화가 난다는 38세 김바라 씨와의 대화 내용이다.

나 : 김바라 씨의 아름다운 희생에 대해 상대는 그 희생의 대가를 반드시 지불해야 하는 것은 아니라고 생각해요. 제 말씀을 이해할 수 있나요?

그 : 제가 원하는 무언가를 챙겼다는 말씀인가요?

나 : 네, 바라씨는 이미 주는 것으로 기쁨을 누렸기 때문이지요.

그 : 보답을 바라고 한 일이 아니니까 서운한 마음을 갖지 말라는 것이 아니라 그동안 희생하면서 맛보았던 기쁨으로 이미 충분히 보상을 받았으니까 마음이 허전하지 않을 수 있다는 말씀이시군요.

나 : 내가 원하는 답이에요.

그 : 음, 이제 좀 알겠어요. 하지만 받은 사람 입장에서는 뭘 좀 기여해야하는 것 아닌가요?

나 : 그러니까 상대가 내게 해준 일에 고맙고 감사할 뿐, 뭘 받았다고 대가를 지불해야 하는 건 아니죠. 방금 전에 내가 어떤 여선생님 책상을 고쳐줬어요. 무척 좋아하면서 점심을 사겠다는 거예요. 그 때 나는 이런 생각이 들었어요. '사전에 조건 없이 밥을 사고 싶으셨으면 감사한 마음이 들겠지만, 책상 고친 값으로 밥 얻어먹게 되면 난 책상 고친 대가를 밥으로 받는 게 될까봐서 좀 그렇군.'

그 : 음…….

나 : 그냥 진심이 담긴 고맙다는 말 한 마디면 되는데, 우리는 자꾸 뭘 갚으려고 하죠. 받았을 때는 내가 뭔가를 더 해야 할 거 같고.

그 : 네, 뭔가 갚아야 도리를 다 했다고 생각되고.

나 : 아무 조건 없이 주기만 하면 되는데…….

그 : 하하. 그런데 궁금한 게 있어요. 사람들이 이 주고받음 때문에 연결되는 계기가 되잖아요. 물론 거래하는 것이 아니고, 마음을 주고받는 것 때문에 관계가 덩그러니 싸해지지 않고 그나마 연결될 수 있는 것 아닌가요? 대부분 사람은 서로 주고받는 것을 이치라고 여기는데, 나만 주고받을 필요가 없다고 주장하는 것은 사회적인

통념에 반하는 것 같아서 좀 그래요.

나 : 참대화에서 감사 표현을 할 때 반드시 되갚아야 한다는 부담을 갖지 말자는 말을 하고 싶어요. 주고받음을 당연하게 여기지 말자는 거예요. 감사할 상황에서 진심이 전달되는 말 한 마디면 서로 넉넉해지잖아요. 그런데 물질적으로 보답하고자 했을 때 주는 사람은 뭘 할까 고민되고, 받는 사람은 또 뭔가를 해줘야 된다는 부담을 느낄 수도 있지요. 그런데 왜 맘이 불편하지요?

그 : 받고 되갚으려 하지 않는 게 좀 그래요. 괜히 빚진 것 같고. 또 받기만 하고 줄줄 모르는 나쁜 사람이라고 할까봐서요.

나 : 만약에 상대가 바라씨에게 뭘 주었다고 합시다. 진정 당신을 사랑하는 마음으로 그냥 주고 싶어서 주었는데, 그에게 극구 습관대로 사회적 통념을 의식하고 되갚는다면 상대의 심정이 어떻겠어요?

그 : 섭섭할 수도 있고, 무슨 대가를 바라고 한 일로 오해받은 것 같아서 불편할 것 같아요. '자동적으로 사람들에게는 그렇게 대해야 한다.' 이렇게 살았던 걸 생각하니 씁쓸하네요. 고맙습니다.

나 : 음. 그 말은 자신의 모습을 살핀 시간이 되었고, 그로 인해 새로운 관점이 생겼다고 들립니다. 그래서 내가 좀 기여한 것 같아 기분이 좋습니다. 고맙습니다.

초연을 기대하며

김해곤

혹시, 그들이 나를 무시하더라도
내 안에 감춰진 보배, 이 작은 아이가
창문을 열고 소리 내어
평안을 노래할 수 있도록

부드러운 가슴으로
꽃향기 풍기며
그들에게 다가설 수 있도록
내게 진솔할 수 있는 용기를 주소서.

설령
그들이 나에게
환호의 박수를 보낼지라도
그들의 평가에 휘둘리지 않고
지배자가 아닌 섬기는 자리에서
신중하게 나를 성찰할 수 있도록

혼자서도 담담하게
자신의 세계를 꿈꾸며
초연하게 걸어갈 수 있도록
나를 잡아주소서.

06

부/탁/거/절

부탁은 우리의 관계를 더욱 풍요롭게 만들고
거절은 새로운 협력관계를 만드는 계기를 제공한다.

제6장 부탁 · 거절

| 부탁 |

부탁의 어려움

인간은 함께하면서 누군가에게 부탁하기도 하고 부탁을 받기도 한다. 그런데 부탁할 일이 있을 때 선뜻 말하지 못하고 망설이게 되는 경우가 있다. 이 때 우리의 마음에는 어떤 것이 있을까?

첫째는 내 부탁이 거절당할까봐 염려하는 마음이 있다. 우리 문화에서 거절은 단순한 거절 그 이상의 의미를 지닌다. 즉, 거절을 당하면 내가 '부탁한 일' 이 거절당한 것이 아니라 '나 자체' 가 거절당했다고 생각되어 민망해지고 섭섭함을 느끼며, 관계가 단절되는 경우로 확대되기도 한다.

친구에게 돈을 빌려야 하는 상황을 상상해보자. 돈을 꿔달라는 부탁을 했는데, 친구가 때마침 돈이 없다면서 미안하고 난감한 표정을 지으면 우리는 부탁한 행동을 후회하게 될지도 모른다. 그와 같이 어색한 상황에 대해서 적절하게 대처할 방법을 찾기 어렵다. 그가 만약 친구관계가 어색해지는 결과를 감수하면서 거절한다면 나는 그 거절을 마지못해 받아들여야 하기 때문에 아예 부탁하는 일 자체를 포기하기도 한다.

둘째는 내 부탁을 들어주면서 상대도 나에게 뭔가를 바랄것이라고 생각하면 부담스럽다. 지금은 내가 아쉬워서 뭔가 부탁을 하지만, 그 후에는 마음에 빚을 지고 살면서 반드시 갚아야 한다는 부담감이 싫은 것이다. 전래동화에는 보은報恩에 관한 이야기가 참 많다. 흥부에게 박씨를 물어다 준 제비나, 목숨을 걸고 은혜를 갚은 까치처럼 신세를 지면 목숨을 걸고서라도 꼭 갚아야 하는 것으로 생각하는 것이다.

셋째, 나의 부탁을 강요나 협박으로 받아들이고 마지못해 들어주거나, 상대가 적선하는 듯한 태도를 보이면 자존심이 상할 수도 있다. 내 부탁에 대해 상대가 억지로 응하는 태도를 보이거나 불편해 하면 우린 '내가 괜한 부탁을 했나?' 라는 자책을 한다.

넷째는 속마음을 드러내는 것이 익숙하지 않은 것도 한가지 이유가 된다. 우리는 예로부터 '참고 견디는 것이 미덕이다' 라고 배워온 탓에 속마음을 드러내는 일은 염치없고, 민망한 일이라 여겨왔기 때문에 표현을 거의 하지 않는 사람이 많다. 그러다보니 상대 역시 내 부탁에 대해서 실제로는 부담스러우면서도 속마음을 표현 못하고 마지못해서 들어줄지 모른다고 지레짐작하게 된다. 또 계속 이렇게 눈치 없이 부담을 주면 관계가 소원해질지 모른다는 염려도 있다.

이렇듯 부탁이 어려운 이유는 말하지 않더라도 서로 마음을 읽어주는 한국문화의 독특한 특성에서 나오는 것인데, 마음이 연결되지 않았을 때, 내 부탁에 대해 상대가 어떻게 행동할 것인지 예측하기 어렵기 때문이다.

그러나 부탁은 우리의 관계에서 풍요로운 장으로 들어가는 문이 될 수 있음을 기억한다면 용기를 낼 수 있을 것이다.

풍요를 위한 부탁

우리는 부탁을 하기 전에 먼저 상대에게 내 부탁을 거절해도 괜찮다는 것을 보여야 한다. 대체로 서로 말하지 않아도 상대의 마음을 읽을 수 있는 것이 우리들의 관계이긴 하지만, 혹시 마음을 읽기 어려운 상대라면 사소한 오해가 생길 수 있기 때문에 당신이 내 부탁을 거절해도 그것을 그대로 수용하겠다는 점을 미리 밝히는 것이 좋다. 내가 하는 부탁은 단지 하나의 제안일 뿐이라는 생각을 놓치지 않는 것이다. 좋은 관계를 유지하면서 서로의 풍요를 위해 부탁하는 방법은, 먼저 내 심정을 살펴서 내가 원하는 것이 무엇인지에 집중한다.

다음에 제시된 문장은 참대화로 부탁하기에 대한 사례이다.

- 엄마가 힘들어서 그러는데, 네가 이 일을 좀 도와줄 수 있겠니?
- 당신과 함께 하고 싶어서 그러는데, 주말에 영화관에 갈 수 있을까요?
- 선생님이 좀 편하게 수업하고 싶어서 그러는데, 선생님에게 좀 주목해줄 수 있겠니?
- 마음 편하게 일을 마치고 싶어서 그러는데, 숙제를 끝내겠다는 약속을 해줄 수 있니?

| 거절 |

거절의 의미

첫째, 모든 거절은 그가 다른 무엇인가를 선택하고 있음을 의미한다. 함께 공부하는 교사에게서 문자메시지가 왔다. 다음은 휴대폰 문자메시지를 주고받기 쉽도록 80바이트를 지키며 줄여 쓴 문자 내용이다.

그 : 금주 금욜에 모여서 토의하고 모처럼 즐거운 시간 갖게 모입시다.
나 : 초대 고맙고 함께하고 싶기도 해요. 서운한데 가족모임 약속 지키고 싶네요. 양해부탁. 다른 날로 한번 다시 정하면 어떨지?
그 : 그럼 토요일 오후에 집 근처에서 어떠세요?
나 : 그럼 나도 편하게 함께할 수 있겠네요. 감사.

내가 그의 부탁을 거절한 것은 그와 만나는 것이 싫거나 귀찮아서가 아니라 단지 미리 정해진 '가족모임 약속을 지키고 싶다'는 내마음을 선택한 것이다. 거절은 상대의 인격 자체를 거절하는 것이 아니라 다만 수단과 방법에 대한 불일치일 뿐인 것이다. 내가 원하는 것을 분명하고 구체적으로 밝히면 상대는 오해 없이 서로를 위한 좋은 방법을 다시 찾는 일에 협력할 수 있다.

둘째, 거절은 새로운 대화로 초대하는 것이며 진정한 관계를 맺을 수 있는 계기가 될 수 있다.

45세 이화목 씨는 백화점 동호회에서 만난 친구들에게 식사를 하자고 초대를 했으나, 그들은 다른 운동모임 약속이 있었기 때문에 함께할 수 없다고 거절했다. 그때 친구들은 초대에 대해 감사한 마음을 먼저 전하고, 운동을 계속하고 싶고 중요하게 여기고 있음을 천천히 설명하였다. 이화목 씨는 그들이 자신의 호의나 인격을 거절한 것이 아니며 운동을 매우 중요시하기 때문에 거절한 것임을 알게 되었다. 그는 건강도 챙기고 그들과 함께하고 싶었으므로 곧바로 자신도 한 몫 낄 수 있겠느냐며 제안을 했다. 이화목 씨는 그 일로 2년째 그 친구들과 배드민턴을 치고 있으며, 지난번 동호회 대항 대회에 나가기도 했다.

이화목 씨의 친구들이 만약 초대를 거절하면서 자신들이 원하는 것이 무엇인지 표현하지 않았더라면 그 후 그들의 관계는 어떻게 되었을까? 지금처럼 또 다른 관계로 발전하게 된 것은 자신들이 원하는 것을 진솔하게 말했기 때문이다.

셋째, 진솔하지 않은 거절은 그 대가를 치르게 된다.

아들과 함께 축구를 했다. 아들이 생수병을 내밀었을 때 난 물을 마시고 싶었지만, 아들과 그 친구들이 먹기에 부족할 것 같았다. '난 괜찮으니 너희들 먹어라' 라며 거절했다. 아들과 친구들은 물을 마시고 손을 씻기도 했다. 나중에 한 친구가 가방에서 다른 물병을 또 꺼내더니 조금 먹고 나서 남은 물을 이번엔 머리에 붓고 있다.

나 : 그 물 나 좀 먹자.

그 : 안 드신다면서요?

나 : (속말 : 모자랄 것 같아서 사양한 건데 이런 눈치 없는 녀석들)

풍요를 위한 거절

거절을 할 때 어떤 표현이 적절할까? 거절을 하기 전 가장 먼저 해야 할 일은 첫째, 상대의 마음에 공감하는 것이다. 요청이나 부탁을 하는 사람의 마음을 읽어주고, 나의 심정을 표현한다.

회사원 유현명 씨는 남편으로부터 다음 연휴에 부모님 댁에 다녀올 수 있겠느냐는 제안을 받았다. 그러나 이미 아들이 참가하는 영어캠프에 함께 입소하기로 계획되어 있었다. 우선, 유현명 씨는 남편의 말에서 원하는 것이 무엇인지를 짐작하고 남편의 마음을 확인했다.

"내가 시댁에 다녀와서 당신 마음이 좀 편해지기를 바라는 거죠?"

둘째는 거절하는 자신의 심정을 표현한다. 상대의 부탁을 듣고 떠오르는 생각과 기분을 말하고 나서, 내가 원하는 것을 표현한다.

"나도 당신 마음이 편하도록 그렇게 했으면 참 좋을 것이라고 생각해요. 당신이 원하는 것이 무엇인지 알겠어요. 그런데 이번 연휴에는 아들과 함께하고 싶어요.**심정** 새 학년에 올라가서 시작하는 영어에 흥미를 잃을까봐 너무 걱정이 되거든요.**심정** 제 마음 이해하실 수 있겠어요?" **제안**

마지막으로 상대가 원하는 것과 내가 바라는 것을 모두 만족시킬 수 있는 방법을 제시한다. 내가 원하는 것을 포기하지 않은 상태에서 상대가 원하는 것도 중요하게 여긴다는 내 마음을 표현함으로써 그가 기꺼이 또 다른 대안을 제시할 수 있도록 장을 마련하는 일이다.

부인 : 그래서 이야기인데, 무슨 다른 방법이 없을까요? 시댁도 다녀오고, 아이 캠프에도 함께할 수 있는 방법이요?

남편 : 음, 그럼 내가 출장 다녀오는 길에 어머니 집으로 바로 갈 테니까 당신은 캠프 끝나는 주말에 직접 시골집으로 오는 건 어떻겠어요?

때로 거절은 좀 더 대화를 해보자는 초대일 수 있다. 부탁한 일은 거절하지만 다른 일을 선택하고자 하는 마음을 알면 더 효율적인 대안을 모색할 수 있으며 서로의 마음을 나누는 대화로 확장할 수 있다. 이것이 삶을 풍요롭게 하는 방법이다.

거절을 수용하기

이제 거절을 공감으로 수용해보자.

집안 청소를 도와달라는 엄마의 요청에 대해 아들은 할 일이 많다며 거절한다. 이때 아들은 집안 청소 대신 친구와 떠날 캠프 계획 세우는 일을 선택한 것이다. 친구들과 캠프계획을 세우는 일에서 성취감을 얻는 것이 어머니의 부탁을 들어드리는 일보다 더 중요하다고 생각하면 거절할 수 있다. 이때 엄마는 캠프에 대한 기대감으로 흥분된 아들의 마음을 읽어 주고 다른 방법이 없을지 찾아보자고 말한다면 소통의 기회가 생길 수 있다.

만약, '아니, 놀러가는 일이 그렇게 급해? 서로 도우며 살아야 하는 거 아니니?' 이렇게 말했다면 협력적인 분위기는 기대하기 어려울 것이다. 부모와 자식이라는 관계를 내세워 강요를 했더라면, 아들은 엄마의 부탁을 불편한 마음이 있음에도 불구하고 마지못해 받아들였을 것이며, 엄마 입장에서는 억지로 청소를 하는 아들의 모습을 보는 것이 결코 편안하지 않았을 것이다. 강요를 통해 이루어지는 어떤 것도 우리를 만족시키기는 어렵다. 다소 시간과 노력이 들더라도 서로를 존중하는 마음으로 원하는 것을 맞춰가는 것이 필요하다.

그가 거절한 것은 내 인격을 거절한 것이 아니다.

TV를 보고 있는데 아내가 주방에서 내게 소리쳤다.

그 : 거실 청소 좀 해줘요.

나 : 음, 나 이것 좀 보고…….

그 : 당신은 정말 너무해! 어쩌면 그렇게 사람을 무시해요?

너무하다는 말에 난 잠시 죄책감이 들었지만 바로 정신을 차렸다. 아내가 청소를 해달라는 부탁을 거절할 때 나의 마음은 무엇이었을까? 나는 다만 이창호 9단과 중국의 구리 9단의 바둑결승전에서 아슬아슬한 승부가 이어지고 있기 때문에 그 결과가 궁금하고, 멋진 경기모습을 보고 싶었던 것뿐, 아내를 무시할 마음이 정말 없었는데 참 억울했다.

그러나 거절당한 아내의 입장에서는 힘든 자신의 사정을 봐주지도 않고 도와주지도 않는 나의 행동을 자신을 무시한 것으로 받아들인 것이다. 상대의 거절을 나에 대한 거절이나 사랑하지 않는 일로 받아들이면 둘 사이의 관계는 불편하고 어렵게 되어버린다. 의식적으로라도 상대의 거절을 거절 그 이상으로 받아들이지 않는 노력이 필요하다.

한편 상대가 내 부탁을 거절하더라도 어쩔 수 없는 일이라는 생각을 갖자. 우리는 왕조시대의 제왕이 아니기 때문에 누구라도 나의 부탁을 거절할 수 있는 권리가 있음을 기억해야 한다. 남편이 영화관에 가지 않겠다고 말한 것은 당신과 함께 하고 싶지 않아서가 아니라 아마도 피곤해서 좀 더 쉬고 싶은 마음 때문일 수도 있음을 생각해야 한다. 언제나 우리가 원하는 것을 얻으면 좋겠지만 그렇지 않더라도 그런 상황이 안타까울 뿐 어쩔 수 없는 일이라는 것을 기억해야 한다.

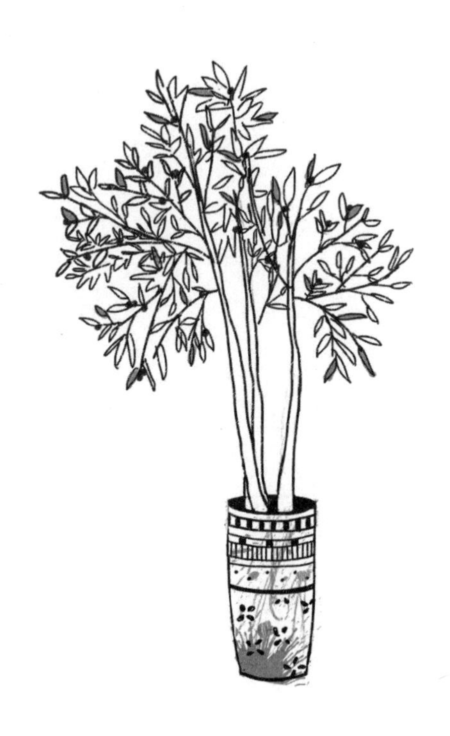

07

자/기/위/로

세상에서 가장 좋은 친구는
나 자신이다.

제7장 자기위로

| 자기위로의 의미 |

보고 싶은 친구를 만나기로 약속한 날 갑자기 급한 일이 생겨서 모임에 참석할 수 없거나 이삿날 폭우가 쏟아질 때처럼 누구를 원망할 일이 아닌데 마음이 상하는 일이 있다. 고통스러울 때 따뜻한 위로는 얼마나 행복한 일인가? 충분한 위로는 상한 마음을 치료할 수 있고, 새로운 힘이 솟아나게 하기도 한다. 마음이 상했을 때 진정으로 위로해 주는 가족이나 친구가 있다면 기꺼이 그 아픔을 견디고 긍정적인 힘을 얻을 수 있겠지만, 인생을 살다보면 오직 혼자서 아픔을 견뎌야 할 때도 있다.

'세상에서 가장 좋은 친구는 나 자신' 이라는 말이 있다. 아무리 가까운 사람이라 할지라도 내 마음을 나 자신만큼 잘 알 수는 없다. 자신만이 무엇 때문에 마음이 이토록 아픈 것인지 그리고, 이 아픔에서 벗어나기 위해서는 무엇이 절실히 필요한지를 가장 정확히 알 수 있기 때문이다.

이 단원에서 우리는, 자신의 상한 마음을 외부의 여건과 상관없이 스스로 위로하여 마음에 활기를 찾을 수 있기를 기대한다. 자기위로는 마음의 움직임을 살피고 다루는 것이므로 지금 자신이 하고 있는 심리적 탐색작업을 객관적으로 확인하기가 어렵다. 그래서 필자는 매우 구체적인 확인과정을 기록하여 누구나 자기 마음을 챙겨줌으로써 얻는 새로운 활기를 경험하기를 기대한다.

| 자기위로 6단계 |

자기위로에는 몇 가지 어려운 점이 있다. 우선 자신의 마음을 객관적으로 바라보는 일에 익숙하지 않은 독자라면 '마음을 바라본다'는 표현이나 '마음을 살핀다'는 말이 어색하게 들릴 수 있을 것이다. 그리고 위로는 누군가에게 받는 것이라고 생각해 온 사람이라면 스스로를 위로하는 일은 익숙한 것이 아니다. 또, 스스로 위로하는 방법이라 하더라도 앞에서 살펴본 바와 같이 다른 사람과 비교하여 '그나마 다행이다'라는 생각으로 불편한 마음을 억누르는 경우가 일반적이다. 필자는 이 프로그램에 참여한 사람들이 그 후에 마음의 평안을 경험하고 자존감이 높아졌다는 후기담을 들으면서 함께 기뻐하고 있다. 여러분에게도 마음의 평안을 스스로 만들어 가는 멋진 경험이 되길 기대한다.

이제 당신은 조용하고 방해받지 않는 환경을 만든 뒤에 제시된 방법에 따라 천천히 자신의 마음을 다뤄 보자. 제시된 단계를 빠짐없이 따라서 진행하되 가능하다면 글로 적어가며 실행하고, 전체적인 작업과정을 익혔다면 같은 작업을 2~3회 반복한다. 만약 여러분이 이 과정을 성실하게 수행한다면 언제나 자기를 위로해주는 최고의 친구를 얻게 될 것이다.

1. 상황 : 마음에 영향을 주는 자극 알아차리기

처음은 마음에 부정적인 영향을 주는 자극을 알아차리는 단계이다. 구체적인 상황을 있는 그대로 떠올린다. 이때 내 심정을 자극하는 일에 대해 가볍게 주의를 두면서 구체적으로 묘사한다. 나를 움직이는 자극이 무엇인지 감각이나 생각, 감정, 신체반응 등을 살핀다. 유의할 사항은 내 생각에 집중한 나머지 부정적인 생각으로 진행하여 스스로의 행동을 반성하거나 상대를 공격하는 생각으로 발전되지 않도록 주의한다.

- ~가 있구나.
- ~라고 생각하는 구나.

1단계 상황 예시

추운 겨울날 저녁, 친구와 약속이 있었다. 약속시간이 촉박하여 서둘러 외출 준비를 끝냈을 때, 아들이 목욕을 끝내고 화장실에서 나온다. 내가 화장실에 들어갔을 때 욕실용 슬리퍼와 화장실 바닥에 물기가 그대로 있었기 때문에 차려입은 바지와 양말이 젖어버렸다. 짜증이 났지만 다급한 마음에 서둘러 집을 나섰는데, 젖은 양말이 찜찜하고 발이 시려온다.
나는 이렇게 자기위로를 시작했다. 우선 불편한 마음이 생기게 된 상황과 비판적인 나의 생각들을 그대로 살피면서 혼잣말을 한다.

- 아들이 목욕을 하고 나온 뒤에 욕실용 슬리퍼 물기로 내 양말이 젖었다.
- 아들은 다른 사람을 배려하지 않고 행동하였다.
- 아들이 나를 불편하게 만들었다.

이때, '아들은 배려 없는 행동을 하였다'는 생각이 발전하여 '생각 없는 아이'나 '배려 할 줄 모르는 이기적인 사람'이라는 공격적이거나 비판적인 생각으로 발전하지 않도록 유의한다.

2. 분리 : 생각을 나로부터 분리시키기

이 단계는 내용은 단순하지만, 실행하는 일은 그리 쉽지 않다. 우리가 주목하는 것은 드러난 행동이 아니라 내면의 마음을 다루기 때문이다. 자신의 마음을 객관화시켜서 바라본다는 것 자체가 그리 쉽지 않다. 그러나 이 글을 꼼꼼히 읽으면서 차분하게 따라하다 보면 어느새 그 원리가 체득될 것이다.

얼마 전 필자는 청계천 상가를 걷고 있었다. 한 청년이 좁은 길에서 짐을 옮기고 있었는데, 앞을 볼 수 없을 만큼 높은 상자였다. 청년은 그 길이 익숙한 듯 앞을 보지 않고도 신기하게 길을 찾아갔다. 그러다 가로 놓인 손수레를 미처 발견하지 못하고 걸려 넘어졌다. 들고 가던 짐은 내동댕이쳐졌고, 청년은 아픈 발을 움켜쥐고 한동안 앉아 있었다. 이 청년이 넘어지지 않을 수 있는 방법은 두 가지이다. 하나는 수레가 놓여 있지 않았을 경우이고; 다른 하나는 자신의 진행 방향을 살필 수 있었을 경우이다. 장애물이 놓여 있는 것은 내가 조정할 수 없는 것이고 앞을 볼 수 있도록 시야를 확보하는 일은 자신이 선택할 수 있는 방법일 것이다. 우스운 말처럼 들리지만 '내 눈을 가린 채 걷는 것' 은 위험하다.

비판적이고 부정적인 생각이 내 눈 앞에 바짝 붙어 있다면 주어진 상황을 그대로 볼 수 없다. 지금부터 우리는 마음을 불편하게 만드는 원인을 찾아내고 그것들이 내 생각을 지배하지 않도록 떼어놓는 일을 하게 될 것이다. 내 얼굴에 붙어 있는 종이를 떼어 내는 것처럼.

우선 자기 자신을 '위로하는 나' 와 '위로받는 나' 가 있다고 상상한다. 그리고 왼손을 가볍게 주먹 쥐고 가슴 쪽으로 가져오면서 '위로받는 나'

라고 이름을 붙인다. 그다음 오른손이 왼손을 감싸고 쓰다듬는 동작을 하면서 오른손에게 '위로하는 나' 라고 이름을 붙인다. 조용히 눈을 감고 머리에서 떠오르는 부정적인 생각을 자신에게 그대로 표현한다. 소리 내어 말하는 것이 좋고 글로 적는 것이 더 효과적이다. 이 방법은 우스꽝스러울 수도 있고 매우 단순하지만 여러 차례 반복하다보면 자신의 마음에 변화가 생기는 것을 체험할 수 있다. 상대에 대한 비판적인 생각이 나를 지배하던 상태로부터 조금씩 자유로워지게 되어 다른 생각을 할 수 있는 여지가 생긴다.

• 나는 나 자신에게 (   )라고 말하고 있구나.

• 나는 나 자신에게 '아들이 무시했다' 라고 말하고 있구나.
• 나는 나 자신에게 '아들이 가족을 배려하지 않는다' 라고 말하고 있구나.

3. 심정 : 비판적인 생각 뒤에 있는 심정 바라보기

스스로 마음을 챙기기 위해서 우리에게는 자신의 심정을 바라보는 일이 우선되어야 한다. 자신이 비판적인 생각을 했다면 어떤 심정이 충족되지 않았기 때문인지 그 심정을 찾는 단계이다. 한 가지 상황에 대해 여러 가지의 심정이 생기는데 그 중에서 가장 크게 느껴지는 것에 주목한다. 심정은 앞에서 자세히 다룬 것처럼 기분, 느낌, 감정들과 필요, 욕구, 기대, 열망 등을 모두 포함하는 말이다. 부정적인 생각 뒤에 있는 기분이 어떠한지, 자신이 원하는 것이 어떤 것이었는지에 대해 자세히 살핀다.

예를 들면, 친구가 연락 없이 약속시간에 나타나지 않았다. 이때 '그 친구가 나를 무시했다' 라는 부정적이고 비판적인 생각이 든다. 무시당했다고 생각하면 불쾌한 기분이나 아쉬움 등이 생길 것이다. 그리고 그 상황에서 내가 원했던 것은 '존중' 이나 '배려' 받고 싶은 마음일 것이다.

- 기분 : 불쾌한, 불편한, 짜증나는, 아쉬운, 염려되는, 안타까운, 화가 나는
- 필요 : 편안, 존중, 배려 받고 싶다. 배려하고 싶다, 성장에 기여하고 싶다. 수용 받고 싶다.

이와 같은 심정들 중에서 가장 먼저 떠오른 것은 '편안하고 싶은데 짜증난다' 이다.

4. 자기위로 : 안타깝고 아쉬워하면서 그대로 머무르기

앞에서 찾은 심정을 스스로 챙겨주는 단계이다. 우선 벌어진 상황에 대해서는 마음을 두지 않고 심정에만 집중해서 주의를 기울인다. 그리고 자신의 이름을 직접 불러가면서 내가 원하는 필요가 충족되지 않아서 생기는 아쉬움, 애석함, 슬픔을 위로한다.

이때 자신의 기분이나 느낌, 특히 신체적 감각에 집중하며 움직임을 보면서 변화가 올 때까지 머무른다. 신체적 변화는 사람마다 다양하다. 어떤 사람은 답답한 가슴이 편안해지기도 하고 후끈거렸던 얼굴이 진정되는 것을 느끼기도 한다. 충분히 작업이 진행되면 대개는 긴장이 풀리고 편안함을 느낀다.

친구가 약속시간에 나타나지 않았을 때 '존중' 받기를 원했던 마음을

위로해준다.

- ○○아, 존중받고 싶었는데, 안타깝다.
- ○○아, 배려 받고 싶었는데, 얼마나 안타까운 일인가! 애석하다. 슬프다. 아쉽다.
- 답답한 가슴이 편안해진다.

- ○○아, 좀 편안하고 싶었는데 아쉽다. 안타깝다.
- 편안함. 편안함. 편안함. 편안함…….
- 뻣뻣했던 뒷목이 풀리는 것 같다.

5. 활력 : 심정이 충족되었을 때의 활력 경험하기

이 단계는 원하는 것이 이루어진 이미지를 상상하면서 그 이미지가 주는 활기를 느껴 보는 단계이다. 과거에 행복하고 즐거웠던 기억을 떠올리면 기분이 좋아지는 것을 느낀다. 그것은 좋은 이미지가 우리에게 주는 활기가 있기 때문이다. 내가 원하던 것이 충족되었을 때 느끼게 될 행복과 만족감, 희열 등의 긍정적 기분들을 떠올리며 머문다. 심정 자체 속에 있는 고유의 긍정적인 힘을 느끼면서 나에게 이 욕구가 왜 중요한지를 음미하며 몰입하는 것이다.

친구가 약속을 어긴 상황에서 존중받는 이미지를 떠올리고 머문다.

'친구가 나를 무시하지 않고 존중했을 때 나는 함께하며 누리는 풍요로움과 즐거움, 흐뭇함을 맛보게 될 것이다. 그 풍요로움과 즐거움들이 얼마나 아름다운가? 참 행복한 일이다' 라는 생각에 머무르며 행복의 기운을 음미한다. 이러한 상상만으로도 분위기가 전환되고, 새로운 생각이 떠오르기도 한다.

여러분이 이와 같은 절차를 제대로 따라 했다면 다음과 같은 것들을 맛볼 수 있다.

① 명료화 : 상황과 내 생각을 분명하게 구분하고 편안하게 바라볼 수 있게 된다. 습관적으로 생각했던 내 생각이 꼭 맞는 것이 아니라는 점을 알게 될 수도 있다.

② 자기연민 : 고통스러운 자신에게 '~이 안 돼서 안타깝다' 며 위로할 힘이 생기고, 그 상황을 객관적으로 보게 된다.

③ 충분한 위로를 받으면 생동감 있는 에너지가 생겨서 활기가 느껴지며, 새로운 생각으로 전환되거나 기분이 전환된다.

- 내가 나에게 '아들이 나를 무시했다' 라고 말하고 있구나. 그런데 아들이 일부러 무시하려고 한 일은 아니지.
- 아쉬운 마음이 엷어지고 편안함이 생긴다.
- 그는 여전히 소중하고 사랑스러운 내 아들이다.

6. 제안 : 새로운 마음과 생각을 정리하기

무엇인가 제 뜻대로 되지 않아서 울음을 터트린 아이를 잠시 동안이라도 포근하게 안아주면 울음을 그치는 것처럼 우리도 마음에 고통이 있을 때 충분히 위로받으면 마음이 풀리고 새로운 힘이 솟게 된다. 이 단계에서는 새롭게 솟아나는 마음을 바라보고 생각을 정리한다. 이때 습관적이거나 도덕적 판단에 의한 의무감으로 어떤 행동을 선택하지 말고 내게 진정으로 기쁨을 주는 것이 무엇인지 충분히 살피는 일이 필요하다.

약속시간에 늦게 나온 친구에게 내가 존중받고 배려 받고 싶었던 내 욕구를 설명하고 싶다면 조금은 진지하게 '나는 네게 좀 배려 받고 싶었는데, 아쉬웠어. 다음에 이런 일이 있다면 미리 연락을 해주면 좋겠는데, 네 생각은 어때?' 라고 말한다. 이런 표현이 어색하고 익숙하지 않다고 해서 습관적인 태도로 아무 일 없다는 듯이 웃고 넘기는 일은 진정한 연결을 위해서 서로에게 유익하지 않다. 그리고 나를 속이는 일이 될 수도 있다.

- 자동차 시동을 걸어놓고 아들에게 문자를 보낸다. '아들, 목욕탕 신발-물기 제거. 젖은 발이 불편하구나. 배려 받고 싶어.'
- 젖은 양말은 조금 있으면 마를 거야.
- 아들이 존중-배려하려는 태도에 익숙해지겠지.
- 아들도 바쁜 자기 일정 때문에 미처 깊이 생각을 못했을지도 모르지.

자기위로 요약

참대화에서 자기위로는 이미 지나가 버린 일이나 거론하기 힘든 상황에 대해 비판적인 생각이나 후회스러움, 자기학대적 태도를 내려놓는 것이다. 그 대신 당시에 자신이 원하던 것을 이루기 위해 선택한 행동을 그대로 인정해주고, 이루어지지 않은 상황에 처한 자신을 안타까워해주는 것이다. 내가 나에게 말하는 것이지만, 신기하게도 스스로 위로를 받으면 새로운 생각이 떠오르거나 자신이 원하는 것을 충족시키기 위해서 선택한 자기 행동에 대해서 아름다운 마음으로 바라볼 수 있게 된다.

그때는 분노나 후회나 우울한 마음으로 몰아가는 것이 아니다. 그 대신 우리는 부족하지만 나름대로 최선을 다해서 삶을 지탱하고 있으며, 위태롭게 담장 위를 걷는 자기 모습에 대해서 안타까워할 수 있다. 자기 자신을 만나서 연민으로 따뜻하게 안아주면 된다.

| 자기위로 종합 |

자기위로 예 1

강연을 위해 D시로 가는데 출발에서부터 꼬였다. 강의 시작은 11시였는데, KTX는 매진되었고 버스는 9시 30분에 도착하는 것뿐이다. 승용차를 가져가려고 했으나 아침에 조용한 시간을 갖고 싶었기 때문에 버스를 이용하기로 했다. 그러나 내 계획은 허사가 되었다.

버스 터미널에서 강의장까지 이동할 때는 지하철을 잘못 타서 강의 시간에 간신히 맞춰 도착했고 강의를 마치고 돌아올 때는 터미널까지 호되게 추운 찬바람을 맞으며 20분을 걸어야 했다. 또, 시간 반이나 기다려서 버스를 탔으며 집으로 돌아오니 6시가 넘어 있었다. 그날 결국 1시간짜리 강의를 위해 11시간을 소비했다. 슬그머니 화가 치밀어 오른다.

1. 상황 : 나를 공격하는 모습을 바라보며 심호흡을 하면서 자극과 생각들을 바라본다

- 이런 멍텅구리 같으니, 효율적으로 살아야지 꼴이 이게 뭐람.
- 나는 1시간 강연을 위해서 11시간을 허비하였다.
- 힘들 것을 예상하지 못한 채 차를 두고 가서 생고생을 했다.
- 재수 없는 날이다.
- 난 늘 왜 이 모양이지.
- 머리를 쥐어박자. 쿡쿡…….

2. 분리 : 비판적인 생각들로부터 나를 분리시키기

- 나는 나에게 '멍텅구리' 라고 말하고 있구나.
- 나는 나에게 '재수 없는 날을 살았다' 고 말하고 있구나.

3. 심정찾기 : 비판적인 생각 뒤에 연결된 심정 찾기. 자신이 원했거나 기대했던 심정을 찾는다

- 무엇을 원했기에 차를 안 가져갔지?
- 내가 원하던 게 뭐였지?
- 교통비 절약 **풍요**, 운전하기 싫고 **편안**, 조용한 시간을 갖고 싶어서 **여유로움**

4. 위로 : 비판적인 생각 대신 어떤 세상을 원했던 자신을 연민으로 보살펴 준다. 편안한 상황을 연상하며 반복적으로 머무른다

- 편안함을 기대했는데……. 음, 편안했으면 얼마나 좋았을까…… 안타깝다.
- 여유로움을 기대했는데……. 음, 여유로운 시간을 가질 수 있으면 얼마나 좋았을까……. 아쉽다.

5. 활기 : 충분히 위로해준 뒤에 새롭게 떠오르는 생각이나 심정을 찾는다. 아침에 여유롭고 편안하고 싶어서 새로운 시도를 했던 나를 위로해준다. 그러면 새로운 생각들이 떠오른다

- 그런데, 정말 멍청한 거 맞나?
- 버스를 타고 자면서 가는 일은 편안했겠지만, 걷는 건 생각 못 했던 거야.
- 시간이 이렇게 많이 소모될지도 예상하지 못했고.
- 그건 멍청한 게 아니고 경험이 없어서 그런 거라고.
- 그래도 의도는 좋았잖아.
- 예상을 못한 상태에서 절약하고 편안하게 가고 싶은 나로서는 이 방법이 현명했던 거라고.
- 마음이 따뜻해져 온다. 풍요롭고 편안하고 싶었던 나를 포근하게 안아준다.

6. 제안 : 새로운 심정과 생각들을 바라본다

- 다음에 지방 강의를 갈 경우에는 교통편을 분명히 알아보도록 챙겨야 하겠다.
- 교통비를 아낀 것으로 딸아이에게 선물을 해야겠다.
- 풍요로움, 따뜻함, 다행스러움 등의 심정들이 올라온다.

정류장에 딸아이가 마중을 나왔다. 아낀 교통비로 딸아이가 좋아하는 자장면과 탕수육으로 저녁을 맛있게 먹었다. 자책과 비난으로 가득 찼던 내 마음이 다음 삶을 위한 준비와 따뜻함으로 가득 찬다. 그리고 대중교통을 선택했던 풍요로움을 충분히 누린다. 딸아이의 행복한 웃음이 가슴 가득 차오른다.

자기위로 예 2

45세 유순해 씨는 며칠 전 남편과 중2 딸아이 때문에 화가 났는데 아직도 그 문제가 해결되지 않아 마음이 불편하다. 남편이 늦게 들어온 딸아이에게 욕설을 하면서 '한번만 더 그러면 쫓겨날 줄 알아!' 라고 말했다. 그때 딸은 '죄송하다' 는 말 대신 '아빠 마음대로 하세요!' 라며 제 방으로 들어갔고 그 말을 들은 남편은 유순해 씨에게 자식교육을 똑바로 시키지 않았다고 비난해서 부부싸움을 하게 되었다. 유순해 씨는 이런 상황에서 자신이 원하는 것을 이렇게 말한다.

- 나는 평화로운 가족분위기를 원한다. **평화**
- 남편과 소통하는 관계를 원한다. **소통**
- 딸이 바르게 자라도록 돕고 싶다. **기여**
- 딸이 잘될 것이라는 확신이나 믿음을 갖고 싶다. **확신, 신뢰**

그 중에 가장 크게 부각되는 한 가지 심정을 정해서 '위로하는 나' 가 '위로 받는 나' 에게 이렇게 말한다.

'나는 평화로운 분위기를 원하는데, 아쉽다, 안타깝다.'

이 마음에 한참 머물면서 작은 소리로 내게 '아쉽다' '안타깝다' 라고 위로해 준다. 작은 소리로 말하면서 동시에 '위로하는 나' 가 '위로받는 나' 를 쓰다듬기를 계속한다. 이렇게 머물러 있으면 새로운 마음이 생기기도 하고, 해결방법이 떠오르기도 한다. 이때 평화로운 분위기가 연출된 가정을 상상하면서 좋은 이미지를 만들어 떠올리면 더 효과적이다.

이때 주의할 점은 자신을 위로하다가 부정적인 감정에 빠져들어서 자신을 부정적으로 바라보거나 상대에 대한 공격적인 생각으로 발전시키지 않아야 한다는 점이다. 오직 담담하게 자신이 원하는 것과 그것이 해결되지 않은 것에 대해 위로해주는 것에서 멈추어야 한다. 만약 새로운 생각이나 긍정적인 감정이 만들어진다면 그것에 힘이 있고, 그 활기가 우리를 새로운 세상으로 안내할 것이다.

08

의/사/결/정

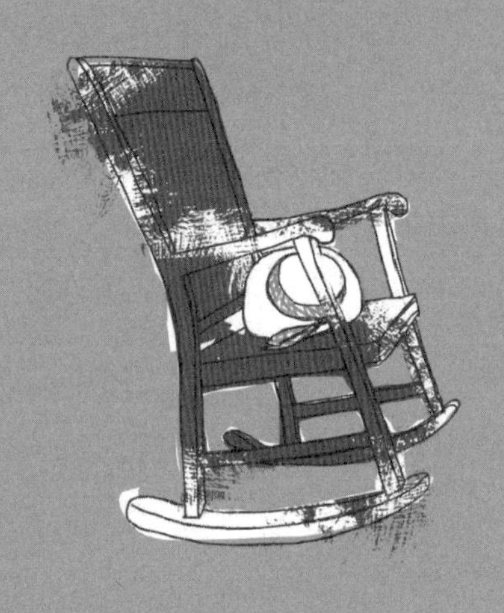

선택은 언제나 포기를 수반한다.

제8장 의사결정

주부는 오후가 되면 오늘 저녁 메뉴를 무엇으로 정할지 선택해야 한다. 청소년은 진로를 선택해야 하고, 교사는 수시로 수업지도 방법을 선택해야 한다. 사소하게는 아침에 어떤 옷을 입을지, 오늘 점심엔 중국요리를 먹을지 아니면 간단한 패스트푸드를 먹을지, 그리고 누구와 이야기를 하고 어떤 교통수단으로 집으로 돌아올지……. 우리는 매 순간 선택의 기로에 놓여있다.

인간의 능력은 제한적이므로 원하는 것을 모두 가질 수 없다. 한 가지를 선택하면 다른 것은 포기해야만 하는 것이다. 포기되는 기회들은 우리에게 아쉬움과 불안을 안겨 준다. 지난 일에 대해서 잘못된 선택이었다고 후회해본 경험 때문에 선택의 기로에서 더욱 깊은 갈등과 떨림을 겪게 되고, 만족스러운 선택을 하는 데 실패하기도 한다.

| 의사결정 6단계 |

어떻게 하면 우리가 선택한 일에 대해 후회를 줄일 수 있을까? 지금부터 효과적인 의사 결정을 돕는 방법을 6단계에 걸쳐 설명한다. 천천히 단계를 놓치지 않고 따라가다 보면 결정의 어려움을 겪을 때 편안한 마음을 선물로 받을 수 있을 것이다.

1단계 : 선택할 때 충족될 욕구를 확인한다

무엇을 선택하는 것이 더 나을지 망설여질 때 주어진 상황을 그대로 바라보자. 그리고 두 갈래 선택의 기로에서 하나를 선택했을 때 얻어지는 욕구는 무엇이며, 포기되는 욕구는 무엇인지 각각 기록한다.

한 사람에게 두 가지 역할이 동시에 주어지면 역할 갈등이 생긴다.

다음 주 토요일은 학부모 회의와 고향에 계신 친정어머니 생신 잔치가 겹쳐 있다. 학부모 회의에 참석한다면 자녀의 학교생활과 진로에 대한 정보를 얻을 수 있기 때문에 부모로서의 역할을 성실하게 수행할 수 있게 된다. 그러니까 '돌봄' '기여' 의 욕구는 얻을 수 있지만 친정어머니에 대한 '효행' 과 가족 간의 '친밀감' 의 욕구는 잃게 된다.

1년에 한번 열리는 고교 동창회가 있는 날이다. 동창들을 만나는 것이 즐겁고 특히, 동창 중에는 얼마 전에 부친이 별세했을 때 장례식장에 가지 못했던 친구도 나온다는데, 오늘 학교에서 회식이 있다. 새로운 부서 선생님들과 친분을 나누고 싶기도 하고, 회식에 참여하지 않으면 학년부장이나 교감, 교장 선생님이 비협조적인 교사로 평가할 것이 두렵기도 하다. 이때 '동창회' 와 '부서회식' 에 대해 각각 충족되는 욕구의 정도를 가늠해본다.

2단계 : 어떤 욕구가 더 큰지 비교한다

'동창회' 와 '부서회식' 을 번갈아 떠올리며 어느 것에 더 많은 에너지가 실리는지 느껴본다. 예를 들어 동창회와 부서회식 중에서 어떤 것을 선택했을 때 '친밀감' 의 욕구를 더 얻을 수 있는지를 따져 보자는 것이다. 이렇게 '친밀감' '관계유지' '편안한 분위기' '인정' 등 떠오르는 욕구를 비교하면서 아래 표에 기록한다. 표에 제시된 욕구들은 예를 든 것일 뿐, 독자의 개인적 필요와 욕구가 각자 다를 것이므로 추가하거나 빼도 된다. 이 단계에서 중요한 것은 우리가 무엇을 선택할 때 그 뒤에는 언제나 내적필요가 존재하고, 만족의 정도를 비교하여 결정하자는 것이다.

행 동	충족되는 욕구	1-10점수
동창회	충족되는 욕구	
	친밀감	
	관계유지	
	좋은 평가	
	힘을 얻음	
부서회식	친밀감	
	관계유지	
	편안한 분위기	
	인정(좋은 평가)	

이 과정이 처음에는 복잡한 것 같지만 조금 익숙해지면 각각의 욕구를 하나하나 늘어놓고 살피는 것이 아니라 동창회, 부서회식을 선택한 장면에 주목하면서 전체적인 에너지 정도를 살피며 비교할 수 있게 된다.

3단계 : 각각의 욕구에 주목하며 마음의 변화를 살핀다

에너지의 정도를 비교하다 보면 각각의 행동에 대해 한쪽이 옅어지거나 새로운 생각이 떠오르는 것을 경험하게 된다. 아래 예문은 두 선택에 대해 원하는 것을 충분히 살핀 후 나타나는 생각의 변화들이다.

- 부서회식은 자주 있는 일이니 이번에는 동창회에 참여하는 것이 좀 더 낫겠다.
- 회식은 또 기회가 주어지지만, 친구를 만나는 것은 그 기회가 훨씬 적으니 더 중요해.
- 요즈음 마음이 힘든데, 옛 친구들과 만나면서 어린 시절의 동심을 되살리고 싶다.
- 비협조적인 교사로 평가받는 일이 이번 일 한번으로 결정되는 건 아니지.

4단계 : 선택한 것에 대해 스스로 축하한다

어떤 일을 결정했다면 그것은 선택한 그 일을 통해서 얻게 되는 욕구의 힘이 더 컸음을 의미한다. 결국 내게 조금이라도 더 나은 것을 선택한 것이다. 이제 포기되는 다른 대가를 지불하여 얻은 선물에 대해 축하하고 감사하자. 부서회식보다 친구와의 만남을 선택했다면 다음과 같이 스스로 축하할 일들이 있을 것이다.

- 친구와 함께하게 되어 기쁘다. '즐거움' '친밀감' '좋은 관계' 에 대한 축하와 감사
- 친구를 위로할 수 있는 기회가 주어졌다. '기여' '함께함' '배려함' 에 대한 감사
- 옛 친구와 만남을 통해 새로운 에너지를 얻을 수 있을 것이다. '힘을 얻음' 에 대한 감사와 축하

이 과정을 통해 우리는 어찌해야 좋을지 몰라서 갈등하던 처음의 마음이 변하여 기쁘고 감사할 일들로 가득 차고 마음이 풍요로워지는 것을 느끼게 된다.

5단계 : 포기된 것에 대해 스스로 위로한다

그러나 '부서회식' 을 포기한 행동에 대해 마음 한구석에 아쉬움은 남아 있다. 이것은 앞 장에서 다룬 '자기 위로' 를 통해 스스로를 위로해준다.

- 부서회식에도 참여했더라면 좋았을 텐데, 아쉽다.
- 동료 선생님들과 함께 마음을 나누고 즐거운 시간을 갖는 것은 행복한 일인데, 안타깝다.
- 하지만 더 나은 것을 선택한 것은 잘한 거야.

우리 마음에 고통이 있다면 충분히 바라보며 위로해주면 해결된다. 강

하고 당당한 듯 보이는 사람이라 할지라도 마음이 아플 때는 위로받고 싶은 것이 인지상정인 것이다. 위로는 밖에서나 안에서 모두 이루어질 수 있다. 그렇게 하면 포기된 아쉬움을 보상하기 위해서라도 선택한 것에 더욱 힘을 기울일 수 있다. 포기된 것으로부터 힘을 받아들일 수 있는 것은 축복이다. 스스로 포기된 기회에 대해 충분히 위로해줄 수 있다면 삶은 더욱 풍요로워진다.

| 의사결정 종합 |

예시 1

아들이 군대에 있을 때의 일이다. 휴가 마지막 날 우리 가족은 거실에서 차를 마시고 있었다. 아들은 '정~말 귀대하기 싫다' 며 깊은 한숨을 쉬었다. 나는 청년시절 군생활하던 때가 떠올라 아들의 심정을 위로해주고 싶었다.

나 : 아들, 한숨을 쉬면서 그렇게 말하니까 좀 안타깝다. 아빠가 좀 도와주고 싶어서 그러는데 얘기를 좀 해볼까?

아 : 예, 하지만 그냥 참아야지 무슨 수가 있겠어요.

나 : 어쩔 수 없다고 생각하니?

아 : 당연하죠.

나 : 탈영을 하면 되는데?

아 : 무슨 아버지가 자식보고 탈영을 하라고 그래요.

나 : 너는 탈영을 할 수도 있고, 일부러 다치게 해서 병원에 입원할 수도 있다. 그럼 군대에 귀대하지 않아도 되는 수가 있다.

아 : 그럼 영창을 가라고요? 그리고 다치게 하면 아프잖아요.

나 : 탈영을 하면 대신 잠시나마 자유로움이나 즐거움을 얻을 수 있다. 그런 것보다 군대에 들어가는 것이 더 낫지?

아 : 에이~ 당연하죠.

나 : 네가 그걸 아니까 다른 방법을 안 쓰고 군대에 복귀하는 것을 선택

한 거야. 어떠니?

아 : 그게 뭐 달라지나요?

나 : 귀대하는 일이 네게 주는 유익이 있지. 입원하거나 영창 가면서 잠시 얻을 자유나 즐거움보다 좀 더 편하고 건강한 것을 선택한 거지. 네가 할 수 있는 일들 중에서 가장 괜찮은 방법을 '스스로' 선택하는 거다.

아 : 그나마 나은 방법이란 얘기죠. 흠……. 그래도 시간이 안 가는 것이 걱정돼요.

나 : 그렇다면 역시 시간이 안 가게 하는 것도 네가 선택한 거지.

아 : 제가 뭘 선택해요? 군인이?

나 : 시간이 왜 안 가는 거라고 생각하니?

아 : 졸병 때는 엄청 바쁘니까 시간이 잘 갔는데, 편하니까요. 말년 병장은 그렇게 딱히 할 일이 없잖아요.

나 : 그렇다면, 시간이 안 가는 건 편안함을 선택했기 때문이겠네. '시간이 안 간다' 라고 생각할 때 '너무 편하다' 라는 것을 떠올리면 어떨까?

아 : 거 참 편리하네요.

나 : 지금 생각은?

아 : 귀대하는 것이 그 중에서 제일 나은 방법 같네요.

나 : 그러니까, 스스로 선택한 건 네가 삶의 주인이라는 거다. 억지로 끌려가는 것이 아니라 자발적으로 선택한 너의 결정에 대해서 스스로 축하해주고, 주체적으로 행동한 진정한 주인이 되기를 기대한다.

아 : 아버지랑 얘기를 하면 뭔가 홀리는 기분이지만, 편안하네요. 하하. 그러니까, 자유롭게 놀고 싶고, 재미있는 시간을 원하지만, 그것보다는 좀 더 나은 방법을 내가 선택한 것을 축하하란 말씀이죠?

예시 2

참대화 심화과정을 이수한 조상담 선생님이 친구와 나눈 이야기를 옮긴다. 지방에 있는 주부 안부자 씨가 그에게 전화로 상담을 요청하였다. 이틀을 고민하다가 전화한 것이라며 해결해 달라는 내용이다.

안 : 선생님, 나 돈이 필요한 거 아시죠?

조 : 그래요.

안 : N시에 있는 시골학교에 방과 후 과학강사가 필요하대요. 그래서 그 학교로 전화를 했더니 교장 선생님이 와 보래요. 주 4회 시간 당 4만원씩 두 시간을 하니까 경제적으로 도움이 돼요. 여기서 5시에 퇴근하고, 7시부터 9시까지니까 시간도 괜찮고요. 그런데 고민스러운 건 딸 때문이에요. 딸 성적이 안 좋아서 공부도 시켜야 하는데, 일을 하면 딸 관리가 어렵잖아요. 어떻게 하면 좋을까요?

조 : 돈을 선택하면 무엇이 유익하죠?

안 : 풍요로움이죠.

조 : 딸의 공부를 도와줄 때 얻는 유익은요?

안 : 기여, 인정, 책임 같은 거예요.

조 : 그렇다면 풍요와 기여 중에서 어떤 것이 더 중요한가요?

안 : 당연히 딸이지요. 딸 뒷바라지하려고 돈을 버는 것인데……. 이제

선택했어요. 돈 벌기위해 딸 공부 소홀히 할 순 없어요. 이제 해결 됐어요.

조 : 두 가지 길을 동시에 다 갈 수 없는 것이 순리라 미련은 있겠지만, 선택에 감사하고 포기한 기회에 대해서는 딸을 위해 어쩔 수 없는 일이고 아름다운 선택이었음을 생각하며 위로하세요.

예시 3

퇴근해서 지친 몸으로 소파에 누워 있었다. 열 살 딸아이는 아빠가 퇴근하기를 기다리면서 교회 주일학교에서 찬양 외워 부르기 대회에 참가하려고 한 달 전부터 모르던 찬양을 암송하면서 애를 쓰고 있었다. 우승하면 상품으로 게임기를 준다고 한다. 찬송가를 외우는 모습이 예쁘기도 했지만 애써서 외우는 모습이 좀 안타깝기도 했다.

그때 아들에게서 전화가 왔다. 군에 있는 아들이 부대이동이 있어서 이번 주가 마지막 면회라고 했다.

딸 : 아빠, 어떻게 하지?

나 : 뭘?

딸 : 나는 오빠도 보고 싶고, 교회도 가고 싶고…….

나 : 만약 교회 안 가면 어떻게 되지?

딸 : 닌텐도(게임기)를 못 받지.

나 : 그럼, 만약 오빠 면회 안 가면 어떻게 되지?

딸 : 오빠가 너무 보고 싶을 거야.

나 : 교회도 가고 싶고, 오빠도 보고 싶고……. 이런, 어쩌나……. 그럼,

지금부터 상상을 해봐. 자, 지금 교회 가서 찬양대회 참석하고, 오빠 못 봤다. 기분이 어떠니?

딸 : 슬퍼. 오빠한테 미안하고…….

나 : 그럼, 이제 오빠한테 가고, 교회 못 간 거 상상해봐. 기분이 어떠니?

딸 : 오빠 봐서 재미있고 좋아. 교회는 꼭 1등할 수 있는 것도 아니니까……. 좀 아깝지만.

나 : 아하, 오빠를 보는 것은 확실하고, 교회는 확실하지가 않다는 말이네?

딸 : 만약 교회 가서 닌텐도 못 받으면 진짜 속상할 거 같아. 오빠도 못 봤으니까.

나 : 그래서 어떻게 할 건데?

딸 : 오빠한테 갈래!

아내 : 닌텐도 못 받게 돼서 섭섭하겠다.

나 : 대신 아빠가 시간 내서 재미있게 놀아줄게. 화랑공원 가서 자전거 타자.

09

갈/등/중/재

갈등 상황에서 각각의 사람들이
어떤 상황에 주목하며 무엇을 기대하고 원하는지
서로의 심정이 어떤지 살필 수 있다면
서로가 다를 수 있음을 기꺼이 인정할 수 있다.

제9장 갈등중재

| 기본 가정 |

갈등을 극복하기 위해서 우리는 다음에 제시되는 몇 가지 사실들을 전제해야 한다.

첫째, 우리는 기꺼이 타인에게 기여할 마음이 있다.

다른 사람에게 무엇인가를 줄 수 있으려면 내가 가진 것이 많아야 한다는 생각을 하기 쉽다. 물질적으로 가진 것이 많은 사람이 가난한 사람보다 마음이 더 풍요롭다고 말할 수 있는가? 각박하게 행동하는 사람은 물질적으로 풍요롭지 않아서가 아니라 마음에 여유가 없기 때문이다. 가진 것이 부족해서 주지 못하는 사람은 없다. 누구라도 다른 사람에게 줄 수 있는 것을 충분히 갖고 있다. 마음에서 우러나 기꺼이 줄 수 있을 때, 주는 행위 자체가 우리에게 즐거움을 준다는 사실을 기억하자.

둘째, 서로의 마음을 알면 돕고 싶은 마음이 생기게 된다.

우리가 가지고 있는 내적필요는 보편적이고 기분을 통해서 표현되므로 조금만 주의를 기울이면 알아차릴 수 있다. 그러한 내적필요는 꼭 특정한 사람이나 특정한 수단을 통해서만 충족되는 것이 아니므로 다양한 대안을 찾을 수 있다. 다른 대안을 고려하여 선택한다면 자신이 인생의 주인이라는 주체적인 힘을 경험하게 된다.

셋째, 내적필요의 충족은 우리가 어떤 선택을 하느냐에 달려있다.

인간은 본질적으로 자유로우며 자율적 능력을 가지고 선택하는 존재이다. 내적 필요를 충족시키는 수단에는 여러 가지가 있다. 그리고 우리는 행동방식과 생각을 선택할 수 있으며 말하기와 듣기 방식도 선택할 수 있다.

넷째, 갈등은 선택한 수단이 다른 욕구충족을 방해할 때 발생한다.

우리가 내적필요에 주의를 기울이게 되면 갈등을 예방하고 감소시키며 해결할 수 있다. 서로의 욕구가 다르다고 해서 그 자체만으로 갈등이 일어나는 것은 아니다. 갈등은 욕구를 충족시키는 수단이 오직 한 가지밖에 없다거나 오직 한 사람을 통해서만 만족될 수 있다고 생각할 때 갈등이 초래된다. 즉, 우리가 어떤 욕구를 충족시키기 위해 선택한 방법이 다른 욕구충족을 방해했을 때 갈등이 초래되는 것이다.

| 갈등중재의 자세 |

참대화는 서로의 심정을 헤아리고 내적 필요욕구를 공정하게 충족시킴으로써 평화를 가져온다고 믿는다. 이러한 공정한 평화를 위해서 갈등중재자는 몇 가지 내려놓아야 할 것이 있다.

선입견을 내려놓는다

선입견은 자기 생각이며 그것은 상대를 있는 그대로 바라보는 일을 방해한다. 예를 들어 '힘이 센 아이가 더 잘못했을 것이다' '공부를 잘하는 아이는 착하다' '외모가 단정한 아이가 더 정의롭다' '용서를 구하는 아이의 잘못이 더 크다' 라는 등의 생각들은 갈등상황을 공정하게 바라보는 일을 방해한다. 따라서 어떤 상황을 충분히 살피기 전에 이미 내 속에 들어와 있는 선입견이 있지는 않은지 살피는 것이 무엇보다 필요하다. 자신의 모습을 살피는 것이 어려울 수도 있는데 이 경우 주변 사람들의 평가나 도움을 받는 것도 한 방법이다.

가치관이나 신념을 강요하지 않는다

갈등이 생기는 원인은 서로 다르다는 것을 인정하지 않기 때문이다. 어느 한쪽이 맞고 다른 쪽은 틀리다는 생각을 내려놓아야 중립적인 위치에서의 중재가 가능해진다. 우리가 자녀나 학생에게 다음 예시된 생각이나 가치를 주입하려 든다면 그들은 능동적으로 평화를 만들어가는 자세를 포기하고 주어진 틀 속에 갇히는 앵무새로 변화될지도 모른다.

- 윗사람은 참아야 한다.
- 어떤 경우에도 물리적 폭력은 용서할 수 없다.
- 두 사람이 한 명을 공격하는 일은 나쁘다.
- 거짓말을 한 사람은 어떤 경우에도 용서해서는 안 된다.
- 잘못한 행동에 대해서는 반드시 처벌을 받아야 한다.
- 처벌을 통해서 사람을 변화시키거나 교훈을 줄 수 있다.

이러한 가치나 생각들이 사회적으로 유용한 것일지는 모르지만 그 뒤에 원망과 적의를 불러일으킬 수 있다. 그러면 우리가 원하는 '교정된 행동'이 형성되기보다는 저항이 더 커질 수 있다. 외부의 힘으로 사람을 변화시키는 일은 어쩌면 거의 불가능하다고 할 수 있다. 강한 비바람과 폭풍우는 나그네의 옷깃을 더 단단히 여미게 할 뿐이다.

평화로운 결과만 기대하지는 않는다

'내가 개입했으면 반드시 평화로운 결과를 만들어 내어야만 한다. 그렇지 않다면 그것은 의미 없는 행동이다'라는 생각을 내려놓아야 한다. 우리는 갈등상황에 있는 사람에게 최선을 다해서 접근하고 돕지만 그 결과가 언제나 우리의 의도대로 되는 것은 아니다. 이때 우리는 '나는 평화로운 관계를 원했지만 상대가 원하는 것은 다른 것이었음을 그대로 바라보고 수용할 수 있다'는 마음 자세가 필요하다. 그렇게 해야 상대는 자신이 진정으로 원하는 것들을 찾을 수 있고, 좀 더 명확하게 자신의 마음을 바라볼 수 있기 때문이다.

중재행동에 대한 자신의 기대를 밝힌다

예를 들어, 갈등해결 상담을 통해서 상담자의 능력을 인정받고 싶었다면 갈등 상황에 놓인 두 사람에게 이를 명확하게 표현해야 한다. 두 아들이 다투는 데 어머니가 개입했다면 싸움을 중재하여 평화로운 분위기의 조용한 가정을 이루고자 하는 심정을 분명히 밝히는 것이 좋다. 이러한 조정자의 태도는 갈등상황에 놓인 사람들이 자신이 원하는 것을 드러내는 데 자신감을 가질 수 있는 본보기가 되기 때문이다.

'선생님이 뭘 바라겠니. 다 너희들이 행복하기를 바랄 뿐이야' 라는 말보다 '너희들이 평화롭게 지내면 선생님도 마음이 편하고 안전해서 기분이 좋거든' 이 훨씬 협력적인 분위기를 만들 수 있다.

중립적인 입장에서 중재한다

필자의 어머니는 "열 손가락 깨물어서 안 아픈 손가락 없다."는 말씀을 하셨다. 부모가 자녀에 대해서 공평한 마음으로 대한다는 의미로 그렇게 말씀하셨다. 하지만 내 기억에 의하면 어머니는 늘 편애하는 태도를 취하셨다. 형제끼리 다툼이 있을 때 형을 더 혼내는 태도나 남매가 다투었을 때는 딸을 더 혼내는 모습을 흔히 보아 왔다. 동생을 더 편들거나 형으로서의 의무를 강조하는 태도 역시 갈등을 중재하는 데 도움이 되지 않는다.

상담자에게 상담을 받았던 학생이 연루된 갈등상황에서 갈등중재자는 내담자였던 학생의 말에 더 귀가 기울여지는 것이 인지상정이다. 따라서 이런 상황에서는 공평성에 더욱 유의해야 한다.

| 갈등중재 과정 |

중재자는 갈등해결을 위한 대화에 들어가기 전에 갈등상황에 놓인 두 상대에게 다음과 같은 내용을 충분하게 설명해야 한다. 그리고 중재자의 권위를 서로 인정할 때에만 중재자가 해결을 위해서 힘쓰는 일이 의미가 있음을 설명하고 중재자로서의 권위를 명확하게 확립해야 한다.

1. 간접대화방식

갈등해결을 위한 대화는 중재자를 매개로 하는 간접대화방식으로 한다.

첫째, 서로 하고 싶은 말은 반드시 중재자를 통해서만 말한다.

둘째, 상대방에게 하고 싶은 질문도 중재자를 통해서 질문한다.

셋째, 중재자가 기회를 줄 때만 이야기할 수 있다.

2. 실패를 전제하지 않는다

갈등해결이 되지 않았을 때의 상황을 미리 전제하지 않는다. '상대가 잘못을 시인하고 굽히지 않는다면 용서하지 않겠다' 거나, '충분한 보상이 없다면 반드시 ~하겠다' 는 등의 전제는 상대에게 협박으로 들릴 수 있기 때문에 갈등해결을 하는 데 걸림돌이 된다는 점을 충분히 설명해야 한다.

3. 균등한 발언기회를 제공한다

발언할 수 있는 기회를 균등하게 배분한다. 공평성이 중재에서 중요하기 때문이다. 그러나 기계적으로 시간을 배분하기보다는 어느 한편이 표현능력이 부족하거나 지루한 표현 습관이 있을 경우에는 시간을 더 주어야 한다. 그러한 경우에도 상대방의 동의를 얻고 난 뒤에 발언기회를 주어야 한다.

4. '판단표현' 을 '상황표현' 으로 바꾸어 전달한다

어느 한쪽이 상대의 행동이나 말에 대해서 평가나 판단, 비난, 강요하는 말로 표현한다면 중재자는 그 상황을 있는 그대로의 '상황' 으로 바꾸어서 다시 전달해준다.

김화남 : 꽃님이는 늘 약속을 어겼어요.

중재자 : '늘 약속을 어겼다' 는 말 대신에 '2학기 들어서 3번 약속시간에 10분 정도 늦게 나왔다' 는 말로 바꿀 수 있나요?

5. 심정표현을 돕는다

제시된 상황에서의 자신의 심정을 표현하도록 돕는다. 서로의 마음을 연결하는 데 심정을 말하는 것이 핵심이다. 그러므로 '왜, 그렇게 했는지?' 에 대한 이유가 아니라 '무엇을 원했기에 그렇게 했는지' '그때 기분은 어떠한지' 를 질문하여 심정을 표현하도록 안내한다.

김화남 : 한두 번도 아니고 진짜 열 받잖아요.

중재자 : 그럴 때 화남이는 존중받지 못했다는 생각이 들었나요? 아니면 다른 것이 있었나요?

김화남 : 아뇨, 그것보다는 애가 나를 자꾸 속인다고 생각했어요. 아직 출발도 안 했으면서 거의 다 왔다고 한 적도 있었어요.

중재자 : 친구로서 좀 터놓고 진솔하게 마음을 나누고 싶었는데, 의심이 가는 부분이 있어서 불편했다는 얘기인가요?

6. 자신이 주목하는 것을 말하도록 돕는다

아무리 단순한 일이라 할지라도 그것을 바라보며 주목하는 관점은 다를 수 있다. 상대의 말이나 행동에 대해서 자신은 그것을 어떤 의미로 받아들였는지를 다시 해석하고 서로의 차이점을 찾아낸다. 그리고 그 행동의 원인이 자신을 공격하거나 해롭게 할 목적이 아니라 오로지 안녕과 행복을 위한 행동이었음을 알아차리도록 돕는다.

중재자 : 황당이에게 정말 하고 싶은 말은 뭐죠?

김화남 : 솔직히 지각은 할 수도 있죠. 저도 하니까요. 그런데 친구끼리 거짓말을 하면 안 되는 거죠.

중재자 : '지각' 에 대해서가 아니라 '거짓말' 에 대해서 말하고 싶은 거네요?

7. 협력에 대한 약속

서로의 내적필요를 해결할 수 있는 수단을 함께 모색하는 데 협조하기로 약속한다.

중재자 : 화남이는 네가 늦게 오더라도 어디쯤 오고 있다고 정확하고 솔직하게 말해주기를 기대하는데 황당이는 그 말에 대해서 어떻게 생각해요?

이황당 : 정말 당황스럽네요. 저는 다만 늦은 게 미안해서 그렇게 말한 거였어요. 그런 것도 물론 거짓말이라고 할 수 있지만 나쁜 뜻으로 한 건 아니잖아요. 친구 간에 그 정도는 이해해줄 수 있는 거 아니에요?

중재자 : 황당이는 이해를 받고 싶은 거구나. 화남이는 진솔한 관계를 원했고 황당이는 이해 받고자 하는 마음을 얘기했는데 그럼 서로 원하는 것을 채워주기 위해서 어떻게 할 수 있을지 얘기해줄 수 있나요?

이황당 : 화남이의 마음을 알았으니 앞으로는 사실대로 말할게요.

김화남 : 서로 생각이 달라서 그렇게 생각한 거 같아요. 황당이가 당황스러웠다고 말하는 걸 듣고 저도 별 일 아닌 걸 가지고 너무 과장되게 생각했다는 생각이 드네요.

중재자 : 서로의 마음을 살펴주는 말로 들려서 흐뭇하네요.

| 갈등중재 종합 |

전화로 갈등중재하기

갈등상황에 놓인 상대가 지위가 낮은 경우에는 비교적 중재하기가 용이하지만 친구이거나 동료인 경우에는 중재자의 권위를 확보하는 일이 쉽지 않은 일이므로 이때는 상대가 서로 떨어진 상태에서 중재자를 통해 연결하는 방법이 더 효과적일 수 있다. 전화를 이용한 갈등중재방법을 제시한다. 이 방법은 앞에서 언급한 절차와 동일하지만 강조할 부분은 중재자가 각각의 심정을 충분히 공감해주는 절차가 핵심이라는 것이다. 사람은 누군가에게 자신의 불편한 마음을 충분히 공감 받으면 스스로 건설적인 방안을 찾아내고 실천할 수 있는 용기를 갖게 된다고 믿는다. 중복되는 부분을 포함해서 다시 언급해보겠다.

1. 상황을 객관적으로 표현하도록 돕는다

불편감이나 부정적인 생각이 들게 된 경험을 나열하게 한다. 이때도 역시 상대가 주관적 판단에 의해서 비판적인 생각을 한다면 그 부분을 수정하되 여러 번 반복해서 질문함으로써 그 상황에 대한 객관적 사실들을 표현하도록 유도한다.

강부자 : 내 친구 최지빈이 있잖아……. 걔는 돈을 제대로 갚은 적이 없어. 사람이 너무 염치없는 것 아니니?

중재자 : 지난번에 10만원 빌려가고 나서 두 달이 넘었는데 안 갚았다

는 얘기니?

2. 그 상황에서 일어난 기분과 내적필요를 찾도록 도와준다

강부자 : 자기가 급히 필요해서 빌려달라고 애걸할 때는 언제고 나도 어렵지만 친구라서 도와주려고 빌려 준 건데 지금에 와서는 귀찮다는 듯이 바쁘다면서 전화를 끊는 게 말이나 되냐?

중재자 : 네가 친구로서 작은 거지만 애쓴 걸 조금 알아주기를 바라는데 그게 안 돼서 화가 나겠다. 그런 거니?

강부자 : 그렇지, 그런 것도 있지만 그보다도 내가 얘기도 안 끝났는데 전화를 끊은 게 진짜 괘씸하다.

3. 공감하기 : 그렇게 생각했다면 충분히 그런 마음이 들었을 것임에 동의한다

중재자 : 돈도 돈이지만 친한 친구인데 얘기를 하던 중에 전화를 끊은 게 좀 무시당한 것 같아서 불편한 거란 말이지?

4. 양쪽에 대해서 위 세 가지 절차가 끝나면 상대가 원했던 내적필요를 전한다

중재자 : 지빈아, 부자가 불편한 건 네가 얘기하던 중에 전화를 끊은 것이 자기를 무시했다고 생각돼서 불편하다고 하던데, 그것에

대해서 어떻게 생각하니?

최지빈 : 그래? 난 얘기가 다 끝난 줄 알고 끊었지. 사실 돈 아직 못 갚은 것이 조금 마음에 걸리는 부분도 있고 해서 서둘러 끊은 것도 사실이야. 하지만 걔를 무시한 적은 없어. 내가 뭐라고 걔를 무시하겠니?

갈등 중재 상담

여고 1학년 강하내 학생과 서부남 학생이 다투고 나서 서부남 학생이 자퇴를 신청하였다. 필자는 두 학생을 상담실로 불러 갈등을 중재하였다.

강하내 : 쟤는요. 뻔히 들통 날 거짓말을 해요.

참대화 : 부남이가 좀 기분 나쁠 수도 있을 거 같아서 염려가 된다. 그게 어떤 말인지 구체적으로 본 거나 들은 걸 말해볼래?

강하내 : 그러니까요. 자기가 찐(일진회에 대한 속어)도 아니었으면서 '찐' 이었다고 뻥까고…….

서부남 : 내가 언제?

참대화 : 잠깐, 나한테 말해야지……. 하내는 부남이가 일진이었다고 말하는 걸 어떻게 들었나?

강하내 : 전에 식당에서 민지가 툭 치고 지나갔는데 "쟤는 학교 다닐 때는 나한테 쪽도 못쓰더니 내가 여기서 조용히 있으니까 ㅈㄴ 나댄다" 고 그랬어요.

참대화 : 이 말에 대해서 부남이가 할 말이 있을 거 같아……. 나한테는 1학년 때 그렇게 놀다가 맞고 탈퇴했다고 했던 말을 기억

하는데?

서부남 : 아, 그거요. 그러니까……. 그때 그만두고 걔네들이랑 안 놀았어요. 서로 피한거지 제가 그 밑에 들어가서 논 건 아니고요……. 그리고 민지 얘기는, 중학교 때는 우리가 쪽수가 많으니까 걔는 당연히 제게 함부로 못했는데요……. 그런데 여기는 저 혼자 왔으니까 깝치는 거라는 그 말이었어요.

참대화 : 부남이가 한 말의 뜻과 하내가 들은 이야기가 서로 다른 거네. 그냥 민지가 거들먹거린다는 말이었는데, 민지가 좀 세니까 하내는 일진이었다고 하는 말로 들렸겠다.

강하내 : 전 당연히 그렇게 들었죠.

참대화 : 그래서 지금 어떤 기분인가?

강하내 : (좀 머뭇거리며) 제가 좀 잘못 생각했다는 생각이 들어요. 오버 한 것 같아요.

참대화 : 부남이는 하내가 오버했다는 말을 듣고 어떤 생각이 드는가?

서부남 : 제가 좀 자존심이 세서 기죽기 싫어서 오버한 거 인정해요. 그렇다고 거짓말은 아니에요.

참대화 : 거짓말한 게 아니란 말이 수용이 되나? (네) 그럼, 어떤 마음인지 좀 자세하게 말해줄래?

강하내 : 그 말 들으니까 멀리서 우리 학교 혼자 와서 기죽으니까 좀 그랬을 거 같아요. 저라도 그랬을 거 같아서 그럴 수 있다고 생각해요.

참대화 : 부남이를 이해하고 수용할 수 있다는 말로 전해도 되나?

강하내 : 그렇죠.

참대화 : 다른 불편했던 거 말해봐라.

강하내 : 노래방 갔을 때, 다른 애 보고 부남이가 '누가 더 노래 잘하냐?' 고 그런 거.

참대화 : 그런 사실이 있었니? (네) 음, 다른 애들도 있는데 굳이 하내를 비교 대상으로 삼은 이유가 있을 거 같은데?

서부남 : 솔직하게 말할게요……. 학기 초에 하내를 보니까 얼굴도 예쁘고 솔직히 멋있어 보였어요. 그래서 부럽기도 하고 그래서 따라하고 싶었어요. 하내를 기분 나쁘게 할 마음은 아니었어요.

참대화 : 부남이나 하내가 솔직하게 자기 속에 있는 말을 해줘서 고맙다. 부남이가 그렇게 하고 싶었던 이유를 말하니까 내 마음이 편안해지면서 그럴 수 있었겠다는 생각이 든다. 하내 생각이 궁금하다.

강하내 : 솔직히 재는 자존심이 너무 세요. 중학교 때 그렇게 놀았더라도 고등학교에 와서는 쪽팔리니까 좀 숨기고 그러는 건데, 재는 더 오버해서 말한다고 해요.

참대화 : 비난으로 들린다. 오버했다는 말보다는 부남이가 그 뒤에…… 그렇게 하고 싶었던 이유를 생각해주면 좋겠다.

강하내 : 솔직히 저도 미안해요. 그냥 넘어가도 됐는데, 괜히 제가 간섭한 것도 있는 거 같고.

참대화 : 잠깐, 부남이가 하내랑 견주고 싶었던 마음에 대해서 어떻게 생각하는지 먼저 말해주면 부남이 마음도 편안해질 것 같다. 그럴 수 있겠니?

강하내 : 부남이 말을 들으니까 부남이가 자존심도 있는데, 이 학교에 혼자 와서 그렇게 생각할 수도 있겠다는 생각이 들어요. 저라도 그럴 거예요. '내가 괜히 그렇게 생각했나?' 하는 생각이 들어서 미안하기도 하고 좀 쪽팔리기도 하네요.

참대화 : 부남이가 앞으로 학교에 대해서 어떻게 했으면 좋을지 한번 말해볼래?

강하내 : 학교 그만두는 건 안 될 일인 거 같아요. 솔직히 앞일이 뻔한데, 그렇게 할 이유가 있나요? 야! 함께 잘- 다니자.

서부남 : 이건 하내와의 문제가 아니에요. 학교에 적응이 안 돼서 그만두는 거예요. 이건 신경 쓰실 거 없어요. 전학 갈 학교 생기면 갈 거예요. 원래 이 학교는 다니기 싫었어요. 부모님과 다 합의 봤어요.

강하내 : 에이그……. (하내가 부남이의 어깨에 손을 얹으며 함께 다니자고 종용)

참대화 : 이 모습이 참 보기 좋다. 하내가 좀 도와주고 어색하지 않게 지내면 부남이도 행복할 거 같은데, 어때?

서부남 : 신경 써줘서 고맙다. 학교 다니는 동안에는 잘 다닐 거에요.

나가기 전에

그동안 참대화 워크숍을 진행하면서 참가자들로부터 받았던 질문들을 정리해보았다.

| 참대화에 대한 질문 |

참대화를 하면 화가 안 나나요?

참대화 워크숍에 참여했던 사람들 중에는 가끔 아주 조심스럽게 이런 질문을 한다. "참대화를 하면 정말 화가 안 나나요?" 내 대답은 이렇다. "네, 참대화를 하면 화가 안 납니다. 하지만 그렇게 되기에는 시간이 좀 걸릴 수 있습니다." 참대화를 익히면서 가장 먼저 경험하는 변화는 자신과 상대의 마음을 바라보기 시작했다는 것이다. '아하! 그때 내가 그걸 원했는데 되지 않아서 화가 난 거였구나.' 참대화 워크숍 참여 이후에도 늘 참대화를 마음에 담고 있다면 예전처럼 화가 나는 상황이 생겼을 때나 화가 지나간 뒤에 '아차, 내가 습관적으로 화를 냈구나' 하는 후회와 함께 화를 냈던 자신을 볼 수 있을 것이다. 그러다가 점차 심정 바라보기가 익숙해지면서 '아, 지금 내가 화를 내고 있구나' 하고 화가 나는 현재 자신을 바라볼 수 있게 된다. 그 후에 바라보기가 더 익숙해지면 화가 나기 전에 '화가 나려고 하는' 자신을 바라보며 조절할 수 있게 된다.

손해볼지 모른다는 염려가 생기는군요.

참대화로 말하면 나만 손해를 보게 될지 모른다는 염려가 생길 수 있다. 참대화는 어느 일방이 희생하거나 이득을 취하는 것을 원하지 않는다. 오히려 동등하게 만족하고 협력할 수 있는 상황을 기대한다. 만약 상대가 나를 이용하려 든다면 그의 행동에 대한 나의 감정 즉, 불편감과 불안함을 그대로 분명하게 표현하는 것이 우선되어야 할 것이다. 파괴적 태도 중 하나는 나의 고통을 통해서 상대를 조작하기 위한 목적으로 희생적 태도를 취하는 경우가 있는데, 그것도 역시 또 다른 강요일 수 있다.

약하게 보일 것에 대한 걱정이 되네요.

자신의 심정을 표현하는 것이나, 제안을 하는 태도가 부드럽게 전달될 것이라고 생각할 수 있다. 부드럽게 말하면 상대가 나를 약하게 보고 원하는 것들에 대해 협조하지 않을지 모른다는 걱정이 생길 수 있다. 상대의 마음을 읽어주고, 동등한 입장에서 존중하는 자세로 제안하는 일이 따뜻하고 부드러운 말투이기 때문일 것이다.

참대화에서 기대하는 것은 마음이 연결되면 기꺼이 협력적인 자세를 취할 것이라는 점을 강조하고 싶다. 만약, 강요적 태도로 표현했을 때 상대가 내 말을 수용한다면 그것은 진심이 아니라 위협에 굴복한 복종이 될 가능성이 높다. 나는 다만 제안할 뿐, 그 제안에 대한 선택은 상대의 몫임을 기억해야 한다. 그것이 평화로운 관계이며 진정한 소통의 기본이 될 것이다.

참대화는 어떤 경우에도 상대를 긍정적으로 보라는 것인가요?

이 질문은 '대상을 바라보는 자세'와 '자기 마음을 표현하는 자세'를 나누어 대답해야 할 것이다. 첫째, 대상을 바라볼 때 언제나 긍정적으로 바라보아야 하는지에 대한 질문에 대해서 필자의 대답은 '그렇지 않다'이다. 어떤 행동이든 부정적인 측면이 있다면 그 이면에는 반드시 존재하는 긍정적인 요소도 함께 바라보자는 말이다. 만약, 부정적인 것만을 본다면 그것은 어떤 의도가 있기 때문이다. 그 의도를 내려놓는 것은 마음의 연결을 위해 중요한 일이다.

둘째, 자신의 마음을 표현하는 데 있어서 언제나 긍정적이어야 하는지에 대한 질문에 대해서 대답은 '되도록 그렇게 하면 좋을 것이다'이다. 마음이 불편하거나 화가 잔뜩 나 있는데 그 화를 억지로 누르며 미소를 짓는다면 그 얼굴을 보는 사람의 마음이 어떻겠는가? 진솔하게 표현한다는 말은 내 마음속 속말을 그대로 말하는 것이다. 우리는 마음상태에 따라 긍정적으로 보기도 하고, 부정적으로 보기도 한다. 부드럽게 순화해서 말하는 것은 공격적인 말보다 듣기 좋은 것은 사실이다. 그러나 분명한 사실은 자신의 마음을 숨기는 태도는 연결을 방해할 수 있다는 점을 강조하고 싶다.

그럼 어떤 경우에도 잘못이 없다는 말인가요?

나는 법적, 규범적, 도덕적인 측면에서 옳고 그름을 논하고자 하는 것이 아니다. 그것은 법학자나 사회학자, 철학자들이 관심을 가질 것이다. 우리가 하는 모든 행동에는 우리가 원하던 것이 있었기 때문이다. 사람의 드러난 모습만을 바라보지 말고 그 동기나 심정을 바라보고 그것에 집중해야 한다. 심정에 집중하면 그 관점에서는 어떤 경우에도 잘못은 없다. 그동안 우리가 잘못 살았다거나 뭔가 잘못 가르친 것이 있다는 말에 대해서도 마찬가지다. 우리의 행위는 내가 경험한 것을 토대로 나의 마음속에서 원하는 것을 이루기 위한 것이다. 우리가 부모로서, 교사로서 잘 가르쳐 보려고 애썼고 좋은 부모나 선생님이 되려고 수고했던 마음은 스스로 헤아려 주어야 한다. 다만, 우리가 경험한 것과 배운 것들이 그러했기 때문이고 우리 마음속에서 원하는 소망, 기대, 열망, 욕구, 내적필요가 있어서 그렇게 한 것이다.

우리가 한 행동에 대해서 잘못이라고 규정하는 순간 상대도 잘못할 수 있다는 것을 인정하는 판단근거가 생긴다. 그것이 판단과 강요를 만들 수 있다. 아이가 잠자리에 들 시간이 지났는데도 TV 앞에 앉아 있다면 그것은 함께 정한 시간을 어긴 행동이다. 그 행동 자체는 나무랄 수 있다. 그러나 한편으로는 쇼 프로그램을 보면서 즐기고 싶은 아이의 마음도 읽어주어야 한다. 지각을 한 학생에 대해서도 똑같은 관점으로 바라보자. 지각생에 대한 학교 규칙에 따라서 조치를 취하기는 하지만 한편으로는, 머리 손질을 하느라 시간을 지체한 학생에 대해서 좀 더 예쁘게 보이고 싶은 마음과, 좀 더 잠을 자고 싶어서 제시간에 일어나지 않은 그의 심정을 수용해주어야 한다는 것이다. 내가 아름답게 보이고 싶은 것처럼, 내가 늦잠을 즐기고 싶은 것처럼 그도 그렇게 한 것이다. 그러나 그 행동을 무조건 허용하는 것과는 구별해야 한다. 우리는 다만, 상대가 원하는 마음을 인정하고 나서, 나와 상대가 함께 만족할 수 있는 수단을 찾을 수 있도록 협력하는 것을 기대할 뿐이다.

이러한 관점은 강호순이나 김길태 같은 살인범에 대해서도 동일하게 적용된다. 폭행, 살인 행위에 대해서 법적으로 처벌하는 것은 당연하다. 그것은 사회적 안정과 평안을 위해서 필요하다. 그것과는 별도로 그들의 상처 진 마음 상태를 볼 수 있다면 불쌍함과 안타까움이 생길 수 있다. 범죄를 저지르게 된 그의 마음 상태를 추측해보자. 열악한 환경에서 성장한 사람이기 때문에 사회적으로 고립되고, 버림받았던 경험 때문에 분노감이 가득한데다가 바람직한 윤리교육을 받지 못했다는 사실을 알게 된다면 연민이 생길 수 있다. 안타까운 일이지만 그들의 관점에서 보면 그렇게 행동할 수도 있다는 점도 같이 보자는 것이다. 이 부분에서 독자 여러분이 받아들이기가 쉽지 않으리라 여겨진다. 잔인한 범죄 행위만이 그의 인격전체라고 보이기 때문이다. 그러나 다시 한 번 강조하고 싶은 것은 공감을 위해서는 기준을 가진 처벌적 사고가 아니라, 그런 행동을 하게 된 원인 즉, 심정을 바라보자는 것이다.

심정을 바라보는 공감의 세계에는 어떤 경우에도 잘못이란 없다.

참대화를 배우면서 그동안의 내 삶을 부정해야 한다는 사실이 마음에 걸리는군요.

우리는 삶의 변화를 생각할 때 어제의 일을 버리고 번데기가 나비가 되는 것처럼 완전히 새로운 모습으로 태어나는 것이라고 생각할 수 있다.

워크숍에서 새로운 관점을 익히고 나서 많은 사람들이 그동안의 삶을 반성하면서 '그동안 내가 너무 잘못 살았어요' 하며 자책하는 태도를 취하는 것을 본다. 그러나 나는 그렇게 과거의 모습을 모두 내려놓고 다른 세상으로 옮겨 가는 것을 원하는 것이 아니다. 다만 한 가지 더 추가하자는 것이다.

우리는 그동안 자신이 알고 있는 모든 지식과 지혜를 동원해서 좋은 결과를 기대하며 잘해보려고 노력해왔음을 인정해야 한다. 다만, 미처 바라보지 못해서 그렇게 행동했을 뿐이지 무슨 잘못을 그렇게 많이 저질렀겠는가? 나는 새로운 삶을 위한 시작을 위해 그동안 애써온 자신의 삶을 긍정적으로 수용할 것을 제안한다. 타인의 마음을 읽어주듯 나의 마음도 읽어주자는 것이다. 참대화의 세계에서 바라보면 우리가 그동안에 살았던 모습은 아름다운 것이다. 그동안의 삶을 부정하는 것이 아니라 또 다른 측면을 바라보는 관점의 변화를 기대한다.

만약, 오늘 참대화로 말하기를 실패했다면?

내일 또 다시 시작하면 된다. 야구에서 최고의 타자라 할지라도 타율이 4할 대를 넘지 못한다. 새로 배운 관점이 그동안 살아온 세월을 이길 만큼 강력했으면 좋겠지만 우리의 습관은 쉽게 자리를 내어놓지 않으려 할 것이다. 토마스 고든은 새로운 의사소통 방법을 무의식적으로 사용하려면 1,500번 이상을 사용해야 가능하다고 했다. 오랜 시간 동안 서서히 변화시켜 가다 보면 어느 날 자신의 마음속에 평화로움이 깃든 것을 발견하게 될 것이다.

| 참대화로 달라진 학급 |

참대화 연수를 받은 교사들이 학교에 돌아가서 학생들을 지도하고 난 뒤, 학급에서 변화된 모습에 대해 나눈 내용이다.

1. 사실과 감정, 공감, 심정을 표현하여 싸움이 줄어들었다. **몸싸움, 언어폭력**
2. 감정과 욕구를 읽어주어 선생님과 친구 간의 갈등이 줄어들었다.
3. 친구의 단점을 집어서 이야기하면 기분 나쁘다는 것을 안다. 체육시간에 공에 맞아서 울음을 터뜨릴 때, 우르르 달려가서 위로해주고 격려해주는 일이 많아졌다.
4. 생일인 친구에게 축하 편지를 쓸 때 참대화 형식의 편지쓰기가 자연스러워졌다.
5. 축하해 주고 싶은 자율적인 마음으로 축하공연을 해주어서 분위기가 화기애애해졌다.
6. 일기쓰기에 자신의 진솔한 감정들을 잘 표현한다.
7. 친구끼리 싸움이 있을 때 전체 어린이 앞에서 상대방에게 화났던 점을 서로 말하고 듣게 했다. 그리고 어떤 마음이 있어서 그렇게 화가 났는지 표현해 보게 하고, 상대방의 말을 듣고 어떤 마음이 드는지 이야기하게 했다. 그 결과 공감능력을 길러주는 데 많은 도움이 되었다.
8. 선생님의 욕구를 읽어서 아이들이 행동해주기 때문에 사제 간의 관

계가 좋아졌다. **책상 주변 닦기, 물 떠다 놓기, 거울 닦기, 프린터 위 먼지 닦기**

9. 장애우를 존중해주고 보살피는 횟수가 증가했다. 화장실 데려가기, 급식시간에 사랑 반에서 데려오기, 공부시간에 돌아다니는 행동에 대해서 "네가 그렇게 돌아다니니까 시끄러워서 속상해" 라고 말하기
10. (교실청소, 급식당번, 청소년 단체, 우유당번)일을 개인사정이 있으면 상대방의 입장을 이해하는 마음으로 서로 바꿔서 자율적으로 도와준다.
11. 장애우가 보상제 얻은 것을 아이들이 쉬는 시간마다 가서 스스로 분리한다.
12. 학예 발표회 날 사랑반 친구와 함께 율동을 한다.
13. 생일 잔칫날 반 친구가 자율적으로 사랑반 친구 축하공연을 한다.

| 워크숍 참가자 후기 |

이 원고는 지난 해, 2박 3일간 진행한 참대화 기초과정 워크숍에 참여했던 사람들이 작성한 소감기록이다. 익명으로 소감기록을 발표하는 것에 대한 사전 동의를 얻었으며, 참가자들은 워크숍 전반에 대한 다양한 의견을 기록하였으나 참대화와 관련된 내용을 발췌하여, 경어체 문구를 수정하여 게재하였다.

48세 상담가

참대화를 익히기 전에 나는 주로 '무시당했다' 고 생각할 때 화가 치밀었다. 이것은 내 생각으로 한 판단이다. 그 판단 이면에는 인정받고 싶다는 마음이 들어 있다. 그러나 그것으로 전부가 아니다. 이제 자기를 찾아가는 여행을 더 해보자. 내가 인정받고 싶은 건 또 무엇을 원하기 때문인가? '존중받고 싶다' '함께하고 싶다' 이다. 결국 좋은 관계를 유지하고 싶은데, 내가 무시당하면 그 관계가 깨지는 것이고, 그것이 불안했던 것이다.

6남매 중에 중간에 끼인 셋째 서열에서 특이하게 잘난 게 없는 아이는 어떻게든 뭔가 인정받아야 존재감이 확보된다.

"좋은 관계"

이것은 내게 핵심감정, 핵심신념, 핵심욕구 등 여러 말로 설명해도 괜찮다. 다만 내가 원하는 것은 좋은 관계를 유지하고 싶은 나의 심정을 바라보며 그것을 추구하는 나를 챙겨주는 일이다. 참대화의 또 다른 선물을 누리는 방법이다.

51세 남교사

말할 때 대화의 구조와 형식이라는 틀이 중요한 것이 아니라 마음이 우선되어야 한다는 것을 다시 생각하게 되었다. 나는 겸손하게 다른 사람을 수용하는 태도에 익숙하다고 생각해 왔는데 이 프로그램을 통해서 '내가 참 잘난 체하는 사람이었구나' 하는 점을 정확히 깨달았다. 다음에 내가 무엇을 내려놓아야 할지 분명히 알았다.

45세 여교사

나는 그동안 존중받고 싶은 것과 남녀평등이 내 욕구라고 생각했는데, '자기위로' 를 하면서 애정이 필요함을 발견하였다. 그동안 내가 진짜 원했던 것은 사랑받고 싶은 마음이었는데, 드러내지 않은 이유는 이것이 저급한 욕구라고 생각해서 안으로 밀어 넣어 두고 폼 나는 무엇을 드러내려고 했었던 것을 알아차렸다. 남편이 만나고 싶어진다.

31세 여교사

여기에 온 목적이 학교에서 아이들과 부딪히는 문제를 해결하는 것이 있었는데, 동등한 위치에서 대화하는 소통과 내가 원하는 것을 표출하는 방법을 알게 된 것이 길을 찾은 기분이다. 이 길을 쭉 가다보면 언젠가는 참대화를 이룰 테고, 내 안에 있는 진정한 나 자신으로 살아가는 모습을 꿈꾸고 있다. 살아가면서 거절을 못해서 모든 문제를 내가 떠안고 속은 곪아 있었다. 이제 참대화를 통해서 내가 주인이고 주체적으로 그 문제를 선택적으로 대할 수 있게 될 것 같아서 좋다.

29세 전역장교

나를 노출 시켜서, 다른 사람들과 소통하고 이해하는 기회를 갖고 싶다는 기대로 왔는데, 다른 사람이 나를 들여다보기보다는 내가 나를 바라보는 것이 더 중요하다는 것을 얻어 간다.

52세 주부

이런 세계는 모르고 살았다. 아이가 사춘기가 되면서 내가 너무 힘들어서 죽을 지경이 되니까 하늘의 뜻인지 참대화를 배운 말들이 다 마음에 꽂혀서 깜짝 놀란다. 온갖 것들이 나를 발견하게 한다. 결국 아이에게 문제가 아니라 내가 이렇게 형편없는 엄마였구나. 아이를 있는 그대로 보지 못하고 내 판단으로 대하고 내 뜻대로 안 되니까 화내고 있는 나를 바라보았다. 지옥 속에서 허우적대는 나를 보았는데 참대화가 그런 나를 올라오게 할 수 있을 것 같다. 여기에 매달려야 하겠다. 이미지를 그렸을 때 아이와 행복한 것이 더욱 뚜렷하게 보인다.

28세 여교사

참대화 프로그램을 통해서 인생의 시작에서 방향성, 가치에 대한 확신을 갖게 되었고 자신을 바라보는 계기였다. 교실에 가서 아이들이 못 따라오는 것에 대해서 '다양한 수준이 모두 귀한 것이구나' 하는 생각을 하니 학생들이 보고 싶어진다.

45세 여교사

무시당했다고 느꼈는데 자기위로를 해보니까 무시당했다고 생각한 것뿐이지 누구도 나를 무시할 수 없다는 것을 깨달았다. 내가 기특하고 너는 소중한 존재라는 마음이 올라오는데 그게 전부였다. 미워했던 사람에 대해 그도 아팠구나 생각하니 안타깝고 연민이 올라온다. 미웠던 학생에 대해서도 2학기 때 어떻게 바라보나 염려했는데 지금은 그 학생이 편해졌다.

참고문헌

- 게리 체프먼(2010). 5가지 사랑의 언어. 생명의 말씀사.
- 고경순(2009). 학교폭력예방 무용, 동작치료. 전국학교상담지원센터 : 실천과 나눔의 현장발표대회.
- 권일찬(2009). 주역에서 본 동 · 서양 문화의 비교고찰. 한국행정학회: 학술대회 발표논문.
- 김기범, 최상진(2002). 정 마음 이야기 분석, 한국심리학회지: 사회 및 성격(16(2)29-50
- 다니엘 골먼(1996). 감성지능. 비전코리아.
- 데카르트(2007). 방법서설 성찰 철학의 원리 정념론. 동서문화사.
- 로버트 볼튼(2007). 피플 스킬. 씨앗을 뿌리는 사람.
- 마샬. B. 로젠버그(2004). 비폭력대화. 바오출판사.
- 마음알기 다루기 나누기(1997). 용타스님. 대원사.
- 마티 부버(1977). 나와 너. 문예출판사.
- 브렌다 쇼샤나(2005). 마음의 불을 꺼라. 정신세계사.
- 에리히 프롬(1976). 사랑의 기술. 문예출판사.
- 윌리엄 글라서. (2000). 행복의 심리. 한국심리상담연구소.
- 윤호균(2007). 동양심리학. 지식산업사.
- 이민식. (2005). 초중등교원 상담교육 직무연수. 수원시청소년 상담센터.
- 최봉영(2007.) 한국사회의 가족문화. 제8회 현실역동상담 학술세미나 가족주의와 상담의 관계. 7-22.

- 최상진(2007). 동양심리학:한국인의 마음. 지식산업사.
- 최상진 · 박수현(1990). 우리성에 대한 사회심리학적 한 분석. 한국심리학회 연차대회 발표논문집, 69-79.
- 최상진 · 한석규(1998). 교류해위를 통해 본 한국인의 사회심리. 하눅문화와 한국인(국제한국학회 편). 서울: 사계절.
- 최장수(1993). 비공식집단이 공식조직에 미치는 영향:K공사 사례. 경북대학교 경영대학원 석사논문.
- 칼 로저스(2007). 칼 로저스의 사람중심상담. 학지사.
- 크리슈나무르티(2007). 진리에 관하여. 고요아침.
- 타고르(2007). 나는 바다가 되리라. 세창출판사.
- 토마스 고든(2002). 부모 역할 훈련. 양철북.
- 하임 G. 기너트(1993). 교사와 학생사이. 양철북.
- 한석규(2002). 사회심리학의 이해(개정판). 서울: 학지사.

- JUDITH S. BECK(1997). 인지치료:이론과 실제. 하나의학사.
- J.LeDoux. 'Emotional Memory Systems in the Brain' Behavioural Brain Research (1993년, 58호).
- Marshall, B. Rosenberg(2003). Nonviolent Communication: A language of life. CNVC
- Rena Kornblum(2009). The Violence Prevention Through Movement Curriculum (VPMC).
- Robert Gonzales, Susan Sky(2007). Nonviolent Communication Intensive Training. 한국NVC센터.

• Shim, T. Y., Kim, M., & Martin, J. N. (2008). Changing Korea: understanding cultureand communication. New York: Peter Lang Publishing, Inc. 16-17.

참대화에 대해서 훈련 받기를 원한다면

전국학교상담지원센터에서 운영하는 온라인 카페에 들어오셔서 '참대화연구팀'을 방문하시거나, 참대화연구팀이 별도로 운영하는 온라인 카페에 방문하시면 도움을 받으실 수 있습니다.

- 전국학교상담지원센터
  http://cafe.daum.net/teachercenter
- 참대화연구팀
  http://cafe.daum.net/cham4279

'비폭력대화'에 관심이 있는 독자들은 캐서린 한 선생이 운영하는 '한국비폭력대화센터(KNVC)'에 문의하고 지속적인 훈련을 받을 수 있습니다.
http://www.krnvc.org

'CHANGE PROGRAM'에 관심이 있으신 독자들은 이민식박사의 '마음사랑 상담센터'에 문의하여 안내를 받고 지속적인 훈련을 받을 수 있습니다.
http://www.change.re.kr